Konzeption und Umsetzung automatisierter Softwaretests

Frank Witte

Konzeption und Umsetzung automatisierter Softwaretests

Testautomatisierung zur Optimierung von Testabdeckung und Softwarequalität

 Springer Vieweg

Frank Witte
Landshut, Deutschland

ISBN 978-3-658-42660-6   ISBN 978-3-658-42661-3   (eBook)
https://doi.org/10.1007/978-3-658-42661-3

Die Deutsche Nationalbibliothek verzeichnet diese Publikation in der Deutschen Nationalbibliografie; detaillierte
bibliografische Daten sind im Internet über http://dnb.d-nb.de abrufbar.

Plannung/Lektorat: Petra Steinmueller
Springer Vieweg ist ein Imprint der eingetragenen Gesellschaft Springer Fachmedien Wiesbaden GmbH und ist
ein Teil von Springer Nature.
Die Anschrift der Gesellschaft ist: Abraham-Lincoln-Str. 46, 65189 Wiesbaden, Germany

Das Papier dieses Produkts ist recyclebar.

Inhaltsverzeichnis

Vorwort

Ich bin seit Jahrzehnten im Umfeld von Softwaretests tätig. In den 80-er und 90-er Jahren des letzten Jahrhunderts noch war der Softwaretest in den meisten Fällen ein Anhängsel der Entwicklung, höchstens ein Betätigungsfeld für minderbemittelte Entwickler. Seitdem hat sich der Softwaretest zu einer höchst professionellen, eigenständigen Disziplin entwickelt. Standards wie ISTQB, Zertifizierungen, eine Steigerung der Professionalität haben wesentlich dazu beigetragen. Der Aufwand für Testaktivitäten ist dadurch enorm angestiegen.

Nachdem die meisten Testaktivitäten anfangs noch manuell durchgeführt wurden, wurde auch die Automatisierung vieler Testschritte, vor allem der Testdurchführung, mehr und mehr vorangetrieben. Dabei bemerke ich immer wieder, dass sehr viele Begriffe durcheinandergeworfen werden, teilweise unrealistische Vorstellungen existieren und das Vorgehen bei der Umsetzung ziemlich planlos und nicht zielführend ist.

Es geht eben nicht nur darum, ein paar Skripte zu implementieren, sondern man muss den gesamten Testprozess betrachten und die Automatisierung in den Betriebsablauf sinnvoll einbinden.

Testautomatisierung bedeutet bei weitem nicht nur die Minimierung manuellen Aufwands. Vor allem bedeutet sie eine Steigerung der – in der Regel ohnehin zu geringen – Testabdeckung und eine höhere Qualität. Ein Testfall, der von einem Automaten ausgeführt wird, ergibt definitiv immer dasselbe Ergebnis; manuelle Eingabefehler sind ausgeschlossen, sobald das Skript fehlerfrei läuft. Testabdeckung bedeutet also nur in zweiter Linie der Ersatz manueller Arbeit, sondern vor allem eine Verbesserung der Qualität. Die Testabdeckung zu steigern ist einer der großen Vorteile von Testautomatisierung. Dabei kommt es aber auch auf die Qualität der automatisierten Testfälle an und nicht nur auf die Quantität. Beim manuellen Testen beschränkt man sich bei der Prüfung von Eingabewerten auch auf Intervallgrenzen und Äquivalenzklassen. Mit einem

F. Witte, *Konzeption und Umsetzung automatisierter Softwaretests*, https://doi.org/10.1007/978-3-658-42661-3_1

Automaten könnte man zwar Tausende von Werten innerhalb eines Intervalls geprüft werden, die Aussagekraft und der Nutzen wäre aber in diesem Fall gegenüber der manuellen Testdurchführung äußerst gering. Es kommt viel mehr darauf an, spezielle Eingabekonstellationen und Besonderheiten zu finden, die besonders fehleranfällig sind. Ein gutes Testfalldesign muss der Testautomatisierung vorangehen.

Testaktivitäten verursachen circa 30–40 % aller Entwicklungstätigkeiten, der Aufwand der Testaktivitäten hat also am Gesamtaufwand für die Umsetzung eines Systems oder Projekt einen hohen Anteil. Dieses Bewusstsein, wie hoch der Testanteil ist bzw. sein muss, ist auch erst im Laufe der Jahre entstanden. Seit Ende der 1990-er Jahre ist aber auf breiter Ebene die Erkenntnis angekommen, dass Testen ein notwendiger Anteil der Entwicklung ist und Maßnahmen ergriffen werden müssen, um den Softwaretest zu professionalisieren.

Immer wieder zeigt sich, dass man bei Entwicklung, Integration und Einführung von Software in Prozessen denken muss. Software ist nicht nur ein Werkzeug für den betrieblichen Ablauf, sondern integraler Bestandteil der Produktion bzw. der Dienstleistung. Man bemerkt das z. B. deutlich gerade in der Automobilindustrie: für Tesla ist ein Auto ein fahrbarer Computer, während bei traditionellen Herstellern Autos immer noch als Karosserie und Fahrwerk mit Bordcomputer betrachtet werden. Erst langsam sickert die Erkenntnis durch, dass für eine Optimierung der Produktion die Betrachtungsweise von Tesla notwendig ist, und bis die Systeme entsprechend umgestellt werden und entsprechende modulare Plattformen implementiert sind, dauert es weitere Jahre. Nicht umsonst ist der Aktienwert von Tesla weit höher als der von Daimler-Benz, VW oder BMW: es liegt vor allem an der Philosophie und dem Verständnis von IT und nur nebenbei daran, dass Tesla in der Umsetzung voll auf das Thema „Elektromobilität" setzt.

Das Denken in Prozessen scheitert aber, gerade in Großunternehmen, oft an Grabenkämpfen und Egoismen einzelner Abteilungen und Mitarbeiter. Die Organisationen bremsen sich dabei selbst aus. Umso wichtiger ist es, dieses Denken in den Köpfen zu etablieren und vom Management nach unten durchzusetzen, denn nur so können komplexe Projekte und innovative Neuentwicklung überhaupt funktionieren. Leider ist gerade im mittleren Management großer Unternehmen die Widerstände für Innovationen in sehr speziellen Bereichen (und da gehört die Automatisierung von Softwaretests dazu) nach wie vor am größten, während es bei kleineren und mittleren Unternehmen bei der Umsetzung innovativer Maßnahmen stärker auf die technologische Aufgeschlossenheit des Geschäftsführers des Unternehmens ankommt.

Um die Entwicklung der Testautomatisierung einzuordnen, hilft ein Blick zurück in die Historie der Softwareerstellung und ein Vergleich mit industrieller Fertigung in etablierten Industrien (z. B. Maschinenbau, Fahrzeugbau).

Die Produktion in der industriellen Fertigung lief vor 100 Jahren auch noch weitestgehend manuell ab. Der Produktionsprozess wurde dabei zwar in einzelne Arbeitsschritte zerlegt (Taylorismus), aber die einzelnen Tätigkeiten waren im Wesentlichen Handarbeit, die nur ansatzweise mit Maschinen unterstützt wurden. Zur robotergestützten Fertigung war es ein langer Weg, der Jahrzehnte gedauert hat und auch in traditionellen Industrien noch lange nicht abgeschlossen ist. Nach wie vor gibt es Rüstzeiten für Maschinen und manuelle Tätigkeiten in der Produktion. Selbst für einfache manuelle Tätigkeiten werden nach wie vor ungelernte Arbeiter eingesetzt, weil der Aufwand einer Automatisierung zu hoch ist.

Die Softwareindustrie ist jedoch wesentlich jünger als etablierte Industrien wie z. B. Maschinen- oder Fahrzeugbau. Man hat wesentlich weniger Erfahrungswerte und auch heute noch meist ein Vorgehen, das mehr mit Kunsthandwerk oder individueller Handarbeit als mit industrieller Massenproduktion zu tun hat, eben weil die Reife der Softwareindustrie und des Testens noch nicht so weit fortgeschritten ist. Das alles muss man berücksichtigen, wenn man Testautomatisierung im Unternehmen umsetzen und dauerhaft etablieren will.

Daher ist es völlig abwegig, wenn Ziele wie „wir automatisieren in einem Jahr alles zu 100 %" oder „Testdurchführung auf Knopfdruck" als Parole ausgegeben werden. Erfolgversprechende Testautomatisierung zu erreichen ist ein weiter Weg. Wenn solche unrealistischen Vorgaben und Vorstellungen vom Management ausgegeben werden, muss man fundiert argumentieren und detailliert aufzeigen, was im Einzelnen zu tun ist.

Manchmal sieht man sogar nach relativ kurzer Zeit Teilerfolge bei der Testautomatisierung, was aber nicht darüber hinwegtäuschen kann, dass vorbereitende und nachbereitende Aktivitäten nach wie vor einen großen Raum einnehmen.

Des Weiteren ist zu bedenken, dass die Automatisierung immer schwieriger wird, je näher man sich einer Umsetzung von 100 % annähert. Es ist im Allgemeinen erheblich leichter von 60 % auf 80 % als von 80 % auf 85 % Automatisierungsgrad zu kommen. In der Praxis wird es also immer Testfälle geben, die weiterhin manuell getestet werden müssen.

Wenn man die Entwicklung der Testautomatisierung in den letzten 30 Jahre betrachtet, ist man teilweise überrascht, wie wenig sich doch verändert hat und wie langsam die Fortschritte doch sind. Das liegt vor allem daran, dass man sich permanent grandios überschätzt – ein Phänomen was vor allem in Deutschland zu beobachten ist, zum Beispiel gerade bei den politischen Zielen zur Energiewende.

Im Jahr 1920 hatten nur wenige Haushalte ein Radio, Fernseher gab es noch nicht, es gab nur sehr vereinzelt Autos und Telefongespräche vermittelte das „Fräulein vom Amt", viele Teile Deutschlands waren noch nicht mal elektrifiziert, es gab noch so gut wie keine Haushaltsgeräte. 1970 waren diese Innovationen auf breiter Ebene angekommen. Zwischen 1970 und 2020 entwickelten sich Mobiltelefone, Autos wurden effizienter und komfortabler, die Bandbreiten für die Kommunikation wurden erhöht, aber es gab – vom Internet mal abgesehen – weniger technische Revolutionen als in der Periode zwischen 1920 und 1970. Das Fließband war erst 1913 das erste Mal durch Henry Ford installiert, im Jahre 1970 war es völlig normal in der Produktion. Heute gibt es mehr Roboter in der Fertigung aber all diese Innovationen sind eher Weiterentwicklungen und nicht völlig neuartige Produkte wie bei der industriellen Revolution. Fernseher, Haushaltsgeräte, Reisen und Telefon haben das gesamte Leben und die Gesellschaft extrem verändert, und all das gab es auch schon 1970, auch wenn es heute vielleicht noch selbstverständlicher geworden ist. Man mag also auf den ersten Blick bemerken, dass der Fortschritt zwischen 1920 und 1970 erheblich höher war als zwischen 1970 und 2020. Das liegt aber auch daran, dass es inzwischen viel mehr Regelwerke, mehr Standardisierung und mehr Komplexität gibt (worin besonders wir Deutschen es häufig übertreiben und manchmal ganz verwundert sind, dass die USA, Südostasien oder China dadurch technologisch vorbeiziehen), dass mehr Menschen Technologie nutzen und Technologie längst sämtliche Lebensbereiche durchdrungen hat. U.a. haben sich die Rechenleistung, die Verarbeitungsgeschwindigkeiten und die Datenmenge in den letzten 50 Jahren enorm verändert. Die Systemintegration hat gewaltige Fortschritte gemacht. Das Leben sich also zwischen 1970 und 2020 vielleicht doch stärker geändert hat als zwischen 1920 und 1970. Man muss also sehr genau hinsehen, wenn man technischen Fortschritt messen will.

Ähnlich unrealistisch wie der Automatisierungsgrad wird häufig die Zeit veranschlagt, um Testprozesse zu automatisieren. Wenn man wirklich denkt, dass man innerhalb weniger Monate ein umfangreiches Projekt mit Hunderten von Testfällen komplett automatisieren kann, ist die Enttäuschung vorprogrammiert. Es geht also darum, den Begriff, was, wieviel und wann welche Testschritte automatisiert werden und den dazu erforderlichen Aufwand zur Umsetzung klar abzugrenzen.

Testautomatisierung bedeutet vor allem Projektmanagement und muss als Teil eines übergreifenden Testmanagements verstanden werden. Testautomatisierung muss projektübergreifend angegangen und gedacht werden, um auch in Erweiterungen, bei anderen Anwendungen oder anderen Endkunden erfolgreich aufgesetzt werden zu können. Bisher erlebt man immer noch, dass dabei oft das Rad neu erfunden wird anstatt auf sinnvolle, bestehende Ansätze aufzusetzen und dass anstatt jedes Mal komplett neue Automatisierungsskripte erstellt werden anstatt einfach nur projektspezifische Anpassungen konfiguriert werden.

An den unrealistischen Erwartungen, die bezüglich Testautomatisierung teilweise geschürt werden, sind aber die Tester selbst nicht ganz unschuldig, denn ein Phänomen, dass es in der Programmierung generell gibt zeigt sich auch hier: man stellt häufig technische Details dar, zeigt Teilerfolge, aber nicht den gesamten Testprozess und an welchen Schritten die Automatisierung eingesetzt werden kann und an welchen (noch) nicht. Testautomatisierung muss aber als Teil des Testprozesses und der Testprozess als Teil des gesamten Entwicklungs- und Produktzyklus einer Anwendung verstanden werden. Dieses Bewusstsein gilt es zu schärfen und auch geeignet zu transportieren. Als das Internet aufkam, gab es einen Werbespot von IBM, bei dem ein Mitarbeiter seinen Kollegen im Büro fragte: „Ich muss für das Top-Management eine Präsentation erstellen und ihnen das Internet erklären! Wie soll ich das denen nur erzählen?" Der Kollege antwortete „Sag doch einfach, wenn man 1 EUR oben reinsteckt, kommen 2 EUR unten raus!" Diese Art zielgerichteter und treffender Kommunikation sollte man wählen, wenn man versucht, die Vorteile der Testautomatisierung zu erklären. Auf eine Kosten-Nutzen-Rechnung für Testautomatisierung werde ich in diesem Buch ebenfalls eingehen.

Es ist auch wichtig, in welchen Teststufen Testautomatisierung zur Anwendung kommt. Generell ist in der gesamten Prozesskette zu überdenken, welcher Test an welcher Stelle sinnvoll ist, damit man keinen Geschäftsvorfall vergisst aber auch nicht doppelt oder sogar mehrfach selbe Funktionen testet.

Testautomatisierung benötigt zu Beginn immer eine Strategie: eine Strategie ist ein genauer Plan für die Handlungen, mit denen man ein Ziel verwirklichen will. Schon daran scheitert es oft. Der Impuls muss daher vom Management gesetzt werden, und es muss klar formuliert werden, wo man zu welchem Zeitpunkt in seiner Zielerreichung stehen will und dann konkrete Schritte zur Umsetzung definieren. Man darf sich nicht zu schnell in technischen Details verlieren, sondern muss sich über die konkreten Ziele einig sein und sie auch transparent kommunizieren. Diese Tatsache gilt für Projektmanagement im Allgemeinen; in diesem Buch soll es für Testautomatisierung im Besonderen betrachtet werden.

Bei Testautomatisierung wird oft nur an Programmierung und Erstellung von Skripten gedacht. Programmierung ist ein wichtiger Teil der Testautomatisierung, aber eben nur ein Teil. Es ist wichtig, Begriffe und deren Verständnis zu klären bevor man sie verwendet. In den Anfängen der Softwareprogrammierung hat man sich auch vor allem um das Codieren gekümmert, aber das Projektmanagement, Konfigurationsmanagement, Qualitätsmanagement, Anforderungsmanagement, Testmanagement außen vorgelassen oder erst sukzessive nach vielen Schmerzen entwickelt. So ähnlich verhält es sich auch mit der Testautomatisierung: sie benötigt klare Vorgaben, definierte Prozesse, Mechanismen zur Verwaltung der Skripte, eine Einbettung ins betriebliche Umfeld und ein effizientes und erfahrenes Projektmanagement. Nebenbei bemerkt: es ist immer wieder interessant zu sehen, wie weit man mit der Effizienz bereits in Produktionsprozessen in der Industrie vorangeschritten ist und wie wenig effizient Prozesse in der IT ablaufen. Von einem gut strukturierten mit den Softwareentwicklungsprozessen abgestimmten Testprozessen sind viele IT-Abteilung nach wie vor meilenweit entfernt. Das Einsparungspotenzial wäre hier auf breiter Front enorm, wird aber vom Management in vielen Fällen gar nicht erkannt oder sogar noch torpediert, weil es sich um Anpassungen handelt, die man nur langwierig umsetzen kann, wobei man einen langen Vorlauf benötigt und auch in der betrieblichen Organisation Anpassungen vornehmen muss und damit auch interne Widerstände auslöst. Regelwerke oder überkommene Festlegungen müssen dabei auch auf den Prüfstein gestellt werden. Eine Unterstützung des Topmanagements zahlt sich auf jeden Fall aus, um die Reife der Softwareindustrie auf die Reife anderer Industrien anzuheben.

In diesem Buch wird dabei immer wieder auf Probleme in der betrieblichen Praxis und mögliche Fallstricke hingewiesen. Bestehende Strukturen und Software-Architekturen, aber auch innerbetriebliche Prozesse, Abhängigkeiten und persönliche oder politische Widerstände hemmen Innovationsprozesse und verlangsamen oder verhindern Optimierungspotenziale. Das alles ist zu bedenken, wenn man Testautomatisierung einführen will.

Ein reines Lehrbuch betrachtet die Optionen auf der grünen Wiese – wenn man eine Organisation komplett neu aufsetzen kann, kann man viele Punkte viel flexibler gestalten, als wenn man auf eine bereits vorhandene Softwarelandschaft stößt. Gerade das ist aber bei fast allen Unternehmen in der Praxis der Fall, sodass man evolutionär vorgehen muss und dadurch meist nur suboptimale Lösungen erbringen kann.

Agile Methoden sind Methoden des Projektmanagements, die einen kooperativen, iterativen und inkrementellen Ansatz befürworten. Agile Methoden geben den agilen Techniken eine Gesamtstruktur hin zum Projektmanagement. Agile Softwareentwicklung bezeichnet Ansätze im Softwareentwicklungsprozess, die die Transparenz und Veränderungsgeschwindigkeit erhöhen und zu einem schnelleren Einsatz des entwickelten Systems führen sollen, um so Risiken und Fehlentwicklungen im Entwicklungsprozess zu minimieren. Dazu wird versucht, die Entwurfsphase auf ein Mindestmaß zu reduzieren und im Entwicklungsprozess so früh wie möglich zu ausführbarer Software zu gelangen. Diese wird in regelmäßigen, kurzen Abständen mit dem Kunden abgestimmt. So soll es möglich sein, flexibel auf Kundenwünsche einzugehen, um so die Kundenzufriedenheit insgesamt zu erhöhen. Agile Softwareentwicklung zeichnet sich durch selbstorganisierende Teams sowie eine iterative und inkrementelle Vorgehensweise aus.

Agile Entwicklung setzt aber voraus, dass Testfälle automatisiert sind, dass man Änderungen vornehmen und sofort testen kann, um Seiteneffekte und Fehler zeitnah erkennen und beheben zu können. Wenn man agile Vorgehensweisen umsetzen will, muss man also zwangsläufig auch die Umsetzung automatisierter Tests forcieren. Dabei ist es besonders wichtig, dass es nicht nur bei einfachen „Smoke Tests" bleibt, sondern die Testfälle so umfangreich wie möglich umgesetzt werden. Wichtig ist, die Verfahren, die zur Automatisierung angewendet werden, ebenfalls zu dokumentieren, damit im Falle einer Validierung, Begutachtung oder Auditierung nachgewiesen werden kann, dass die Automatisierung die Testfälle in der richtigen Form umgesetzt hat.

Vor einer Automatisierung ist es aber auch von enormer Wichtigkeit, die Testfälle zu prüfen und zu priorisieren. Manche Testfälle sind leicht automatisierbar, manche aber sehr komplex und nur teilweise automatisiert möglich. Das alles muss in die Aufwandsermittlung für die Testdurchführung einfließen. Teilautomatisierte Tests sind die Regel und nicht die Ausnahme. Man muss also nach wie vor den Testaufwand transparent darstellen und aufzeigen, was Kosten und Nutzen einer weiteren Automatisierung ist, um den Automatisierungsgrad zu erhöhen. Automatisierung rechnet sich nie bei den ersten Durchführungszyklen, bei regelmäßig zu wiederholender Testdurchführung wegen neuer Features, neuer Releases und erweiterter Funktionalität aber umso mehr.

In diesem Buch soll es darum gehen, wie Testautomatisierung erfolgreich umgesetzt werden kann, also um Fragen wie: Welche Rahmenbedingungen und Voraussetzungen müssen gegeben sein? Welche Schritte zur Umsetzung sind sinnvoll? Welche Überlegungen muss man im Vorfeld anstellen? Wie geht man unter Berücksichtigung der Praxis am besten vor, um den Automatisierungsgrad zu erhöhen und den Testprozess zu verbessern?

Zur Umsetzung der Automatisierung werden geeignete Tools benötigt. Dabei werden Kriterien vorgestellt, nach denen eine Toolauswahl sinnvoll ist. Einzelne Tools in einem Buch zu vergleichen und zu bewerten wäre aus meiner Sicht nicht sinnvoll: der Markt verändert sich dynamisch, sodass jede Empfehlung bald nach Publikation schon wieder veraltet ist. Außerdem wäre es problematisch, ein herstellerneutrales Buch zu Testautomatisierung zu schreiben und Tools als unabhängige Instanz zu bewerten, wenn man von Anfang an nur einige Tools herausgreift und dann zum Schluss kommt, dass manche besser und manche weniger geeignet sind. Der Markt an Lösungen ist schlicht zu groß, zu dynamisch und zu unübersichtlich, um sie alle hinreichend bewerten zu können. Schließlich sind die Anforderungen pro Projekt derart unterschiedlich, dass jede Beratung diesbezüglich nur individuell stattfinden kann: die Programmierung eines Steuergeräts hat andere Anforderungen als ein Warenwirtschaftssystem, eine Buchhaltungssoftware andere als ein Web UI für ein Portal oder eine App. Auf den Vergleich bestimmter Tools zur Testautomatisierung wurde aus diesen Gründen bewusst verzichtet, es ist aber ein Kapitel zu den Bewertungskriterien, nach denen man bei der Toolauswahl vorgehen sollte, in diesem Buch enthalten.

Bei all den Vorgehensweisen empfehle ich gerne einen Blick über den Tellerrand: wie haben andere Kunden oder Mitbewerber ihre Testautomatisierung umgesetzt? Viel zu häufig ist man betriebsblind und schmort man im eigenen Saft, anstatt Anregungen offen aufzunehmen und zu prüfen, ob sie fürs eigene Unternehmen adaptiert und vielleicht teilweise übernommen werden können. Bei aller Individualität gelten manche Herausforderungen für viele Unternehmen und Betriebsblindheit oder stures Festhalten an bestimmten eingeschliffenen Abläufen verhindern progressive Wege der Umsetzung. Diese Tatsache gilt für alle Testprozesse und für die Testautomatisierung im Besonderen.

Ein wesentliches Kriterium für erfolgreiche Automatisierung ist die Wartbarkeit. Änderungen an der Software dürfen nicht dazu führen, dass die gesamte Automatisierung wieder neu aufgesetzt werden muss. Ich hatte das selbst in einem Projekt leidvoll erfahren, als nach wenigen Änderungen an der GUI und der Navigation viele Skripte nicht mehr funktionierten und die Neuprogrammierung im Projekt nicht mehr durchgeführt werden konnte, weil man sonst den Endtermin gefährdet hätte. Da man zumindest die Automatisierung für einige wesentliche Testfälle für die Zukunft retten wollte, wurden erhebliche Zusatzaufwände und Mehrkosten fällig. Man muss diesen Aspekt bei allen Überlegungen von Anfang an berücksichtigen. Es ist auch schon vorgekommen, dass Skripte nicht mehr funktionieren und damit zeitweise komplett auf Softwaretests verzichtet werden musste, weil auch manuelle Tester nicht ausreichend und termingerecht zur Verfügung standen. Um zu verhindern, dass nach dem Weggang des einzigen für Testautomatisierung zuständigen Experten im Unternehmen das gesamte Knowhow verloren ist, ist es entscheidend, Skripte zu dokumentieren, Änderungen deutlich zu kennzeichnen und das notwendige Wissen zu streuen. Was für programmierte Anwendungen gilt, trifft im Besonderen auch für Automatisierungsskripte zu.

Wenn im Folgenden von Testmanagern, Testkoordinatoren, Testern... die Rede ist, habe ich zur leichteren Lesbarkeit die männliche Form verwendet. Sofern keine explizite Unterscheidung getroffen wird, sind daher stets sowohl Frauen, Diverse als auch Männer sowie Menschen jeder Herkunft und Nation gemeint.

Bedeutung von Automatisierung

2

Zusammenfassung

Die Automatisierungspyramide zeigt die Ebenen der Automatisierung in einem Unternehmen. Die Ziele der Automatisierung treffen grundsätzlich auch auf die Testautomatisierung zu. Dabei hat sich die Bedeutung der einzelnen Ziele der Automatisierung im Laufe der Geschichte gewandelt. Die genaue Analyse der Arbeitsprozesse und die Beachtung der Komplexität der Systemintegration sind entscheidende Erfolgsfaktoren für Automatisierung im Allgemeinen und für Testautomatisierung im Besonderen.

Bevor man sich der Testautomatisierung im Besonderen zu wendet ist genauer betrachten, was **Automatisierung** generell bedeutet und welche Auswirkungen sie hat.

In der Produktion ist die Automatisierung längst zu einem integralen Bestandteil des Geschäftsbetriebs geworden. Der IT-Bereich ist meist noch individueller, seine Ausgestaltung ähnelt manchmal auch heute noch eher künstlerischer oder handwerklicher Arbeit als industriellen Prozessen. Mit zunehmender Reife der IT-Industrie und einer höheren Standardisierung kommt die Automatisierung in Entwicklung und Test, modularen Objekten und normierten Schnittstellen jedoch eine immer stärkere Bedeutung zu.

Der Begriff „Automatisierung" kann für jeden Einzelnen, jeden Prozess, jede Branche und jedes Unternehmen etwas anderes bedeuten. Vereinfacht kann man Automatisierung als Verbesserung von Prozessen mittels Technologie definieren. Für einen Mitarbeiter der Poststelle bedeutet Automatisierung womöglich die definierte Vorsortierung und Weiterleitung der eingehenden Korrespondenz. Für einen Vertriebsmitarbeiter heißt Automatisierung die routinemäßige Genehmigung von Reisekosten unterhalb eines bestimmten Betrags. Für den Archivar bedeutet Automatisierung einen berührungslosen Prozess, wenn die Unterlagen des Unternehmens das Ende ihrer Aufbewahrungsfrist erreicht haben [EPHE2022].

© Der/die Autor(en), exklusiv lizenziert an Springer Fachmedien Wiesbaden GmbH, ein Teil von Springer Nature 2023

F. Witte, *Konzeption und Umsetzung automatisierter Softwaretests*, https://doi.org/10.1007/978-3-658-42661-3_2

9

Als generelle Definition kann man Automatisierung als die selbständige Ausführung eines Prozesses betrachten, bei dem Material, Informationen und Energie verändert und umgeformt werden.

2.1   Automatisierungspyramide

Um die Bereiche industrieller Automatisierung zu veranschaulichen, wird häufig die Darstellung einer Automatisierungspyramide herangezogen. Die Automatisierungspyramide (siehe Abb. 2.1) spiegelt die verschiedenen Ebenen der Automatisierung in einem Unternehmen wider. Der wirtschaftliche Erfolg eines Unternehmens ist u. a. von der Fähigkeit abhängig, schnell auf Kundenwünsche und Veränderungen im Markt reagieren zu können. Ein Baustein ist die effektive Gestaltung der Kommunikation im Unternehmen.

Betrachtet man die Hierarchieebenen genauer, so wird ersichtlich, dass Kommunikationsaufgaben sehr vielschichtig sind und stark in ihren Anforderungen an die Geschwindigkeit der Datenübertragung und Datenmenge differieren. Man unterscheidet dabei die folgenden Hierarchieebenen:

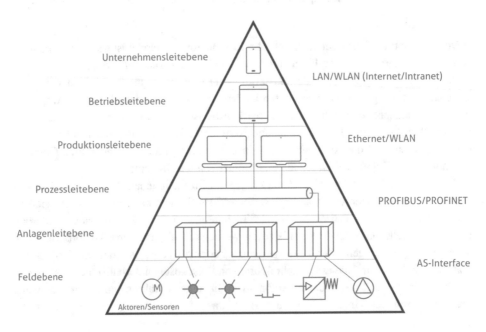

Abb. 2.1 Automatisierungspyramide

Unternehmensleitebene: In dieser Ebene laufen alle Prozesse ab, die dem Unternehmen das Überleben am Markt sichern. Es werden Aufgaben wie Marktanalyse, Unternehmensführung, strategische Personal-, Investitions- und Produktionsplanung realisiert. Unterstützend können Systeme wie das **Enterprise Resource Planning (ERP)** oder SAP-Softwareprodukte wirken.

Betriebsleitebene: Diese Ebene beinhaltet z. B. Prozesse der Verwaltung und Bearbeitung von Lieferaufträgen, der Produktionsplanung, der Terminüberwachung sowie Kostenanalyse, Prozesse, die den täglichen Betrieb des Unternehmens absichern. Auch hierzu existieren Softwarelösungen wie z. B. das **Manufacturing Execution System (MES)**.

Produktionsleitebene: In dieser Ebene wird die kurzfristige Produktionsplanung, wie z. B. die Einsatzplanung von Maschinen und Anlagen sowie des Personals sichergestellt. Softwarelösungen hierfür sind die sog. Supervisory Control and Data Acquisition (SCADA)-Systeme.

Prozessleitebene: Diese Ebene kann je nach Anlagengröße noch einmal in weitere Ebenen, von der Anlagen- über die Gruppen- bis zur Einzelleitebene, untergliedert werden. Diese steuern und regeln die Produktionsprozesse und deren Überwachung und können gleichfalls eine Verbindung der einzelnen Fertigungszellen realisieren. Da die Prozesse innerhalb eines Fertigungsbereiches (Zelle) ablaufen, wird diese Ebene aus Sicht der Fertigungseinrichtungen auch als Zelle bezeichnet.

Feldebene: In der Feldebene finden sich die Aktoren und Sensoren sowie Anzeigegeräte. Hier werden die Daten erfasst sowie aufbereitet (z. B. tabellarisch oder graphisch) und es erfolgen die Reaktionen entsprechend der ausgewerteten Information. In der Feldebene wird der Prozess mit den übergeordneten Steuerungen verbunden. Zur Anbindung an die übergeordneten Systeme müssen die Datenmengen mit kurzen Reaktionszeiten übertragen werden.

In den oberen Ebenen arbeiten komplexe Rechnersysteme in Netzen mit großer Ausdehnung und vielen Teilnehmern. Es werden große Datenmengen verarbeitet; die Verarbeitungszeiten (Reaktionszeiten) sind dabei nicht von entscheidender Bedeutung. In den unteren Ebenen sind die Netzausdehnung und die Teilnehmerzahlen eher gering. Es müssen kleine Datenmengen verarbeitet werden und daraus entstehen Echtzeitanforderungen [GRUA2020].

2.2   Historie der Automatisierung und wirtschaftliche Grundlagen

Erste bekannte automatisierungstechnische Anwendungen stammen aus dem Jahr 230 v.Chr., als der Grieche Philon eine Öllampe mit Niveauregelung erfand. Schon in der Antike nutzte man naturwissenschaftliche Kenntnisse und entwarf erste Automaten, wie zum Beispiel die sich selbst öffnenden Tempeltüren von Alexandria oder der Weihwasserautomat, entwickelt von Heron von Alexandria. Nach DIN 19233 bedeutet Automatisieren, künstliche Mittel einzusetzen, damit ein Vorgang selbsttätig abläuft. Seit Beginn der technischen Produktion besteht die Anforderung nach einer effektiveren Gestaltung der Produktionsprozesse (**Rationalisierung**).

Im Laufe der vergangenen 2000 Jahre hat sich der Inhalt der Automatisierung gravierend verändert. Man kann dabei im Wesentlichen drei Phasen unterscheiden:

- Bis Anfang des letzten Jahrhunderts stand in der ersten Phase der Automatisierung die Mechanisierung eines Prozesses im Mittelpunkt.
- Danach, in der zweiten Phase, erfolge eine stürmische Entwicklung der Automatisierung durch den Einsatz der Elektrizität, Elektrotechnik und Elektronik. Die Entdeckung der Elektrizität und Erfindungen der Elektrotechnik, im 19. Jahrhundert ermöglichten die Dezentralisierung der Produktion, es wurde möglich, Energie über weite Strecken zu versenden. Dabei wurden erste Versuche unternommen, Elektrizität zum Messen, Steuern und Regeln einzusetzen.
- Aktuell befindet sich die Automatisierung durch den verstärkten Einsatz der Rechentechnik und Informationstechnologie bereits in der dritten Phase. Die Rechen- und Informationstechnik rückt zunehmend in den Mittelpunkt, welche eine Digitalisierung des Produktentstehungs- und Produktionsprozesses bewirkt [IPHA2022].

Die Automatisierung durchdringt unser tägliches Leben zwar immer stärker, wird jedoch immer weniger wahrgenommen [TABA2017], weil sie immer selbstverständlicher geworden ist.

Die moderne Entwicklung beginnt im 19. Jahrhundert in den USA und England. Die Einführung der Arbeitsteilung (Taylorsches Prinzip) führte erstmals zu einem sprunghaften Anstieg der Produktivität. Der amerikanische Ingenieur Taylor hatte durch Versuche festgestellt, dass die Aufteilung der Produktion eines Gutes in Einzelschritte, die dann jeweils durch einen Arbeiter ausgeführt wurden, die Produktivität erheblich steigert. Taylor begründete das Prinzip einer Prozesssteuerung von Arbeitsabläufen, die von einem auf Arbeitsstudien gestützten und arbeitsvorbereitenden Management detailliert vorgeschrieben werden. Grundlage der Aufteilung der Arbeit in diese kleinsten Einheiten waren detaillierte Zeit- und Bewegungsstudien. In einem zweiten Schritt folgte die Mechanisierung, d. h. der Ersatz der menschlichen Arbeitskraft durch Maschinenkraft. Bald schon wurden erste einfachere Fertigungsabläufe automatisiert. Maschinen führten Tätigkeiten im Produktionsprozess mithilfe von Steuerungen und Regeleinrichtungen selbständig durch, der Mensch beschränkte sich auf das Einrichten und Überwachen der Maschinen. Diese Entwicklung hat, bis zur heute geforderten flexiblen Automatisierung, immer die gleichen folgenden Ziele im Auge:

- Erhöhung der Produktivität
- Verkürzung der Fertigungszeiten
- Erleichterung der menschlichen Arbeit
- Senkung der Kosten
- Erhöhung der Qualität [GRUA2020]

Das alles sind auch Ziele, die für die Einführung der Testautomatisierung grundsätzlich zutreffen.

REFA wurde 1924 als „Reichsausschuss für Arbeitszeitermittlung" gegründet und firmiert heute als „Verband für Arbeitsstudien und Betriebsorganisation e. V. (REFA)". Die **REFA-Methodologie** ermöglicht mit ihrer Vorgehensweise und ihren Instrumenten die systematische, ganzheitliche Betrachtung von Arbeitsprozessen. Unternehmerische Entscheidungen sollten stets auf der Grundlage des realen Betriebsgeschehens getroffen werden. Dies erfordert eine solide Datenbasis über die Kostenstruktur des Unternehmens und über den eingesetzten Zeitaufwand der Akteure. Auch wenn die betriebliche Leistungserstellung noch von anderen Faktoren beeinflusst wird, ist die aufgewendete Zeit meist die zentrale Bestimmungsgröße. Von ihr hängt es ab, wie lange ein Auftrag dauert und was er kostet. Management, Planer und Steuerer brauchen daher zur Disposition und Kalkulation verlässliche Zeitdaten aus dem Betrieb. Hier setzt die **REFA-Zeitaufnahme** an. Sie liefert die notwendige Datengrundlage. Dabei wird der zu beurteilende Arbeitsgang in logische, genau abgrenzbare und nachvollziehbare Ablaufabschnitte unterteilt, für die die einzelnen Zeiten in hundertstel Minuten-Schritten gestoppt werden [REFA2022]. REFA zeigt im industriellen Umfeld die Wichtigkeit auf, Betriebsprozesse zu messen und im Detail zu analysieren und zu bewerten.

Die Gewichtung der Ziele der Automatisierung hat sich im Spannungsfeld zwischen Markt und Kundenwünschen auf der einen Seite und Unternehmen und Produktionsmöglichkeiten auf der anderen Seite ständig verschoben. Die moderne Produktions- und Automatisierungstechnik begann etwa mit der Einführung der Fließbandfertigung durch Henry Ford. Bis 1960 standen die Erhöhung der Produktivität und die Kostensenkung im Vordergrund dieser Entwicklung.

Die schnelle Reaktion auf die sich permanent ändernden Kundenwünsche, die Kurzlebigkeit der Produkte und der Wunsch mit einer hohen Produktvielfalt und flexiblen und individuell konfigurierbaren Angeboten den Kunden zum Kauf anzuregen, stehen inzwischen im Vordergrund der Überlegungen. Weg vom Massenvertrieb, hin zu Massenindividualisierung, ist die neue Devise. Diese Ansprüche, die sich in der heutigen, schnelllebigen Zeit permanent verändern, stellen neue Anforderungen an Umgestaltung und Weiterentwicklung in vielen technischen Bereichen.

Seit 1980 und 1990 schien in einer Phase der Hochautomatisierung **CIM**, die rechnerintegrierte Produktion (Computer Integrated Manufacturing) als die Lösung für alle Probleme produzierender Unternehmen verstanden. Völlig überzogene Erwartungen führten dazu, dass Produktionssteigerungen teuer erkauft wurden. Man verstand, dass eine feinfühlige, flexible Automatisierung notwendig ist, die sich problemlos an immer neue Bedingungen anpassen lässt und immer zusammen mit den technischen Überlegungen die Kosten/Nutzen-Relationen berücksichtigt. Interessanterweise befindet man sich heute bei der Testautomatisierung gerade in einer Phase, in der ebenfalls häufig völlig überzogene Erwartungen geäußert werden. Man muss bei der Umsetzung automatisierter Prozesse immer prüfen, wie viel Automatisierung sinnvoll ist und ob sich das Problem vielleicht kostengünstiger auf anderem Wege lösen lässt.

Seit 2011 verbreitet sich der Begriff der **Industrie 4.0**, deren Ziel es ist, Informationsprozesse immer weiter zu verknüpfen, sodass mithilfe von Verfahren der Selbstoptimierung, Selbstkonfiguration und Selbstdiagnose der Einsatz lernender Systeme die Produktion intelligenter wird. Dabei sollen individuelle Kundenwünsche optimal realisiert und die Systeme und Prozesse so gestaltet werden, dass sie sich selbständig den Anforderungen effektiv anpassen können. Sensoren nehmen Informationen auf, Automatisierungseinrichtungen verarbeiten diese Informationen und Aktoren stellen die Prozesse. Das intelligente Verbinden dieser Technologien schafft eine höhere Qualität der Vernetzung und Kommunikation, um die Ansprüche an moderne Produktion noch effektiver umzusetzen. Es bleibt abzuwarten, ob diese Verfahren und Trends auch in der Testautomatisierung Eingang finden.

Häufig sollen mit der Automatisierungstechnik die Produktivität bzw. die Produktionsgeschwindigkeit gesteigert werden. Aber nur die Beschleunigung eines wohldurchdachten Prozesses ist sinnvoll, die Automatisierung einer chaotischen Fertigung oder Montage führt zwangsläufig zu erheblichen Problemen. Man muss also untersuchen, ob das Produkt bzw. seine Konstruktion automatisierungsgerecht ist und ob der Herstellungs- bzw. Montageprozess automatisierungsgerecht gestaltet ist [GRUA2020]. Was diesbezüglich für Produktionsprozesse gilt, trifft analog und sogar in besonderem Maße für Prozesse der Testautomatisierung zu.

Der **wirtschaftliche Automatisierungsgrad,** die sinnvollste Aufgabenteilung zwischen Mensch und Maschine, das Nutzen der Kenntnisse der Mitarbeiter und deren Wohlbefinden tragen nicht nur zur Humanisierung der Arbeit bei, sondern sind auch ein wichtiger wirtschaftlicher Faktor. Folgende Grundlagen sind dabei zu beachten:

- nur das automatisieren, was sinnvoll ist, nicht, weil es technisch möglich ist (Kosten-Nutzen-Relation beachten!)
- ein vernünftiges Verhältnis von menschlicher Arbeit und Maschinenarbeit berücksichtigen
- kleine, überschaubare Einheiten bilden
- mit zunehmender Komplexität der technischen Strukturen wächst der Aufwand stärker als die Systemwirksamkeit [GRUA2020]

Bei der Automatisierung von Testprozessen ist vor allem die Beachtung der Herausforderungen der Systemintegration ein wesentlicher Erfolgsfaktor für die Einführung neuer Systeme und Abläufe.

2.3 Vorteile und Nachteile von Automatisierung

Da Automatisierung vor allem in der Produktion schon lange existiert, kann man an den Erfahrungen aus der Produktion ableiten. Auch hier wurden mit Schlagworten wie „Smart Factory" oder „Industrie 4.0" teilweise unrealistische Erwartungen geweckt. Besonders im Mittelstand werden Produktionsprozesse zu großen Teilen noch „klassisch manuell" durchgeführt.

Vorteile von Automatisierung

- **Erhöhung von Produktivität und Wirtschaftlichkeit:** Automation erledigt wiederkehrende Bewegungsabläufe, nur schneller und zuverlässiger. Niedrige Taktzeiten und hohe Stückzahlen zeichnet automatisierte Prozesse aus. Eine Maschine schläft nicht und hat kein Wochenende. Auf automatisierten Anlagen kann problemlos 24 h, 7 Tage die Woche gefertigt werden, ohne Mitarbeiter dahingehend zu belasten. Erhöhte Produktivität führt zu erhöhter Wirtschaftlichkeit und damit zu Wettbewerbsvorteilen.
- **Sicherung von Qualitätsstandards:** Menschen haben Unmengen an Qualitäten: Kreativität, Empathie, geniale Ideen zu spinnen weit weg von jeglicher Logik. Wenn es um Leben und Tod geht, ist gesunder Menschenverstand kalten maschinellen Algorithmen haushoch überlegen. Ein und denselben Bewegungsablauf 8 h am Tag zu verrichten, ohne die Konzentration zu verlieren jedoch gehört definitiv nicht zu unseren Talenten. Die Fehlerquelle Mensch ist real und kostet Unternehmen teils beträchtliche Summen an Reklamationskosten. Hier sind Automatisierungen eindeutig dem Menschen überlegen. Aber auch hier sind Mitarbeiter am Werk, um die Maschine einzurichten und die Produktion zu planen. Die Maschine kann nur die Qualität liefern, für die sie eingerichtet ist. Abläufe, die repetitiv und für Menschen langweilig sind, hohe Kosten verursachen, wenn man diese hochskaliert, Risiken durch menschliche Fehleingaben beinhalten und nach festen Regeln arbeiten, eignen sich dabei besonders gut zur Automatisierung.
- **Transparenz in der Produktion:** Kennzahlen bestimmen den modernen Betriebsalltag. Die Just-in-Time Belieferung – sowohl vom Lieferanten als auch zum Kunden – fordert exakte Daten aus der Produktionsplanung. Mit der Automatisierung können in Echtzeit aus Produktionszahlen und Ausschusszahlen zusammen mit der Datenbasis des ERP-Systems Kennzahlen und Metriken ermittelt, diese Daten interpretiert, aus unterschiedlichen Datenquellen Schlüsse gezogen und Handlungen abgeleitet werden. In High-End-Systemen müssen die abgeleiteten Handlungen nicht einmal mehr selbst ausgeführt werden, die vernetzten Maschinen kümmern sich um sich selbst.

Nachteile von Automatisierung

- **Erhöhte Komplexität durch vernetzte Systeme:** Das Zusammenspiel aller Komponenten in einem Produktionssystem kann man sich wie eine Vielzahl an Zahnrädern vorstellen, die ineinandergreifen, um als Gesamtheit zu funktionieren. Was passiert, wenn zwei Zähne sich nicht vernünftig fügen? Oder wenn ein Zahn abbricht? Die Störung kann man schnell bemerken – spätestens, wenn die Maschine stillsteht. Die Ursache hingegen ist oft weniger schnell gefunden, und noch langsamer beseitigt. Komplexe Produktionssysteme sind eine schöne Sache, solange sie reibungslos funktionieren. Je undurchsichtiger die Programmierung und Vernetzung von Maschinen jedoch ist, desto anspruchsvoller wird auch die Beseitigung von Störungen. Auf Wartungsfreiheit und hohe Anlagenverfügbarkeit ausgelegte Automationen sowie integrierte Fernwartungsmodule können hier Abhilfe schaffen.
- **Sinkende Flexibilität:** Es ist das klassische Duell: Flexibilität und Variantenvielfalt versus Produktivität und Stückzahl. Grundsätzlich lebt Automatisierung von einer möglichst hohen Ausbringungsmenge, da hier die größte Effizienz erreicht werden kann. Im Gegenzug gibt man dadurch ein gewisses Maß an Flexibilität in der Fertigung auf. Das Problem: Immer mehr Kunden fordern genau diese Flexibilität. So schreitet der Trend zur Individualisierung von Produkten bis hin zur Losgröße 1 immer weiter voran. Eine Entwicklung, die auch die Akteure in der Automatisierungsbranche unruhig schlafen lässt. Aus dieser Motivation entspringen immer mehr Lösungen in den Bereichen Sensorik, produktübergreifende Robotik oder modulare Baukastensysteme.
- **Hohe Investitionskosten:** Der Grund, warum sich vor allem viele Mittelständler bisher noch wenig mit „Industrie 4.0" beschäftigen, ist allen voran der hohe Eintrittspreis. Das Risiko der Fehlinvestition wird schlicht als zu hoch eingestuft. Kleine Budgets und aktuelle Krisen (wie z. B. die Corona-Pandemie oder Ukraine-Krieg) haben die Entscheidungen für stärkere Automatisierung der Produktionsprozesse in letzter Zeit eher verlangsamt. Eine wirtschaftliche Herangehensweise an das Thema Automatisierung ist daher elementar.

Fazit

Auf Dauer sollte ein durch Automatisierung optimierter Prozess mehr Kosten sparen, als anfänglich für Ihn investiert wurde. Man muss sich vor jeder Investition prüfen, wann der ersehnte ROI (Return on Investment) erreicht werden kann. Das lässt sich in der Regel erst nach umfassender Analyse sagen [LMZL2022].

Was für Automatisierung in der Produktion gilt, gilt allgemein auch für Testautomatisierung: eine umfassende Analyse der betrieblichen Prozesse und eine Erhebung der Einflussfaktoren und Parameter im Vorfeld ist erforderlich, um den zu erwartenden Nutzen zu ermitteln. Da aber die Datengrundlage bei Testprozessen oft nur unzureichend gegeben ist, sind Aussagen zu erwartbarem Nutzen der Testautomatisierung immer mit einem großen Unsicherheitsfaktor behaftet.

2.4   Automatisierung und Rationalisierung

Um Automatisierung, speziell Testautomatisierung, richtig einzuordnen, sollte man sich über den Unterschied von Automatisierung und **Rationalisierung** bewusst sein: Bei einer Rationalisierung werden Arbeitsplätze gestrichen. Kleinbetriebe können sich oft nur wenige Mitarbeiter leisten. Andere Unternehmen nutzen die Möglichkeiten zur Automatisierung dazu, günstiger zu produzieren und Kosten für menschliche Arbeiter einzusparen. Fallen Arbeitsplätze durch den Einsatz von Robotern oder Programmen weg, ist die Rede von Rationalisierung. Viele Unternehmen nutzen jedoch die Automatisierung dazu, vorhandene Mitarbeiter zu entlasten. Bei einer Automatisierung arbeiten Menschen und Maschinen quasi Seite an Seite und ergänzen sich gegenseitig. Ziel der **Industrie 4.0** ist, dass Unternehmen von der Digitalisierung in der industriellen Produktion erfolgreich profitieren können. Es ist davon auszugehen, dass zunehmend Aufgaben und Produktionsabläufe automatisiert werden. Dadurch entfallen zwar einige Jobs in diesen Bereichen, zeitgleich entstehen jedoch andere Tätigkeitsfelder, für die qualifiziertes Personal benötigt wird. Die Arbeit und Auswertung intelligenter Programme, die Vernetzungen der Wertschöpfungsketten oder die Sicherheitsanforderungen an solche Systeme benötigen Menschen, die diese Technologien im Blick haben. Wer an Berichte zurückdenkt, als das Internet zunehmend genutzt wurde, stellt fest, dass damals ebenfalls viele Mitarbeiter Angst um ihren Arbeitsplatz hatten. Nach jeder industriellen Weiterentwicklung verlagern sich oft einfache Tätigkeitsfelder, aber neue, meist anspruchsvollere Aufgaben entstehen [CONW2022].

Literatur

[EPHE2022]   https://ephesoft.com/de/blog/5-vorteile-einer-intelligenten-prozessautomatisierung/, zugegriffen am 10.03.2023

[GRUA2020]   Heinrich, Linke, Glöckler: Grundlagen Automatisierung, Springer-Vieweg Verlag Wiesbaden 2020

[TABA2017]   Langmann, Taschenbuch der Automatisierung, Fachbuchverlag Leipzig im Carl-Hanser-Verlag München 2017

[REFA2022]   https://refa.de/service/refa-lexikon/was-ist-refa, zugegriffen am 10.03.2023

[LMZL2022]   https://www.lmz-lenkering.de/magazin/vorteile-nachteile-automatisierung-in-der-produktion/, zugegriffen am 10.03.2023

[CONW2022]   https://www.consulting.de/artikel/automatisierung-so-veraendert-sich-die-wirtschaft/, zugegriffen am 10.03.2023

[IPHA2022]   https://www.iph-hannover.de/de/dienstleistungen/automatisierungstechnik/automatisierung/, zugegriffen am 10.03.2023

Vorteile der Testautomatisierung

3

Zusammenfassung

Die Einführung und der Einsatz von Testautomatisierung in einer Organisation führt zu mehreren Vorteilen, die sich auf vielfache Weise positiv auf Unternehmensziele auswirken und erheblich dazu beitragen können, die Qualität von Produkten und die Rendite eines Unternehmens zu steigern. Die Bedeutung von Testautomatisierung ist in den letzten Jahren gestiegen und wird aus unterschiedlichen Gründen weiterhin zunehmen.

Unter **Testautomatisierung** (auch Testautomation) ist die Automatisierung von Aktivitäten im Test zu verstehen, sowohl beim Softwaretest als auch beim automatisierten Test von Hardware.

Bevor man Testautomatisierung – in welchem Bereich auch immer – einführen will, sollte man sich über seine Unternehmensziele klar sein. Man will schließlich in den Abläufen und der Organisation etwas ändern und positive Effekte erzielen. Dazu sollte man den Nutzen für die eigene Unternehmung individuell bewerten und quantifizieren.

Der Einsatz von Testautomatisierung hat generell folgende Vorteile:

3.1 Einsparung von Zeit- und Arbeitsaufwand

Durch den Wegfall manueller Arbeit kann der gesamte Entwicklungsprozess beschleunigt werden. Das führt zu günstigeren Kostenstrukturen durch die Senkung von Personalkosten. Projekte können in kürzerer Zeit abgeschlossen werden und die Testphasen schneller ablaufen. Dadurch kann das Produkt schneller auf den Markt kommen, der geplante Umsatz schneller erzielt werden und die Produktivität steigt. Der Produktionsfaktor Arbeit wird durch den Produktionsfaktor Kapital ersetzt und die Rendite des Unternehmens kann

© Der/die Autor(en), exklusiv lizenziert an Springer Fachmedien Wiesbaden GmbH, ein Teil von Springer Nature 2023
F. Witte, *Konzeption und Umsetzung automatisierter Softwaretests,*
https://doi.org/10.1007/978-3-658-42661-3_3

gesteigert werden. Vor allem bei der Automatisierung der Testdurchführung lässt sich die Zeit für die Durchführung pro Testzyklus erheblich verringern. Je öfter Tests durchgeführt werden müssen, desto höher ist die entsprechende Rendite.

Manueller Aufwand ist nicht beliebig steigerungsfähig ist und manchmal ist die Zeit für manuelle Testdurchführung schlichtweg nicht vorhanden: Angenommen, zur manuellen Durchführung von 1.000 Testfällen in 100 Tagen werden 2 Mitarbeiter benötigt. Ein Terminverzug muss vermieden werden, da sonst Penaltyzahlungen fällig werden. Es ist also ausgeschlossen, die Bearbeitungsdauer zu steigern, und die 100 Tage zur Durchführung sind knapp kalkuliert. Man will aber auch nicht weniger Testfälle durchführen, die Testabdeckung soll zur hinreichenden Qualitätssicherung erhalten bleiben. Folglich setzt man statt 2 für die Aufgabe 4 Mitarbeiter ein – angenommen man hat die 2 zusätzlichen Mitarbeiter überhaupt verfügbar. Die doppelte Anzahl Mitarbeiter bedeutet aber noch lange nicht automatisch, dass dann die Testdauer auf 50 Tage verkürzt werden kann, da der Organisations-, Koordinations- und Abstimmungsaufwand im Allgemeinen überproportional steigt. Besonders deutlich wird das, wenn man z. B. zur o.g. Aufgabe in der Formel beispielhaft 50 Mitarbeiter einsetzt: Es ist kaum zu erwarten, dass das Projekt in 1/50 der Zeit, also 2 Tagen, dann abgeschlossen ist, weil ja in der Regel schon das Equipment begrenzt ist. Erfahrungsgemäß steigert für die Testdurchführung ein zusätzlicher Mitarbeiter den gesamten möglichen Output nicht um 100, sondern höchstens um 40–50, im optimalen Fall 70 %. Beim Test von Software handelt es sich um eine anspruchsvolle Tätigkeit, die man nicht so einfach vermehren kann, denn das Know-how der Mitarbeiter und die Motivation der Tester kann sehr unterschiedlich ausfallen. Außerdem muss man immer Zeiten der Einarbeitung ins Projekt berücksichtigen.

Mal abgesehen davon, dass Tester sowieso nicht unbegrenzt zur Verfügung stehen, ist also die Einsparung manueller Tätigkeiten manchmal unabdingbar, um überhaupt rechtzeitig einen gewissen Meilenstein im Projekt zu erreichen. In der Regel brauchen Softwareprojekte ohnehin immer länger als ursprünglich in der Planung angesetzt, sodass jede zeitliche Verkürzung sich auf die vorgesehene Projektdauer positiv auswirkt.

3.2   Job Enrichment und höhere Produktivität

Den Begriff „Job Enrichment" prägte der US-amerikanische Psychologe Fredrick Herzberg in den 1960er Jahren. **Job Enrichment** ist eine Personalentwicklungsmaßnahme. Dabei werden dem Mitarbeiter zusätzliche Aufgaben übertragen, die mit höheren Anforderungen an seine Person und seine Fachkenntnis verbunden sind. Kurz gesagt: Job Enrichment ist die qualitative Erweiterung des Aufgabenspektrums eines Mitarbeiters [PERS2022]. Bei der Testautomatisierung werden Tester von sich wiederholender Arbeit und zeitraubenden Routinen entlastet: Der Tester soll sich anspruchsvolleren Aufgaben widmen, seine Kreativität, sein Wissen und seine Erfahrung optimal nutzen.

Manuelle Fehler sind teuer und Engpässe treten auf, wenn Menschen an alltäglichen Aufgaben arbeiten. Indem einfache Verwaltungsprozesse ohne menschliches Eingreifen ablaufen, kann die Wahrscheinlichkeit von Fehlern bei der manuellen Bearbeitung minimiert werden – wie die falsche Eingabe von Daten, das Weglassen von Verarbeitungsschritten, die Dokumentation der genauen Abläufe beim Test oder die Nichtbeachtung nötiger Testvoraussetzungen. Die Automatisierung von Geschäftsprozessen kann auch viele der mit diesen Fehlern verbundenen Kosten vermeiden [ZIPC2022].

Mit dem Technologiebedarf wuchs in den Unternehmen auch die Bedeutung der Produktivität. Während andere Geschäftsbereiche regelmäßig Tools zur Steigerung ihrer Produktivität erhalten, geht die IT oft leer aus. Die Verbreitung von Büroanwendungen hat die Produktivität der Anwender deutlich erhöht. Doch statt den IT-Mitarbeitern ihre Aufgaben zu erleichtern, hat die Verbreitung des PCs deren Arbeitsbelastung meist nur erhöht [HELP2022]. Es geht also gerade in IT-Abteilungen darum, Betriebsabläufe zu automatisieren. Interessanterweise macht man sich erfahrungsgemäß weit mehr Gedanken, in der Produktion die Herstellung um wenige Sekunden pro produzierter Einheit zu verbessern, während in IT-Projekten oft ziemlich sorglos wochenlangen Verzögerungen, Leerlaufzeiten und redundante Datenerfassungen hingenommen werden weil der Entwicklungsaufwand sowieso als ein einziger großer Kostenblock bereits budgetiert wurde und in der Folge nicht weiter hinterfragt wird, wie man diese Zeit sinnvoll einsetzt.

Das britische Unternehmen Vouchercloud.com untersuchte in einer Studie, wie seine Mitarbeitenden den Arbeitstag verbringen. Das Unternehmen befragte dabei jene 1989 Mitarbeiter, die Vollzeit arbeiten. Das Ergebnis war ernüchternd: Pro Tag sind die Leute im Schnitt gerade einmal während 2 h und 53 min wirklich produktiv (und wahrscheinlich ist auch das noch sehr optimistisch angesetzt, weil Mitarbeiter ihre produktiven Zeiten wohl eher überschätzen und nicht zugeben wollen, dass sie unproduktiv arbeiten). Der Rest wird mit sozialen Medien, Schwatz mit den Kollegen oder Anrufen bei Partnern, Meetings, Kaffee- und Zigarettenpausen verbracht. Vor allem das sogenannte „Multitasking" (auch ein Computer hat verschiedene Prozessoren für verschiedene Aufgaben, der Begriff „Multitasking" ist also an sich schon irreführend) das vor allem mit der Nutzung neuer Medien einhergeht senkt die Produktivität des Mitarbeiters erheblich. Mehrere Experimente, die Professor K. Anders Ericssons an der Florida State University durchführte, haben gezeigt, dass Menschen nur vier oder fünf Stunden am Stück konzentriert arbeiten können, bevor sie aufhören, sinnvolle Dinge zu erledigen. Jenseits dieser Höchstleistung stagniert die Leistung oder nimmt sogar ab. Ericsson hat Elite-Performer wie Musiker, Athleten und Schachspieler studiert: In allen diesen Disziplinen fand er heraus, dass die besten Performer typischerweise in Zeiteinheiten übten, die nicht länger als 90 min dauern. Anschließend erfolgt eine Pause. Die Elite-Performer beginnen am Morgen, machen Pausen zwischen den Einheiten und üben pro Tag insgesamt nur selten mehr als 4,5 h [ANDR2022]. Gerade vor diesem Hintergrund ist es wichtig, dass sich auch ein Tester auf diejenigen Aufgaben konzentriert, die wirklich zu mehr Einnahmen führen und mehr Zeit hat, seine Kreativität zu nutzen und seine Fantasie zu entfalten. Der typische 8-h-Rhythmus, der 9-to-5-worker und die Stechuhr passen nicht mehr in die heutige Zeit.

3.3   Steigerung der Qualität und Verminderung der Fehlerquote

Durch eine Automatisierung manueller Abläufe kann eine Verringerung der **Fehlerquote** bei Prozessen und Arbeitsschritten erreicht werden. Denn indem einfache Schritte
nicht mehr manuell durchgeführt werden müssen, sinkt auch die Wahrscheinlichkeit
einer falschen Bearbeitung. Eine fehlerhafte Eingabe von Daten, das Vertauschen von
Datensätzen oder Missverständnisse zwischen Abteilungen passieren häufig aufgrund von
Unachtsamkeiten des Testers. Der Einsatz von Maschinen hingegen eliminiert solche Fehler: Die Testfälle werden verlässlich immer in der gleichen Abfolge durchgeführt, der
Testablauf ist immer exakt gleich. Die Testskripte sind vorkonfiguriert, das Testen wird
dadurch schneller.

Maschinen ermüden nicht, sind nie unkonzentriert, sind nie krank, brauchen nie
Urlaub, arbeiten rund um die Uhr, machen keine Fehler, sondern liefern verlässlich vorher-
sehbare Ergebnisse. Diese Vorteile waren ausschlaggebend für die Automatisierung von
Fertigungsprozessen in der Industrie, und diese Fakten gelten analog für die Testautomatisierung. Einmal definierte Prozesse können viele Male gleich ablaufen, und je öfter man
einen Test laufen lassen muss, desto geringer sind dabei die Kosten pro Test. Der individuelle ROI variiert, aber schon nach sehr wenigen Testdurchläufen haben sich die Kosten für
die Automatisierung von Testfällen in der Regel bereits amortisiert. Bei agiler Software-
Entwicklung wird der ROI wegen kürzerer Iterationszyklen dabei schneller erreicht als
bei klassischen Entwicklungs- und QA-Ansätzen. Dabei sind die Wartungskosten in der
IT sogar noch geringer als in der Industrie, eine Maschine muss immerhin regelmäßig
geölt werden und ihre Einzelteile zeigen nach einer bestimmten Anzahl von hergestell-
ten Produkten Verschleißerscheinungen, ein Computer braucht nur hin und wieder ein
Betriebssystem-Update, das in der Regel sowieso per Skript bei Anmeldung innerhalb
weniger Minuten erledigt ist. Auch ein Austausch der gesamten Computerhardware ist
erheblich einfacher als die Einrichtung einer neuen Maschine.

3.4   Beschleunigung des Testprozesses, Steigerung der
        Testabdeckung und Verbesserung der Softwarequalität

Ein automatisiertes Testskript kann Tausende von Testfällen in einer Nacht oder an einem
Wochenende testen. Auch die Beschreibung von Testfällen lässt sich mithilfe von vorkon-
figurierten Templates teilweise automatisieren. Die Fehlererfassung kann dabei ebenfalls
automatisiert durchgeführt werden. Das Reporting kann automatisiert Ergebnisse zusammenfassen und fortschreiben. Alles in allem gibt es zahlreiche Ansatzpunkte, Abläufe
automatisiert ablaufen zu lassen und dadurch die Testabdeckung erheblich zu steigern.
Ein manueller Tester hat gar nicht die Zeit, in angemessener Zeit bei jeder Änderung des
Codes den gesamten Testumfang wiederholt zu testen. Bei unterschiedlichen Varianten im

Code oder der Konfiguration können nur mit dem Einsatz automatisierter Skripts Auswirkungen in kurzer Zeit analysiert werden, weil die Durchführungszeit erheblich verringert wird. Gerade bei komplexen Anwendungen mit vielen Optionen und unterschiedlichen Parametern können dadurch Seiteneffekte bei Programmänderungen vermieden werden.

Die **Testabdeckung** ist ein wesentlicher Gradmesser der Softwarequalität. Mit automatisierten Tests steigert die Qualität erheblich – das ist der größte und wichtigste Vorteil der Testautomatisierung, der monetäre Effekt höherer Softwarequalität ist dabei in der Regel weit höher als der Effekt der Einsparung von Personal. Das Ziel einer besseren **Software-Qualität** durch höhere Testabdeckung ist ein zentraler Grund für Testautomatisierung und ein entscheidender Vorteil [TEBO2022].

Durch die beschleunigte Entdeckung von Fehlern und die Bereitstellung von Testergebnissen zu einer möglichst frühen Projektphase profitiert das gesamte Unternehmen, da Risiken und Kosten bereits frühzeitig im Entwicklungsprozess minimiert werden können. Die Entwicklungsabteilung erhält sofortiges Feedback und die Kosten der Fehlerbehebung sind umso geringer, je eher sie im Entwicklungszyklus entdeckt werden. Das führt in der Konsequenz zu Wettbewerbsvorteilen.

Es wird geschätzt, dass Software-Entwickler pro Tausend Zeilen Code 100 bis 150 Fehler machen. Ein Bericht des Consortium for IT Software Quality (CISQ) stellt fest, dass selbst dann, wenn nur eine kleine Teilmenge – vielleicht 10 % – dieser Fehler schwerwiegend sind, man bei einer relativ übersichtlichen Anwendung mit 20.000 Zeilen Code auf etwa 200 gravierende Codierungsfehler kommt [IBMB2022]. Die frühzeitige Erkennung von Fehlern ist also für den Testprozess essenziell [IBMB2022].

Bei großen Softwareprojekten, die wegen der Komplexität mit vielen Regressionstests getestet werden, erreicht man schnell so große Dimensionen an Anzahl von Testfällen und damit sehr langen Test-Ausführungszeiten, sodass man die Durchführung mit manuellen Tests gar nicht mehr abdecken könnte, auch nicht mit einem Vielfachen an Testern. Daher kann man in vielen Fällen gar nicht auf Testautomatisierung verzichten [TEBO2022].

3.5 Optimierung von Ressourcen

Durch die Nutzung von Maschinenkapazitäten in Zeiten außerhalb der gewöhnlichen Arbeitszeit liegen erhebliche Potenziale. Die gewöhnliche Arbeitszeit eines Vollzeit-Mitarbeiters beträgt (maximal) 40 h pro Woche, eine Woche hat aber in Summe 168 h.

Für aufwendige Berechnungen (z. B. Klimamodelle, Weltraumforschung, Pharmaindustrie, Primzahlenberechnung…) ist es möglich, die eigene private Rechnerkapazität in ungenutzten Zeiten zur Verfügung zu stellen (**„Distributed Computing"**). Der Auftraggeber ist daran interessiert, dadurch seine Rechenkapazität erweitern und Rechenergebnisse schneller liefern zu können. Meist ist ein Computer keinesfalls ausgelastet, und die Kosten für die Nutzung von Rechenzentrumskapazität sind heute in der Regel kein Thema

mehr. Dieser Umstand kann auch für Testautomatisierung genutzt werden. Maschinenka-
pazität sollten generell rund um die Uhr 24/7 nutzbar sein – auch diesen Vorteil sollte
man bei der Einführung von Testautomatisierung nutzen: Ich habe schon erlebt, dass das
Rechenzentrum die Nutzung der Testumgebung nur wochentags zwischen 8 und 17 Uhr
vorgesehen hatte – solche Regelungen sind natürlich völlig kontraproduktiv.

3.6   Bessere Dokumentation der Testdurchführung und Testspezifikation

Für die Erstellung von Testskripten können Aufzeichnungsfunktionen verwendet werden,
die benötigte Logfiles oder die Dokumentation mit detaillierten Bildschirmfotos zur Verfügung stellen. Im Falle eines manuellen Testers fehlen dem Entwickler häufig diese Art
von Informationen, weil der Tester manches unbewusst als bekannt voraussetzt und es
einfach nicht in der Fehlerbeschreibung erwähnt, oder aber der Tester vergisst das Logfile hinzuzufügen oder es aus Zeitgründen bei der Fehlererfassung unterlässt. Dadurch
wird auch die Qualität der Testbeschreibung verbessert: einer Maschine muss man jeden
Schritt explizit vorschreiben. Ein manueller Tester, der die Testbeschreibung erstellt und
den Test selbst durchführt, lässt manche Informationen weg, weil er sie intuitiv sowieso
schon weiß. Man sieht das immer wieder bei einem Wechsel von Personal – ein neuer
Tester benötigt eine gewisse Einarbeitungsphase und scheitert häufig an der bestehenden Testspezifikation, die ihm zunächst unverständlich erscheint. Gerade Mitarbeiter, die
schon lange im Unternehmen sind und dieselben Anwendungen permanent testen, verstehen das Problem gar nicht und können sich schwer in den Neuling hineinversetzen.
Es ist aber vollkommen natürlich, dass man betriebsblind wird und unbewusst viele entscheidenden Parameter weglässt – und man bemerkt das auch selbst, wenn man eigene
Testspezifikationen durchliest, die man vor vielen Jahren erstellt hat, sich aber zwischenzeitlich anderen Projekten zugewendet hat. Die Erstellung von Testskripten zwingt zu
absoluter Disziplin bei der Beschreibung der Testfälle.

3.7   Umsetzung agiler Prozesse

Agilität ist ein Merkmal des Managements einer Organisation (Wirtschaftsunternehmen,
Non-Profit-Organisation oder Behörde), flexibel und darüber hinaus proaktiv, antizipa-
tiv und initiativ zu agieren, um notwendige Veränderungen einzuführen. Agilität hat
besonders im Hinblick auf die sich stetig verändernden, dynamischen Märkte und die
fortschreitende Digitalisierung zuletzt immer mehr an Bedeutung gewonnen. Für Unternehmen die mehr Agilität in ihre Verfahren und Abteilungen bringen wollen, ist die
Automatisierung daher ein wichtiges Thema. Schließlich können Unternehmen Agilität besonders dann gut umsetzen, wenn sie Reaktions- und Umsetzungszeiten innerhalb

von Prozessen kurzhaltenund möglichst überschaubar lenken. So wird des Weiteren auch die Transparenz in der Entwicklung und im weiteren Verlauf gefördert und Raum für innovatives Denken geschaffen. Dies spiegelt sich schließlich auch in einer geringeren Fehlerquote, einer verbesserten Angebotsqualität und einer höheren Kundenzufriedenheit wider.

Softwareentwicklungsprojekte laufen mehr und mehr nach agilen Modellen oder zumindest nach Mischformen aus agilen und Wasserfall-Modellen ab statt nach rein klassischen Modellen (z. B. V-Modell). Für die konsequente Umsetzung des **agilen Manifests** ist jedoch die Automatisierung der Testprozesse zwingend. Agile Methoden haben einige Voraussetzungen, die nicht immer schon im Unternehmen vorliegen, und scheitern daran. Eine fehlende Testautomatisierung ist eine der wesentlichen Hindernisse auf dem Weg zur Agilität. Agil zu arbeiten heißt, Akteure zu befähigen, Energie und Motivation freizusetzen, bereichsübergreifende Kooperation zu fördern, Umsetzungsgeschwindigkeit zu erhöhen, oder kurz gesagt: einen tiefgreifenden Wandel der Arbeitskultur zu beschleunigen [ORGB2022]. Dadurch ist das Unternehmen in der Lage, sich schneller an Marktbedingungen anzupassen. Die Effizienz von Prozessen und Strukturen wird ständig hinterfragt, um den wirtschaftlichen Erfolg zu steigern. Dazu fördert eine offene Kommunikations- und Unternehmenskultur die Motivation der Mitarbeiter. Ein hoher Automatisierungsgrad fördert die Agilität.

3.8   Höhere Kundenzufriedenheit

Auch die Kunden von Unternehmen können langfristig gesehen von einer Testautomatisierung profitieren. Denn schnellere Produktionszeiten und eine geringere Fehlerquote resultieren meist in einem besseren Kundenservice. Diese Steigerung bedeutet schließlich gleichermaßen eine höhere Kundenzufriedenheit und stärkt letztendlich auch die Reputation des Unternehmens. Dieser Imagegewinn führt zu einem nachhaltigen Unternehmenswachstum und stabilisiert die Position am Markt. Da mithilfe von Testautomatisierung reproduzierbare Testergebnisse schneller und verlässlicher zur Verfügung stehen, hat oft auch der Endkunde ein großes Interesse an der Umsetzung von Testautomatisierung bei seinem Lieferanten. Für die Verkaufsverhandlungen in Zusammenhang mit der Lieferung von Teilkomponenten oder Vorprodukten ist ein hoher Automatisierungsgrad daher ein wichtiges Argument.

3.9   Bessere Compliance

Durch den Einsatz von automatisierten Prozessen werden Unternehmen außerdem den Anforderungen an Datenschutz, Rechnungslegung oder Archivierung gerecht. Die Einhaltung und die Durchführung von Vorgängen zu den Unternehmensrichtlinien beruhen

allerdings momentan meist noch stark auf manuellen Tätigkeiten, deren Einhaltung streng
überwacht wird. So spielt beispielsweise nach der aktuellen DSGVO der Schutz perso-
nenbezogener Daten eine noch größere Rolle. Dies bedeutet dabei zum Beispiel, dass
Unternehmen digitale Kundendaten und -informationen kenntlich machen und durch eine
Verschlüsselung schützen müssen. Das trifft auf die Verwaltung der Testdaten in besonderer Weise zu. Das ist eine Anforderung, die nicht nur zeitaufwendig in der Umsetzung
ist, sondern bisher auch in vielen Fällen nicht immer der Verordnung entsprechend durchgeführt wird. Eine Automatisierung dieser Prozesse hingegen kann dabei nicht nur die
Fehlerquote verringern, sondern auch einen schnelleren Workflow fördern [AGAU2022].

3.10   Transparenz über Geschäftsprozesse

Man erkennt durch Automatisierung einen schnelleren und klareren Einblick über besonders fehleranfällige Programmteile, über besonders sensible Laufzeiten und stärkt das
Bewusstsein über die zugrunde liegenden Geschäftsprozesse. Dadurch kann man sich
gezielt den besonders problematischen Teilen der Anwendung zuwenden und den Test an
den entscheidenden Stellen Teile intensivieren. Mit der Konzentration auf die besonders
neuralgischen Teile einer Anwendung, auf die besonders kritischen Teile der Applikation
wird auch die Qualität der Testfälle gesteigert, was wiederum in einer höheren Qualität
der Softwareentwicklung mündet. Dabei wird auch transparent, an welchen Stellen die
Optimierung bestehender Geschäftsprozesse eine besonders große Auswirkung entfalten
kann.

3.11   Automatisierung des Berichtswesens

Metriken und Dashboards können automatisch nach jedem Testdurchlauf generiert
werden. Dadurch entsteht schneller Vergleichbarkeit und eine Beschleunigung von Ent-
scheidungsprozessen. Wenn Daten erst mühsam gesammelt werden und die Folien für das
Management jedes Mal neu aufgebaut werden müssen, vergehen oft mehrere Tage. Die
Informationen, die in einem Meeting präsentiert werden, sind zu diesem Zeitpunkt längst
nicht mehr aktuell. Daher werden häufig falsche Entscheidungen aufgrund veralteter
Daten getroffen.

Auch die Aufbereitung der wesentlichen Informationen ist entscheidend. Hier kann
eine Automatisierung des Testreportings entscheidende Unterstützung leisten, indem
bestimmte Parameter und **Key Performance Indicators** bei jedem Testlauf neu errechnet und übersichtlich aufbereitet werden. Gerade im Bereich der Automatisierung des
Berichtswesens liegt in der Unternehmenswelt noch ein erhebliches Potential; dabei sind
besonders oft Medienbrüche zu beobachten, die zu redundanter Arbeit, Fehlern in der

Aufbereitung der Informationen und Kommunikationsproblemen und damit mittelbar zu falschen Schlüssen, Maßnahmen und erheblichen Mehrkosten führen.

3.12 Vergleich manuelle und automatisierte Testdurchführung

Folgende Tabelle zeigt wesentliche Unterschiede zwischen manueller und automatisierter Testdurchführung und macht deutlich, dass die Vorteile der automatisierten Testdurchführung vor allem in zeitlicher Dauer, geringeren Kosten und höherer Qualität liegen [NETK2022] (Tab. 3.1):

Einführung oder Ausweitung von Aktivitäten zur Testautomatisierung sollten vor allem dann in Betracht gezogen werden, wenn sich Defizite abzeichnen – wie etwa ein hoher Grad an sich wiederholenden manuellen Testsets, lange Testausführungszeiten, unzureichende Testkapazitäten oder eine hohe Frustration bei Fachtestern durch repetitive, wenig abwechslungsreiche Aufgaben. Ob Testautomatisierung jedoch ohne weiteres eingeführt

Tab. 3.1 Manuelle und automatisierte Testdurchführung

Manuelle Testdurchführung	Automatisierte Testdurchführung
Flüchtigkeitsfehler, dadurch keine Garantie auf Wiederholbarkeit	Stets identische Ausführung
Jederzeit Reaktion auf Änderungen möglich	Nur begrenzte Reaktionsmöglichkeit
Zeit- & Kostenintensiv	Deutlich weniger Zeit zur Durchführung eines Testfalls
Ad hoc Tests jederzeit möglich	Kein Testen und keine Anpassung ohne menschliches Eingreifen
Jeder Schritt muss von Menschen gemacht und geprüft werden	Benötigt keine menschliche Unterstützung; Tests können automatisiert starten
Reaktion auf Unerwartetes möglich	Kein spontanes/exploratives Testen, benötigt klar definierten Testfall
Testergebnisse können während der Durchführung interpretiert werden	Testergebnisse können nur nach Durchführung interpretiert werden
Für Scrum und kontinuierliche Integration nicht verwendbar	Kann für Scrum und kontinuierliche Integration verwendet werden
Abnehmende Motivation und Flexibilität der Tester	Konstante Motivation und Flexibilität der Tester
Keine exakte Reproduzierbarkeit	Immer exakte Reproduzierbarkeit und Verlässlichkeit der Testergebnisse
Geringe Zeit für Testvorbereitung	Ausgiebige Testvorbereitung erforderlich, zahlt sich erst bei mehrfach wiederholter Testdurchführung aus

werden sollte und welchen Nutzen sie generiert, hängt, neben den genannten Defiziten, ebenfalls von weiteren Anforderungsbereichen ab [ADES2022].

Literatur

[PERS2022] https://www.personio.de/hr-lexikon/job-enrichment/, zugegriffen am 10.03.2023

[AGAU2022] https://agile-unternehmen.de/automatisierung-vorteile-unternehmen/, zugegriffen am 10.03.2023

[ANDR2022] https://www.andreashobi.com/parkinsonsche-gesetz/#produktiv/, zugegriffen am 10.03.2023

[ZIPC2022] https://zipclock.com/de/business-automation/advantages-of-automation-in-business. html/, zugegriffen am 30.01.2022

[ORGB2022] https://organisationsberatung.net/agile-organisationsentwicklung/, zugegriffen am 10.03.2023

[HELP2022] https://www.fortra.com/de/ressourcen/leitfaden/automatisierter-betrieb-5-vorteile-der-automatisierung, zugegriffen am 10.03.2023

[NETK2022] https://www.netzkern.de/de-de/blog/testautomatisierung, zugegriffen am 10.03.2023

[TEBO2022] https://www.testing-board.com/testautomatisierung/, zugegriffen am 10.03.2023

[IBMB2022] https://www.ibm.com/de-de/topics/bug-tracking, zugegriffen am 10.03.2023

[ADES2022] https://www.adesso.de/de/news/blog/testautomatisierung-in-der-praxis-erfahrungen-mit-soapui-im-public-umfeld.jsp, zugegriffen am 10.03.2023

Planung der Testautomatisierung

4

Zusammenfassung

Definition des Projektumfangs und Abgrenzung des Untersuchungsgegenstands stehen am Anfang eines Projekts zur Testautomatisierung. Die einzelnen Schritte sind mit einem Projekt zur Entwicklung einer Software zu vergleichen: Nach einem Proof of Concept wird der Testfallkatalog erstellt, automatisierte Skripte entwickelt, ein Akzeptanztest der erfolgreichen Umsetzung durchgeführt und schließlich das automatisierte Verfahren eingefügt.

Zunächst ist bei einem Projekt zur Testautomatisierung der Umfang und der Untersuchungsgegenstand abzugrenzen: Geht es um ein einzelnes Kundenprojekt und liegen bestehende Testautomatisierungen, ein Framework und Erfahrungen aus anderen Projekten bereits vor, sodass man nur bestehende Tools nutzen muss?

Oder soll ein generisches Vorgehen eingeführt werden, das unternehmensweit und projektübergreifend Gültigkeit besitzen soll?

Wenn man plant, Testautomatisierung einzuführen, ist es empfehlenswert, zunächst in einem Workshop dem Management diese Fragen zu stellen, um die Erwartungshaltung zu klären und von Anfang an ein gemeinsames Verständnis zu entwickeln.

Diese Erwartungshaltung sollte auch mit konkreten Zahlen untermauert werden:

- Wie hoch ist die Testabdeckung heute und um wie viel Prozent soll sie bis wann gesteigert werden?
- Welche Kosten verursacht die Testdurchführung heute und wie hoch sollen sie in Zukunft (und zwar sehr detailliert: in 1 Jahr, in 2 Jahren…) sein?
- Welche Vorteile (siehe auch Kap. 2) und Effekte erhofft man sich von der Testautomatisierung und mit welchen Faktoren wird die Wichtigkeit bewertet?

F. Witte, *Konzeption und Umsetzung automatisierter Softwaretests,*
https://doi.org/10.1007/978-3-658-42661-3_4

- Mit welchen Metriken soll der Fortschritt der Testautomatisierung ermittelt und der
  Erfolg der Maßnahmen gemessen werden?

Vor jedem Projekt muss eine eindeutige Beschreibung des Scopes stehen. Dazu gehört, zu
beschreiben, was im Einzelnen das Projekt zur Testautomatisierung beinhaltet und auch,
wo es sich abgrenzt und was nicht Bestandteil der Umsetzung sein soll.

Dabei sollte von Anfang an der zur Testautomatisierung erforderliche Aufwand
ermittelt und ein Phasenplan erstellt werden.

Wenn man erfolgreich durchgeführte Testautomatisierungsprojekte untersucht, stellt
man fest, dass dabei mehrere Schritte durchgeführt wurden, die im Folgenden näher
erläutert werden.

4.1   Prüfen der Rahmenbedingungen

Wie in jedem IT-Projekt müssen von Anfang an die IT, das Management und betroffene Fachbereiche zusammenzubringen und die Stakeholder zu identifizieren. Dabei sind
Prozesse mit hohem Beispielcharakter für einen ersten Proof of Concept auszuwählen,
Erwartungshaltungen abzugleichen, Ziele zu definieren und diese Prozesse kontrolliert mit
Experten zu begleiten. Viele Unternehmen unterschätzen die Vielfalt der eigenen organi-
satorischen Abläufe und konzentrieren sich daher zu sehr auf die technologischen Aspekte
der Automatisierung. Der richtige Weg zur Einführung von Automatisierung ist aber, diese
mehr als Vorgehensmodell zu sehen, zu dem neben der technischen Umsetzung von Prozessen in Anweisungen der Testautomatisierungssprache ein ganzheitlicher Ansatz von
Anforderungserhebung bis hin zu Akzeptanztests gehört. Die gesamte **Prozesskette** muss
dabei betrachtet werden. Wie jedes Projekt benötigt auch ein Testautomatisierungs-Projekt
eine durchdachte Planung, erfahrene Durchführung mit Überprüfung von Meilensteinen, Optimierungsfenster sowie eine offene und vertrauensvolle Kommunikation aller
Beteiligten. Projekte scheitern fast immer an fehlender Kommunikation, falschen Erwartungshaltungen, internen Animositäten oder persönlichen Befindlichkeiten – nicht an
technischen Herausforderungen. Ein durchdachtes Vorgehensmodell ist Voraussetzung für
eine spätere erfolgreiche Skalierungsstrategie auf mehrere Geschäftsprozesse. Zu guter
Letzt benötigt man in dieser Gleichung selbstverständlich auch erfahrene IT-Dienstleister.

4.2   Proof of Concept

Im Rahmen eines **Proof of Concept** wird im Wesentlichen die technische Machbarkeit
eines Prozesses mit Beispielcharakter überprüft und – falls möglich – ein End-to-End-
Durchstich aller betroffenen IT-Systeme vorgenommen. Dabei gewinnt man relevante
Erkenntnisse für weitere Entscheidungen auf Anbieter und Kundenseite und erhält erste

Einblicke in die technische Leistungsfähigkeit des eingesetzten Automatisierungstools unter Kundenbedingungen. Die beispielhafte Automatisierung eines Geschäftsprozesses bzw. eines in die Tiefe gehenden Testfalls ermöglicht insbesondere der IT, den Fachbereichen und dem Management auf Kundenseite einen realen Eindruck der Bedienung des Testframeworks. Damit erleichtert es den Austausch über die Möglichkeiten der Testautomatisierung sowie zum Bedarf für Erweiterungen und Änderungen. Des Weiteren erlaubt der PoC erste Einblicke in die Komplexität der zu automatisierenden Geschäftsvorfälle und potenzielle zukünftige Automatisierungskosten sowie in die Qualität und Granularität vorhandener Prozessdokumentationen als Anforderungsgrundlage für jegliche Automatisierung. Ein Proof of Concept ist zusätzlich eine überschaubare Investition, die im unwahrscheinlichen Fall eines Misserfolges immerhin einen Erkenntnisgewinn für weitere ähnliche Vorhaben mitbringt.

4.3   Erstellung eines Testfallkatalogs und Analyse der Geschäftsprozesse

Abhängig von der Anforderungsgrundlage müssen die zu automatisierenden Geschäftsvorfälle identifiziert, inhaltlich durchdrungen und dokumentiert werden. Dazu müssen Prozessdokumentationen und Testfallkataloge bereits vorliegen. Grundsätzlich muss jeder Testfall, der automatisiert werden soll, zumindest einmalig manuell durchgeführt worden sein. Wenn man den Schritt manueller Testdurchführung überspringt und von Anfang an mit einer automatisierten Testdurchführung starten will, muss diese Beschreibung auf einer sehr detaillierten Ebene bereits verstanden und beschrieben sein [BLOV2022]. So gut wie immer wird dabei bemerkt, dass die Qualität der Anforderungen nicht ausreichend ist. Dieses Problem zieht sich wie ein roter Faden durch die meisten Projekte: ohne gute Anforderungen können auch spätere Schritte in der Prozesskette, also auch die Testautomatisierung, nicht den erhofften Nutzen bringen. Die Notwendigkeit des **Requirement Engineering** wird leider immer wieder grandios unterschätzt. Manchmal bemerkt man sogar, dass es besser ist, zunächst das Anforderungsmanagement zu verbessern, um überhaupt exakte Testfälle zu ermitteln, oder dass man bisher den Kern des Problems nicht eindeutig getroffen hat. Dann sollte man zunächst die Anforderungen verbessern, da man sonst einen fehlerhaften Ablauf automatisiert und sich die Fehler aus der Spezifikationsphase nur fortpflanzen. Eine Automatisierung kann Fehler im Testfallkatalog nicht heilen.

Folgende Kriterien gelten für gute **Anforderungen:**

- Abgestimmt (für alle Stakeholder korrekt)
- Eindeutig (unmissverständlich)
- Notwendig (muss gültig sein)
- Konsistent (widerspruchsfrei)

- Prüfbar (ein Test ermöglicht die Prüfung)
- Realisierbar (Organisatorisch, rechtlich, technisch, finanziell)
- Verfolgbar (was ist der Grund für die Erhebung dieser Anforderung?)
- Vollständig (Keine Interpretationslücken)
- Verständlich (für alle Stakeholder) [SOFW2022]

In diese Phase gehört auch, die zu automatisierenden Testfälle zu priorisieren. Man kann sie dabei z. B. nach dem Aufwand, der zur Umsetzung zu leisten ist, klassifizieren, nach ihrer Wichtigkeit im betrieblichen Alltag, nach der Häufigkeit ihres Auftretens oder nach der besonderen Fehleranfälligkeit. Die **Priorisierung** soll genau beschreiben, warum die gewählte Reihenfolge ermittelt wurde. Dann kann man in der Folge Ziele zur Umsetzung festlegen und regelmäßig tracken, wie weit man mit der Umsetzung bereits gekommen ist, ob das Ziel noch realistisch ist oder angepasst werden muss, ob weitere Testressourcen oder finanzielle Mittel bereitgestellt werden müssen, ob Termine verschoben werden können und wenn ja, wie sich das auf die Testdurchführung (Zeit, Kosten) auch der manuellen Tests auswirken wird.

Die Testautomatisierung muss das Benutzerverhalten auf der Ebene von Klicks und Texteingaben reproduzieren können. Teil dieses Prozesses ist auch das Festlegen von **Akzeptanzkriterien** und eine genaue Abgrenzung, was Testautomatisierung leisten und prüfen kann. In dieser Phase ist der Einsatz eines Vorgehensmodells besonders relevant, da darauf zu achten ist, dass durch den intensiven Austausch nicht plötzlich zu viele Varianten entstehen, die umgesetzt werden sollen, oder auch, dass es klare Aufgabenstellungen gibt, wer für die verschiedenen Teile der Anforderungserhebung zuständig ist. Dieses sollte im Vorfeld festgelegt werden, da man sowohl Aufgaben des Dienstleisters als auch geforderte Zuarbeit des Kunden damit klar terminiert. In jedem Fall sollte man die Arbeit dazu nicht unterschätzen und die Testbasis sorgfältig von allen Seiten prüfen. Erfahrungsgemäß weisen viele Testfallkataloge – von Fachexperten geschrieben – nicht die notwendige Granularität auf, weil es sich um eine Expertendokumentation handelt, die eine Klick-zu-Klick-Beschreibung in der Regel unnötig macht. Manuelle Tester, die bereits seit vielen Jahren im Unternehmen sind und die Anwendung sehr gut kennen, kommen auch mit fehlenden Informationen klar, während ein Automat die exakte Kenntnis sämtlicher Parameter benötigt. Oft fehlt auch ein klarer Testdatenbestand, der gerne dynamisch für verschiedene Fachtests „on the fly" erstellt oder gesucht wird. Dies sind nur einige Beispiele dazu, welche Hindernisse es bei Einführung automatisierter Testverfahren zusätzlich zu umschiffen gilt [BLOV2022].

Testdaten und Testfälle sollen grundsätzlich getrennt gehalten werden, denn falls Änderungen in Testdaten nötig sind, die (nur) in Testfällen notiert sind, muss man die Testdaten im Testfall erstmal finden und das kann sehr zeitaufwendig sein. Außerdem lassen sich mit separat gespeicherten Testdaten Testfälle leichter automatisieren [ZOEL2018].

4.4   Erstellung der automatisierten Skripte

Sofern die Anforderungserhebung abgeschlossen ist und Akzeptanzkriterien definiert sind, erfolgt eine Umsetzung in der Sprache des ausgewählten Tools zur Testautomatisierung. Auch wenn viele Automatisierungstools eine einfache und benutzerfreundliche Handhabung erlauben, fällt gerade diese Umsetzung Mitarbeitern mit IT- und Programmierkenntnissen leichter. Besonders wichtig bei der Umsetzungsarbeit ist es, das Potenzial von Repositorien und sogenannten Testskriptpools zu nutzen, da so bereits umgesetzte Geschäftsprozessteile in anderen wieder genutzt werden können, also Standardskripte zu verwenden, die bereits bestehen. Beispiele hierfür sind z. B. die Suche nach bestimmten Objekten zur weiteren Verwendung (**dynamische Testdatengenerierung),** das Prüfen von PDF-Dokumenten oder das Ausführen von wiederkehrenden Prozessschritten wie Rechnungsausgang oder -eingang.

Gerade dann, wenn in agilen Projekten die Methode des **test driven development** (testgesteuerte Programmierung) eingesetzt wird, oder auch der Ansatz des **test first** (Unit-Tests werden vor dem eigentlichen Computerprogramm geschrieben), was als Vorstufe der testgetriebenen Entwicklung gilt, können Synergien zwischen Entwicklungs- und Testabteilung genutzt werden und dadurch die Projektlaufzeit verkürzt, der Gesamtaufwand verringert und schließlich auch die Softwarequalität gesteigert werden.

4.5   Akzeptanztest der Umsetzung

Im Rahmen eines **Akzeptanztests** prüfen die Fachexperten die umgesetzte Logik anhand definierter Akzeptanzkriterien und ermitteln ggf. Optimierungspotenziale. Diese können sofort umgesetzt oder in einem Backlog zur späteren Realisierung aufbewahrt werden. Häufig entstehen gerade durch den regen Austausch zwischen Fach- und IT-Abteilung viele Verbesserungs- und Ergänzungspotenziale. Die Anwender von Anfang an beim gesamten Prozess mit einzubinden, führt zu einer größeren Teilhabe, einem besseren Gemeinschaftsgefühl und einer stärkeren Identifikation mit den Projektzielen, und all dies fördert die Kommunikation erheblich. Nicht immer ist es sinnvoll, diese Potenziale sofort auszuschöpfen, entweder um gesetzte Zeitlinien zu halten oder um das Design der einzelnen Testfälle nicht zu umfangreich zu gestalten. Oft stellt man ohnehin fest, dass die Anforderungen an der einen oder anderen Stelle noch ergänzt und detailliert werden sollten, um das Systemverhalten besser zu beschreiben und die Testabdeckung zu erhöhen.

4.6   Go Live

Nach Abschluss der letzten Phase ist es sinnvoll, die umgesetzten **Testskripte** sofort live
zu nehmen, um schnellstmöglich von deren Vorteilen zu profitieren. Die fertige Automatisierung ist dabei nur eine erste Version, die wie jede Software durch Updates des
Frameworks selbst oder Updates der unterliegenden Anwendungen regelmäßig gewartet werden muss, also einen gewissen regelmäßigen Wartungsaufwand (Maintenance)
benötigt. Auch dieser Punkt wird leider meistens grandios unterschätzt oder ausgeblen-
det, wenn man die ersten Skripte erfolgreich fertiggestellt hat. Testskripte sind genauso
Programmiercode wie die Anwendungen, die durch den Automatisierungscode gesteuert
werden. Sollte ein Dienstleister eingesetzt werden, ist auf einen entsprechenden War-
tungsvertrag zu achten, entweder um das Framework selbst auf dem aktuellen Stand zu
halten oder auch, um die erstellten Testskripte an neuere Releases der Kundensoftware
anzupassen [BLOV2022]. **Change Requests** sind im *Änderungswesen* von Projekten
ein formalisierter Wunsch nach Veränderung der Eigenschaften eines bestimmten Pro-
duktmerkmals. Change Requests und funktionale Erweiterungen führen dazu, dass die
Testautomatisierung lebt.

Viele Testautomatisierungsprojekte in der Praxis haben auch nach der Automatisierung ineffiziente und umständliche Tests. Viele automatisierbare Tests werden nur sehr
temporär eingesetzt, Geschäftsbereiche verwenden eine Vielzahl von Lösungen, und die
Wiederverwendungsrate im gesamten Unternehmen ist beträchtlich niedrig. Manchmal
werden große Portfolios automatisierbarer Regressionstests aufgebaut, von denen aber
die meisten überflüssig oder nicht mehr ausführbar sind. Niemand im Unternehmen hat
eine Vorstellung von der tatsächlichen Testabdeckung, gerade die Abstimmung über mehrere Projekte oder Abteilungen hinweg findet kaum statt. Das Abteilungs-, Linien- und
Säulendenken, das vor allem in Großunternehmen oft anzutreffen ist, ist ein erheblicher
Bremsklotz für viele Prozesse, und das gilt leider auch in besonderem Maße für Testautomatisierung. Um als Unternehmen erfolgreich zu sein, muss man zwingend in Prozessen
denken.

4.7   Lebenszyklus der Testautomatisierung

Um Testautomatisierung von Anfang an gezielt umzusetzen, empfiehlt sich ein methodisches Vorgehen. In Abb. 4.1 sind die dafür nötigen Schritte zusammengefasst.

Ein **Software-Lebenszyklus** beschreibt den Prozess der Softwareentwicklung mit
dem Ziel der Bereitstellung einer Software für den Kunden. In der Regel beginnt der
Zyklus mit einer kundenseitigen Problemstellung und deren Analyse und endet auf der
Kundenseite durch die Ablösung der Software durch einen Nachfolger.

Ein Software-Lebenszyklus kann je nach verwendetem **Vorgehensmodell** die Phasen „Planung", „Analyse", „Design", „Entwicklung", „Testen", „Ausliefern" oder andere

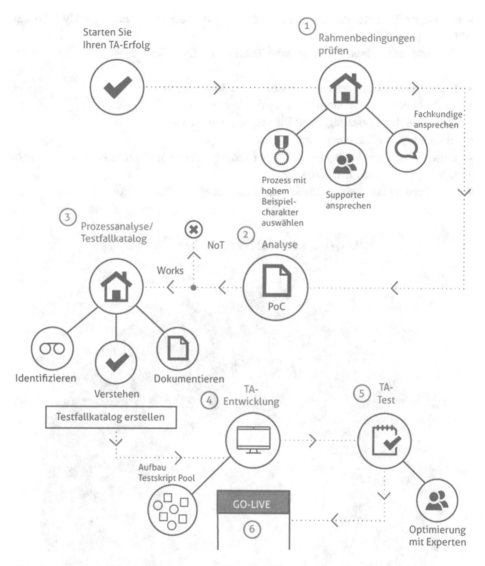

Abb. 4.1 Methodisches Vorgehen bei der Testautomatisierung

Phasen umfassen. Es gibt streng sequentiell ablaufende Vorgehensmodelle wie das **Wasserfall-Modell** und neuere wie das **Spiralmodell**. Aufbauend auf diesem Software-Lebenszyklus lässt sich auch ein Lebenszyklus für die Testautomatisierung definieren:

Die Testautomatisierung wird mit der strukturellen Abfolge des Testprozesses angewendet, die alle Phasen des Testlebenszyklus mit zusätzlichen Phasen für die Einbeziehung der Testvorbereitungs- und Automatisierungsimplementierungsprozesse umfassen kann. Dieser gesamte Prozess wird auch als **Automation Testing Life Cycle** (siehe Abb. 4.2) bezeichnet.

Die einzelnen Phasen des Automatic Testing Life Cycle sind dabei:

- Definition des Umfangs und Ziels der Testautomatisierung
- Auswahl geeigneter Automatisierungswerkzeuge
- Definition der Teststrategie und Planung der Umsetzung
- Einrichtung der Testumgebungen
- Entwurf und Entwicklung der Testfälle (Skripterstellung) und automatisierte Testdurchführung (Ausführen der Testskripte)
- Interpretation der Testergebnisse und Generierung von Testreports

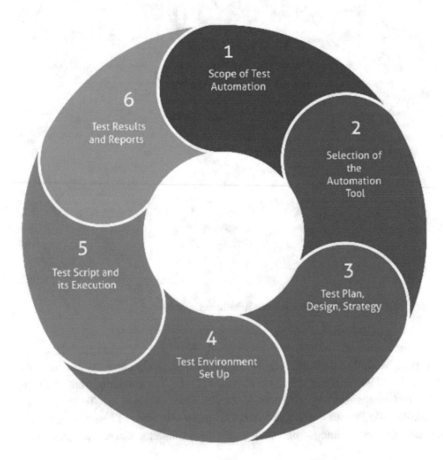

Abb. 4.2 Automation Testing Life Cycle

Automatisierungstests sind eine nützliche Möglichkeit, Anwendungen zu testen, um bestimmte Testziele innerhalb festgelegter Zeitpläne zu erreichen. Der Automatisierungstestzyklus muss schrittweise implementiert werden, um die besten Ergebnisse zu erzielen. Ohne ausreichende Planung, Terminierung und eine Abfolge von Aktionen entstehen große und unhandliche Skripte, deren Ausführung oft scheitert und umfangreiche manuelle Eingriffe erfordern, vorhandene Humanressourcen belasten und sowohl Produktionsbudgets erhöhen als auch Terminverzug bedeuten.

Literatur

[BLOV2022] https://blog.viadee.de/6-schritte-zur-testautomatisierung, zugegriffen am 10.03.2023
[SOFW2022] https://www.softwareone.com/de-de/blog/artikel/2020/03/11/requirements-engineering-dokumentation, zugegriffen am 10.03.2023
[EDUC2022] https://www.educba.com/automation-testing-life-cycle/, zugegriffen am 10.03.2023
[ZOEL2018] Zölch, Testdaten und Testdatenmanagement, dpunkt Verlag Heidelberg 2018

Testwerkzeuge und Formen der Testautomatisierung

Zusammenfassung

Für den automatisierten Test existieren unterschiedliche Testtools. Aus dem Ziel der Umsetzung leiten sich die Anforderungen an dieses Werkzeug ab. Die einzelnen Testwerkzeuge besitzen gewisse Stärken und Schwächen und erfüllen dadurch bestimmte Reifestufen. Aus diesem Testvorgehen leiten sich unterschiedliche Formen der Testautomatisierung ab.

Automatisierte Testdurchführung verlangt den Einsatz entsprechender Testwerkzeuge. Um einen manuellen Tester im System- oder Abnahmetest zu ersetzen, muss ein solches Werkzeug dazu geeignet sein,

- Aktionen des manuellen Testers – also Testprozeduren mit einzelnen Testschritten – durchzuführen
- Reaktionen des Testobjekts zu prüfen, mit erwarteten Reaktionen zu vergleichen und abhängig vom Ergebnis dieses Vergleichs weitere Schritte einzuleiten

5.1 Capture/Replay-Werkzeuge

Kommerzielle Testtools arbeiten weitgehend nach dem gleichen Muster: Sie erkennen Elemente der Benutzerschnittstelle des zu testenden Systems und erlauben es, diese Elemente mithilfe einer Skriptsprache anzusprechen. Darüber hinaus gestatten die meisten Werkzeuge manuell ausgeführte Tests während der Durchführung aufzuzeichnen und dadurch Skripte zu erzeugen, welche die Aktionen während der manuellen Durchführung

© Der/die Autor(en), exklusiv lizenziert an Springer Fachmedien Wiesbaden GmbH, ein Teil von Springer Nature 2023
F. Witte, *Konzeption und Umsetzung automatisierter Softwaretests,*
https://doi.org/10.1007/978-3-658-42661-3_5

enthalten. Daher nennt man diese Testwerkzeuge **„Record/Playback"**- oder **„Capture/ Replay"**-Werkzeuge.

Capture and Replay-Werkzeuge wurden entwickelt, um die Anwendungen gegen grafische Benutzeroberflächen zu testen. Capture and Replay definiert vier wesentliche Schritte:

- Im Capture Mode werden die Interaktionen der Anwender mit den Elementen der Benutzeroberfläche aufgezeichnet. Die Aufzeichnung erfolgt per Skript, das sowohl den Ablauf des Testvorgangs als auch die Testparameter dokumentiert.
- Mithilfe der Skripte, die meist in XML-Formaten definiert und editierbar sind, lassen sich einfache Testszenarien oder komplexe Testsuites beschreiben.
- Bei der Testauswertung muss verifiziert werden, ob zuvor definierte Ereignisse eintreten oder Fehler auftauchen. Dazu werden u. a. Ausgabeformate, Datenbankinhalte oder Zustände der GUI überprüft und die Ergebnisse entsprechend dokumentiert.
- Durch das wiederholte Abspielen – dem Replay bzw. Playback (Mode) – der zuvor aufgezeichneten Skripte sind Testszenarien leicht reproduzierbar. Einzelne Elemente der Benutzeroberfläche werden dabei auch wiedererkannt, wenn sich ihre Position oder Form verändert haben. Dies funktioniert, da die Benutzereingaben im Capture Mode beispielsweise nicht nur das Verhalten des Mauszeigers speichert, sondern gleichzeitig auch die entsprechende Objekt-ID aufzeichnet. [T2IN2022]

Diese einfache Form der Automatisierung wurde in den Anfängen der Testautomatisierung häufig angewendet, inzwischen ist man aber zu Recht davon abgekommen, da sie in der Praxis einige entscheidende Nachteile hat:

Per Aufzeichnung (Capture) entstandene Skripte sind immer manuell anzupassen und in der Regel nie sofort nach der Aufzeichnung automatisiert wieder durchführbar. Meist enthält das Skript zunächst keine sinnvollen Prüfschritte, da das Werkzeug die optischen Prüfungen des Testers nicht erfasst. Außerdem erfasst das „Capturing" nur einen möglichen Ablauf eines Testfalls. Unterschiedliches Zeitverhalten oder Bedienvariationen des Ablaufs werden nicht erfasst und müssen ggf. nachträglich implementiert werden. Ändert sich das Verhalten des zu testenden Systems, müssen alle Schritte neu aufgezeichnet werden. Der Maintenance-Aufwand ist bei Capture/Replay daher ziemlich hoch.

Die Automatisierung enthält im Skript hart codierte Testdaten (Argumente im Automatisierungscode) und ist nicht ausreichend modularisiert, d. h. identische Testschrittfolgen in den Testfällen werden immer wieder aufs Neue aufgezeichnet und abgespeichert. Bei einer größeren Anzahl notwendiger Systemtests entsteht hierdurch ein immenser Pflegeaufwand. Ist etwa in einer stets wiederkehrenden Folge von Testschritten in einer neuen Version des Testobjekts plötzlich ein zusätzliches Pflichtfeld zu befüllen, müssen alle betroffenen automatisierten Testfälle in derselben Weise ergänzt werden, man muss also das gesamte Skript neu aufzeichnen bloß weil ein Detail geändert wurde, und hat dadurch am Ende ggf. einen höheren manuellen Aufwand, als wenn man gar keine Testautomatisierung durchgeführt hätte.

Skripte können erst dann sinnvoll aufgezeichnet werden, wenn der zu automatisie-rende Ablauf zumindest einmal fehlerfrei durchführbar ist, d. h. wenn die Funktionalität des Testobjekts hinreichend stabil ist und zur Durchführung notwendige Datenbanken, Schnittstellen zu Nachbarsystemen bereits vorliegen. Dann kann es aber bereits zu spät sein, die Kosten durch die mehrfache Wiederholung des Tests wieder hereinzuholen. Dazu kommt, dass das Projekt zu diesem Zeitpunkt meistens schon in die nächste Phase geht, also dass die Software eingeführt wird und die Notwendigkeit einer Automatisierung sowieso nicht mehr erkannt wird. Selbst wenn die Wiederholung möglich ist, wird das Skript in seiner unbearbeiteten Form einfach stehen bleiben, sobald der erste Fehler im Prüfling gefunden wurde [BAMT2016].

5.2 Programmierte Testautomatisierung

Ein reiferes Vorgehen bei der Testautomatisierung ist dann vorhanden, wenn das Auto-matisierungswerkzeug mit einer Programmiersprache ausgestattet ist.

Die Testfälle werden von erfahrenen **Testautomatisierern** (technischen Testanalysten mit ausreichenden Programmierkenntnissen) mit den Mitteln dieser Sprache imple-mentiert. Dabei geht es im Wesentlichen darum, diese Skripte um die Eigenschaften der

- Modularität
- Robustheit gegen Fehler des Testobjekts
- Unterstützung von datengetriebenen Tests

zu erweitern.

Dazu müssen folgende Schritte unternommen und beachtet werden:

- Die meist in Prosa geschriebenen Testfallspezifikationen müssen in eine maschinen-lesbare Sprache umgewandelt werden. Ebenso wie bei der Implementierung einer Spezifikation, die in natürlicher Sprache abgefasst wurde, Fehler auftreten, so wird dies auch bei der Implementierung der Testautomatisierung geschehen. Meldet ein sol-ches System einen Fehler, so muss zunächst analysiert werden, ob dieser Fehler im getesteten System oder im automatisierten Skript liegt. Bei der Planung zur Einführung automatisierter Testdurchführung ist bei der Aufwandermittlung auch die aktuelle Qua-lität der Testfallbeschreibungen zu berücksichtigen, also die notwendige Detaillierung der einzelnen Testschritte durchzuführen.
- Im Testteam entsteht eine Eigendynamik, ein eigenes IT-Projekt, es wird codiert, ver-sioniert und getestet. Das bringt oft signifikante Kosten für das Gesamtprojekt mit sich

und setzt hinreichend qualifiziertes Personal voraus. Die dafür benötigte Infrastruktur und die Managementkapazität werden dabei häufig unterschätzt. Ohne Organisation, Kommunikation und Management besteht die Gefahr von Insellösungen, es entsteht Automatisierungscode, die nur der Autor selbst verstehen und pflegen kann und der in anderen Testprojekten nicht zur Wiederverwendung zur Verfügung steht. Gerade in kleineren Unternehmen, in denen nur ein Mitarbeiter für die Testautomatisierung zuständig ist, besteht die Gefahr des Knowhow Verlusts, wenn derjenige Mitarbeiter das Unternehmen verlässt und die Skripte nicht mehr korrekt funktionieren.

- Manuell codierte Automatisierungsskripte verursachen Pflegeprobleme, wenn Test- und Änderungsprozesse nicht die nötige Reife besitzen. Wird etwa die Bedienoberflä- che des Testobjekts angepasst, muss das Testautomatisierungsteam darüber informiert sein und es muss klar sein, welche Aufwände die nachgelagerten Anpassungen in den Automatisierungsskripten entstehen. Zugrundeliegende Prozesse und unzurei- chende Werkzeuge sind ein wesentlicher Grund für Probleme der Umsetzung der Testautomatisierung.

- Die automatisierten Tests sind weder den Entwicklern im Projektteam noch der Fachtestern zugänglich, die eingesetzte Skriptsprache sagt beiden nichts. Daher ist das Testteam darauf angewiesen, dass der Werkzeughersteller permanent am Markt bleibt, dass ein umfassender Produktsupport besteht und auch problemlos genutzt werden kann, und dass in ausreichender Geschwindigkeit Fehlerbehebungen und Weiterentwicklungen betrieben werden [BAMT2016].

Programmierte Testautomatisierung ist besonders für Web-Applikationen von Interesse, wenn das User Interface auf verschiedenen Plattformen, mit verschiedenen Browsern und unterschiedlichen Auflösungen getestet werden muss. Tests des **User Interface** gehören zu einer umfassenden Teststrategie, da sie ein User Feedback ermöglichen. Dazu ist ein gewisser Aufwand für die Validierung visueller Elemente wie Bilder, Farben und Schrift- arten sowie des funktionalen Verhaltens der getesteten Applikation erforderlich – inklusive Steuerelemente, Navigation, Fehlermeldungen, Dateneingabe und vieles mehr. Ein umfas- sender Test der grafischen Benutzeroberfläche ist zeitaufwendig und teuer. Das gilt in besonderem Maße dann, wenn Tests als Bestandteil einer Regressionssuite oder für eine browser-/geräteübergreifende Kompatibilität wiederholt werden müssen.

5.3   Data Driven Testing

Datengetriebenes Testen bezeichnet die Entkopplung von Testschritten und zugehöri- gen Argumenten (Testdaten) mithilfe einer vom Testskript genannten Datenquelle. Das Ziel beim datengetriebenen Test ist es, ein Testset mehrere Male mit unterschiedlichen Datensätzen und verschiedenen erwarteten Testergebnisse durchzuführen.

In der Praxis ist häufig die Situation anzutreffen, dass viele Testfälle identische Testschritte haben und nur in ihren Testdaten variieren. Solche Tests sind z. B. ein unmittelbares Ergebnis der Anwendung von Blackbox-Methoden wie Äquivalenzklassenbildung oder Grenzwertanalyse: Ein Testfall gibt „Alter = 17" ein und prüft die Reaktion des zu testenden Systems, ein anderer Testfall gibt „Alter = 18" ein und prüft ebenfalls die Reaktion des Systems. Die Testsets sollten also typischerweise Werte mit Grenz- und Teilwerten beinhalten. Die Testschritte bei beiden Testfällen können dabei komplett identisch ausfallen. Wenn man in dieser Situation Testdaten hartcodiert in den Testskripten belässt, entsteht eine hohe Anzahl von Testfällen, die dieselbe Testfallsequenz beschreiben – der Testfallablauf wird also gleich mehrfach redundant vorgehalten. Ändert sich nun die Anwendung dahingehend, dass ein einziger weiterer Eingabeschritt erforderlich ist, müssten als Konsequenz alle Testfälle aus dieser großen Menge überarbeitet werden. Der Pflegeaufwand in der Praxis schießt dabei schnell stark in die Höhe.

Daher ist es besser, Testfälle mit gleichen Testschritten in einem Skript zusammenzufassen und dabei die hartcodierten Argumente durch Variablen zu ersetzen. Die konkreten Werte der Datenausprägungen werden in einem Tabellenkalkulationsblatt oder einer Datenbank verwaltet, eine Tabellenzeile beinhaltet dabei typischerweise alle konkreten Werte zu einem Testfall. Daher eignen sich z. B. Excel-Dateien, Property-Files, WebServices oder auch Sprachpakete für die Dateneingabe. Vor der Testdurchführung liest das Testmanagementwerkzeug dann zuerst die zum Testfall gehörenden Werte aus der Datenquelle und ersetzt anschließend im Skript die Variablen durch diese Werte und erzeugt somit ein durchführbares Testskript.

Gerade weil dadurch eine sehr hohe Anzahl an Testfallwiederholungen entstehen kann, ist eine Testautomatisierung für datengetriebenes Testen von großer Bedeutung – oder anders ausgedrückt: manuelles Testen macht Data Driven Testing schlichtweg zu teuer. Die Möglichkeit, Tests datengetrieben auszuführen, ist einer der zentralen Vorteile von Testautomatisierung.

Die Vorteile dieses Ansatzes sind vielfältig: Der Pflegeaufwand für Testfälle wird minimiert, und mithilfe der Datenquelle können auch Fachtester ohne Programmierkenntnisse neue Testfälle generieren. Diese Best Practices gibt es aber nicht nur für Testdaten, sondern auch für die Testschritte selbst – etwa den Einsatz sogenannter Schlüsselwörter (keywords) [BAMT2016].

5.4   Keyword-Driven Testing

Die Automatisierungsform mit der höchsten Reife ist derzeit das **Keyword-Driven Testing.** Die Grundidee dabei ist, eine einheitliche, einfache tabellarische Notation für manuelle und automatisierte Tests zu verwenden. Keywords beschreiben die Aktionen des Testers und erfüllen dabei zwei scheinbar konträre Anforderungen:

- Die Notation muss – wie Prosa – so gut lesbar sein, dass manuelle Tester und Fachbereichsmitarbeiter sie verstehen können.
- Sie muss aber zugleich – anders als Prosa – so formal sein, dass der Übergang zu automatisierten Tests in einer Skriptsprache ermöglicht wird.

Testfälle, die mit Hilfe von Keywords spezifiziert wurden, sind wartungsarm und erlauben sowohl die manuelle als auch die automatisierte Durchführung der Testprozeduren. Datengetriebene Tests werden durch die Zuordnung von Parametern zu den Keywords unterstützt [BAMT2016].

Beim Keyword-Driven Testing erscheint der Aufwand für die Testautomatisierung zu Beginn höher als bei aufgenommenen Skripten. Jedoch macht sich sorgfältige Planung bei der folgenden Testerstellung und Testwartung bald bezahlt. So fördert Keyword-Driven Testing eine stabile und übersichtliche Teststruktur. Je abstrakter die Keywords, desto einfacher sind sie wiederzuverwenden. Dadurch wird der Aufwand für Wartungsarbeiten gesenkt. Die modulare Struktur eines Keyword-Driven Tests erlaubt außerdem die bequeme Erstellung neuer Tests anhand schon vorhandener Keywords.

Ein weiterer Vorteil liegt darin, dass keine technischen Kenntnisse vorausgesetzt werden. Im ersten Ansatz müssen ausschließlich die Keyword-Entwickler programmieren können. Im zweiten Ansatz entfällt sogar diese Notwendigkeit. Somit können Tests ganz ohne Programmierkenntnisse automatisiert werden.

Beispiele für Keywords:

- Ein einfaches Keyword (eine Aktion auf einem Objekt), z. B. Eingabe von einem Benutzernamen in ein Textfeld.

Objekt	Aktion	Daten
Textfeld (Benutzername)	Text eingeben	<Benutzername>

- Ein komplexeres Keyword (aus anderen Keywords zusammengestellt) z. B. Einloggen.

Objekt	Aktion	Daten
Textfeld (Domäne)	Text eingeben	<Domäne>
Textfeld (Benutzername)	Text eingeben	<Benutzername>
Textfeld (Passwort)	Text eingeben	<Passwort>
Button (einloggen)	Klicken	Einmal Klicken mit der linken Maustaste

5.5 Mischformen automatisierter Tests

Nicht jeder automatisierte Test lässt sich einwandfrei den oben beschriebenen Formen zuordnen. In der betrieblichen Praxis gibt es häufig Mischformen aus den oben genannten Ansätzen.

Bei einer Testautomatisierung sollte Ziel der Umsetzung sein, für die verschiedenen Situationen und Rahmenbedingungen im Software Life Cycle den geeigneten Testautomatisierungsansatz auszuwählen [INTC2022].

Literatur

[BAMT2016] Winter, Roßner, Brandes, Götz: Basiswissen modellbasierter Test, dpunkt Verlag Heidelberg 2016

[T2IN2022] https://t2informatik.de/wissen-kompakt/capture-replay/, zugegriffen am 10.03.2023

[INTC2022] https://www.integrata-cegos.de/seminarangebot/methodik-des-software-engineerings/konzepte-der-testautomatisierung, zugegriffen am 10.03.2023

Zusammenfassung

Bei automatisierter Testdurchführung entstehen tendenziell mehr Testfälle als bei manueller Testdurchführung. Testautomatisierung kann aber auch den Aufwand, um die Testdurchführung vorzubereiten, erheblich minimieren. Das bezieht sich sowohl auf die Generierung von Testfällen als auch auf die, Verknüpfung von Testfällen mit geeigneten Testdaten bis zur automatischen Generierung der Testprozeduren und des Codes.

Einen erheblichen Anteil der gesamten Testphase nimmt die Erstellung von Testspezifikationen ein. Man muss dabei die Anforderungen an das System verstehen und in geeignete Testfälle umsetzen. Die Qualität des Softwaretests hängt wesentlich davon ab, dass diese Arbeiten zur Vorbereitung der Testdurchführung einen guten Grundstein für die nachfolgenden Phasen legen.

6.1 Testprozess

Der **Testprozess** lässt sich in einem Projekt in mehrere Stufen unterteilen:

- Teststrategie
- Testkonzeption
- Testplanung
- Testdokumentation und Testfallgenerierung
- Testdurchführung (manuell oder automatisiert, in der Praxis meist teilautomatisiert)
- Testreporting (mit Interpretation der Testergebnisse)

© Der/die Autor(en), exklusiv lizenziert an Springer Fachmedien Wiesbaden GmbH, ein Teil von Springer Nature 2023
F. Witte, *Konzeption und Umsetzung automatisierter Softwaretests,*
https://doi.org/10.1007/978-3-658-42661-3_6

Das **Fehlermanagement** gehört auch zum Testprozess und findet parallel zur Testdurchführung statt.

Die Automatisierung von Testprozessen kann an unterschiedlichen Stellen im Testprozess ansetzen. Dazu empfiehlt es sich, den Aufwand der einzelnen Prozesse zu ermitteln und dann zu prüfen, in welchem Schritt die Automatisierung starten soll. Wenn man Testautomatisierung einführt, beginnt man bei deren Umsetzung in der Regel mit der Automatisierung der Testdurchführung; man sollte aber die anderen Phasen im Testprozess ebenfalls analysieren, um überhaupt das Automatisierungspotenzial der eigenen Organisationseinheit besser einschätzen und klarer quantifizieren zu können.

6.2   Testplan

Bei der Definition der **Teststrategie,** der **Testplanung** und der **Testkonzeption** handelt es sich um Aufgaben des Testmanagements. Hier sind nur in Ausnahmefällen Ansätze zur Automatisierung möglich, und dann auch nur sehr begrenzt indem etwa Projektpläne und Testpläne automatisch abgeleitet werden.

Die automatisierte Erstellung eines Testplans ist nur sehr bedingt möglich. Falls vorgefertigte Testpläne existieren und lediglich Funktionserweiterungen zu testen sind, ist es möglich, wiederholbare Testfälle in einem Dokumentenrahmen die Ergebnisse der Anforderungsanalyse einzufügen. Man kann daraus auch den Testprojektplan und die Testaufwandsanalyse ableiten. Voraussetzung ist allerdings, dass die Vorlagen und Erfahrungen aus dem Vorprojekt sehr gut mit der aktuellen Situation vergleichbar sind. Falls bestimmte Parameter abweichen, wird das schon erheblich schwieriger. Ein erfahrener Testmanager ist dabei einem Programm durch seine Erfahrungswerte haushoch überlegen. Alle notwendigen Parameter und Faktoren überhaupt zu kennen und zusätzlich noch ihren prozentualen Einfluss auf den Projektverlauf zu ermitteln ist immer mit Unsicherheiten behaftet und erfordert viel Know how und Fingerspitzengefühl.

Projekte sind außerdem von vielen Abhängigkeiten gekennzeichnet. Testpläne müssen im betrieblichen Alltag ohnehin immer wieder angepasst und überarbeitet werden.

Es geht hier eher um Projektplanung und Automatisierungen zur Hilfe des Projektmanagements. Auch hier sind die Möglichkeiten begrenzt; es gibt jedoch dazu einige Tools am Markt, die den Projektmanager bei der Automatisierung unterstützen indem wiederkehrende Abläufe und Verfahren durch standardisierte Vorlagen verwendet werden. Bei der Automatisierung von Testplänen handelt es sich daher nicht um Testautomatisierung im engeren Sinne.

6.3   Testentwurf

Beim **Testentwurf** geht es darum, allgemeine Testziele in handfeste Testbedingungen und
Testfälle zu überführen. Wenn der Testentwurf in automatisierter Form erstellt wird, bietet sich eine maschinell lesbare Form an, etwas als Menge relationaler Datenbanktabellen
oder als komplexes XML-Dokument mit geschachtelten Datenobjekten. Die relationen
Tabellen- bzw. Datenobjekte generieren die Testläufe, die Testprozeduren (einzelne Testschritte), die Testressourcen und die Testendekriterien. Ein Teil dieser Objekte kann aus
der Anforderungsdokumentation übernommen werden. Die Testläufe entsprechen dabei
den Geschäftsprozessen, die Testschritte sind die Anwendungsfälle, die Testeingaben entsprechen den Vorbedingungen und die Testausgaben dem Status der Anwendungsfälle
nach der Testdurchführung. Die Testdatenbanken stellen die Datenobjekte dar, die den
Anwendungsfällen zugeordnet sind, die Testprozeduren sind Sequenzen der Testdurchführung, die aus den Vorgänger -und Nachfolgerbeziehungen der Testfälle hervorgehen.
Testressourcen und Testendekriterien werden aus dem Testplan übernommen.

Aus diesen Informationen kann ein großer Teil des Testentwurfs automatisch erstellt
werden. Schließlich müssen die automatisch erzeugten Datensätze aber noch manuell
detailliert werden.

Die besondere Betrachtung des Testentwurfs im Rahmen der Testautomatisierung ist in
den mehr oder weniger häufigen Änderungen begründet, denen die Software-Entwicklung
unterworfen ist. Diese können durch geänderte Anforderungen oder entdeckte Fehler bedingt sein und führen dazu, dass manuelle Wartungsaufwände für automatisch
durchführbare Testskripte bei häufigen Änderungen leicht den Vorteil der automatischen
Testdurchführung zunichtemachen [SNEE2012].

6.4   Testfallgenerierung aufgrund Anforderungsdokumentation

Bevor mit der Definition der Testfälle begonnen werden kann, muss man zunächst die
Anforderungen analysieren. Hier ist der erste Ansatzpunkt für Testautomatisierung in der
gesamten **Prozesskette.**

Wenn man die Qualität heutiger Übersetzungsprogramme mit den ersten Übersetzun-
gen des Google-Translators um ca. 2010 vergleicht, merkt man, wie sehr sich hier die
Technik verbessert hat. Das gilt für Textanalysewerkzeuge, die die Grundlage von Über-
setzungssoftware darstellen, in analoger Weise. Welche Auswirkungen die Software Chat
GPT, die der breiten Öffentlichkeit erst seit Anfang 2023 bekannt ist, hier mittelfristig
haben wird, ist in diesem Zusammenhang heute noch gar nicht abzusehen. Sie wird sich
aber mit Sicherheit auf die Arbeitsweise eines Testers auswirken.

Ein Automat kann Anforderungstexte ebenso gut analysieren wie ein durchschnittlicher
Tester, nur wesentlich schneller. Während ein Tester tagelang braucht, um ein Anforde-
rungsdokument von 100 oder 200 Seiten durchzuarbeiten, erledigt dies ein Werkzeug in

wenigen Sekunden. Das Ergebnis der Textanalyse stellen logische Testfälle, Verzeichnis der Objekte und die Anforderungsmatrix dar. Diese Ergebnisdokumente sind auch von einer gleichmäßigen Qualität. Ein automatisierter Textanalysator ist jedoch heute noch nicht in der Lage, unvollständige Aussagen zu interpretieren und sinnvoll zu ergänzen. Widersprüche in den Anforderungen kann ein automatisiertes Tool nur äußerst bedingt aufdecken. Die Qualität der Anforderungen ist in vielen Fällen in der Praxis derart problematisch und lückenhaft, sodass ein automatisiertes Tool gar nicht in der Lage ist, daraus eindeutige und korrekte Testfälle zu erstellen. Der Testanalyst muss daher die erstellen Testfälle nach wie vor einem Review unterziehen und nachbessern.

Dass die Qualität der Testfälle stark von der Qualität der Anforderungen abhängt, gilt allerdings auch für manuell erzeugte Testfälle. Es zeigt sich an vielen Stellen im betrieblichen Alltag immer wieder, dass die mangelhafte Anforderungsqualität eine der wesentlichen Störfaktoren für erfolgreiche IT-Projekte darstellt.

Die Automatisierung der Testdokumentation ist jedoch dann sinnvoll, wenn zahlreiche Testfälle mit nur geringen Abweichungen erstellt werden sollen: wenn etwa ein Test, bei dem nur eine IP angepingt werden soll, mit zahlreichen IPs durchgeführt werden soll, ist es wesentlich schneller und weniger fehleranfällig, diese Tests automatisiert zu beschreiben. Wenn in einem Testskript viele Daten in unterschiedlichen Kombinationen miteinander verknüpft und getestet werden müssen, die Kontrolle aber relativ ähnlich abläuft, kann der Einsatz einer automatisierten Testdokumentation ebenfalls sinnvoll sein.

6.5   Automatische Generierung von Testdaten

Die automatische Generierung von **Testdaten** ist in folgenden Fällen möglich:

- es liegen bereits Test- oder Produktionsdaten vor: die Daten können übernommen und nach definierten Regeln geändert werden. Ein Testautomat liest die alten Daten, wandelt sie um und gibt sie als neue Daten aus. Dieses Vorgehen eignet sich vor allem für Regressionstests.
- alle Wertebereiche der Daten sind bereits spezifiziert, es existiert ein Verzeichnis aller verwendeten Datenattribute. Aus solchen Wertebereichen oder Aufzählungen, verbunden mit einer Zuweisung der Attribute zu einem Datenobjekt, lassen sich automatisch Kombinationen von Datenwerten (Objektzuständen) erzeugen.

Es ist auch möglich, dass der Tester selbst geeignete Testdaten für den Generator erstellt. Der Tester erfindet dabei das Grundmuster und der Testautomat generiert daraus Hunderte oder Tausende von Einzelausprägungen, die mittels Skripten durchlaufen werden können.

Mit fortschrittlichen Verfahren zur Generierung von Testdaten lassen sich auch Widersprüche in fachlichen Modellen aufspüren. Das kann man sich zum Beispiel dann zunutze machen, wenn es um den Test komplexer Online-Formulare von Geschäftsanwendungen geht. Es sind Bedingungen und Abhängigkeiten zwischen den einzelnen Feldern der Eingabemaske vorhanden und es bestehen fachliche Regeln und Zusammenhänge, die festlegen, welche Eingaben erlaubt sind und welche nicht. In diesem Fall ist die Erzeugung zufällig erzeugter Testdaten nicht sinnvoll, sondern besser die Ableitung aus den fachlichen Vorgaben der Anwendung. Die Testdatenerzeugung kann dadurch ein sehr rechenintensiver Vorgang werden.

Ein weiterer positiver Nebeneffekt solcher Verfahren ist, dass sogar Widersprüche in Regeln erkannt werden, die dafür sorgen, dass manche Felder nicht angegeben werden können. Ein einfaches Beispiel: Regel 1 besagt, dass die Felder A und B eines Formulars gemeinsam angegeben sein müssen. Regel 2 besagt, dass die Felder A und B nicht gemeinsam angegeben sein dürfen. Als Folge können Anwender für die betroffenen Felder keine Eingaben machen; sie sind durch den Regelwiderspruch unbrauchbar geworden. Solche Widersprüche fallen in der Praxis kaum auf. Hier kann eine automatische Testdatengenerierung Widersprüche aufdecken, die sich z. B. in einem Steuerformular über einen Zusammenhang von acht Regeln und acht Feldern erstrecken. Ein Mensch hat kaum die Chance, solche Fehler zu erkennen [AMGM2022].

6.6 Automatische Erzeugung von Testfällen

Bei der automatischen Erzeugung von Testfällen unterscheidet man die zufällige und die statische Testfallerzeugung. Bei der **zufälligen Testfallerzeugung** werden die Testfälle unter Verwendung eines Zufallszahlengenerators erstellt. Dies ist zwar einfach zu implementieren, lässt aber trotz hohen Aufwands keine Garantie über die Güte der Ergebnisse zu. Beim Ansatz der **dynamischen Testfallerzeugung** wird die Software tatsächlich ausgeführt, allerdings wird während der Ausführung eine Suche nach Testfällen durchgeführt. Die älteren Ansätze arbeiten dabei mit Minimierungen von Funktionen in einem eingeschränkten Suchraum oder mit direkter, lokaler Suche nach Testfällen während der Programmausführung. Aktuellere Ansätze verfolgen globale (Heuristische) Programmierung zur Generierung struktureller Testdaten. Auf dieser Grundlage haben sich bisher keine praxistauglichen Tools erstellen lassen. In der Praxis verwendete Werkzeuge konnten anfangs lediglich für eine vorgegebene oder zufällig generierte Menge von Testfällen feststellen, ob die gewünschte Überdeckung erreicht wird. Neuere Ansätze generieren die Testfälle systematisch und automatisch. Hierzu werden an Verzweigungsstellen für die Eingabeparameter Constraints erzeugt, die erfüllt werden müssen, damit der betrachtete Programmpfad durchlaufen wird. Ein Testfall ergibt sich dann als Lösung des Constraint-Systems, das sich nach Durchlaufen des betrachteten Pfades ergeben hat [RESG2022].

Wenn für logische Testfälle Datenobjekte zugewiesen sind und die Testdaten für diese Datenobjekte erzeugt wurden, lassen sich auch die Testfälle weitestgehend automatisch erstellen.

Die Erweiterung eines physikalischen Testfalls ist ein **logischer Testfall**. Zusätzlich zu den Attributen des logischen Testfalls kommen die Eingabe- und Ausgabedaten hinzu. Es müssen genügend Informationen vorhanden sein, um in Verbindung mit einer HTML-Bildbeschreibung, einer WSDL-Schnittstellenbeschreibung oder einem SQL-Datenbankschema eine HTML-Benutzeroberfläche, einen Web-Service Request oder einem SQL-Datenbankschema eine relationale Datenbanktabelle zu produzieren. Für die Testeingabe werden Eingabemasken, Service Requests und Before-Image-Datentabellen generiert. Für die Testausgabe werden Soll-Ausgabemasken, Soll-Service-Responses und After-Image Datenbanktabellen erstellt.

Falls die Verweise von den Testfällen auf die echten **Datenobjekte** – die Oberflächen, Nachrichten, Dateien und Datenbanktabellen – und die Testdaten dieser Objekte wirklich vorliegen, ist die Erstellung der physikalischen Testfälle voll automatisierbar. Ist das nicht der Fall, so muss der Tester diese fehlenden Informationen den unvollständig generierten Testfällen hinzufügen. In diesem Fall handelt es sich bei diesem Ereignis um eine Teilautomatisierung.

Bei der automatischen Erzeugung von Testfällen stellt sich die Frage nach der sinnvollen Anzahl von Testfällen zur Erreichung einer – hinsichtlich Qualität und Kosten – optimalen Testüberdeckung:

In der industriellen Praxis wird lediglich die Anwendung der einfachsten (minimalen) Teststrategien angewendet. Dies lässt sich leicht damit begründen, dass Testfallmengen, welche diejenigen Kriterien erfüllen, die einen höheren Testaufwand (mehr Testfälle) erfordern, im Allgemeinen sehr schwer von Hand zu finden sind. Insbesondere für Mitglieder der Qualitätssicherungsabteilung, die zwar die Spezifikation, nicht jedoch die Implementierung kennen, ist es zum Beispiel sehr aufwendig, einen Testfall zu finden, welcher einen ganz bestimmten Pfad im Programm durchläuft. Dass Testfallmengen, die eine möglichst hohe Überdeckung des Programmcodes erzielen, im Allgemeinen auch eine höhere Fehleraufdeckungsquote aufweisen, können viele empirische Studien belegen. Selbst wenn schließlich die richtigen Testfälle für ein bestimmtes Kriterium gefunden wurden, schließt sich an die Ausführung dieser Testläufe ein weiterer, ebenso aufwendiger Prozess an: Die Überprüfung der tatsächlichen Ergebnisse beziehungsweise des realen Verhaltens der Software gegenüber dem erwarteten Ergebnis. Somit ergibt sich für das Qualitätssicherungsteam das Problem, die Software so gründlich wie möglich zu testen, also nach einem vorgegebenen, möglichst rigorosen Kriterium hinreichend viele Testfälle zu wählen; gleichzeitig jedoch „unnötige" Testfälle zu vermeiden – wobei unnötig hier so zu verstehen ist, dass diese Testfälle keinen zusätzlichen Beitrag zur Erfüllung des gewählten Kriteriums leisten, dennoch einen erheblichen Aufwand für ihre Überprüfung darstellen. Als ideale Lösung für diese widersprüchlichen Anforderungen gelten Werkzeuge, welches die kleinste (im Weiteren „optimale") Menge an Testfällen automatisch ermittelt, sodass diese das gewünschte Kriterium so vollständig wie möglich erfüllen. Dazu wird die Testdatengenerierung als Such- und Optimierungsproblem behandelt [NOOS2007].

6.7 Automatische Generierung der Testprozeduren

Testprozeduren sind Skripte, die definieren, welche Testfälle in welcher Reihenfolge auszuführen sind. **Testskripte** lassen sich aus den physikalischen Testfällen ableiten, wenn diese nicht nur auf die Testdaten verweisen, sondern auch die Reihenfolge der Testfälle dokumentieren. Dazu gehört zu jedem Testfall ein Verweis auf den Vorgänger-Testfall bzw. ein Hinweis, dass dieser Testfall der erste Fall in einer Testfallkette ist. Sind diese beiden Voraussetzungen erfüllt, können die Testskripte ohne weiteres automatisch erzeugt werden.

Zum Testzeitpunkt werden die Testprozeduren interpretiert, um die nächste Benutzeroberfläche, den nächsten Web Service Request oder die nächste Nachricht zu generieren und abzusenden. Der Test läuft in einer vorbestimmten Reihenfolge ab. Da geschäftliche Transaktionen weitestgehend deterministisch sind, ist auch deren Test deterministisch.

Wenn für alle Features eines umfangreichen Systems (z. B. ein ERP-System) mit zahlreichen Dialogen und GUI Elementen Testprozeduren erstellt werden sollen, so müssen auch Aktionen für jedes involvierte GUI-Element aufgezeichnet werden. Bei einer großen Applikation kommt man dabei schnell an seine Grenzen; die Wartung der Tests wird sehr aufwendig. Als erster organisatorischer Schritt ist in diesem Fall zu empfehlen, für jeden Testschritt eine Prozedur zu erstellen und diese Prozedur anschließend von den entsprechenden Testfällen aufzurufen. Wenn die Tests in unterschiedlichen Testsuiten organisiert sind, kann man sie dadurch in zwei Schichten aufteilen: die erste Schicht enthält nur auf GUI-Komponenten bezogene Prozeduren und die zweite Schicht beinhaltet nur Testfälle, welche die Prozeduren der ersten Schicht aufrufen. Der Ansatz, jeden Testschritt als Prozedur zu implementieren, bringt den Tester in die Lage, die Arbeit in zwei Bereiche aufzuteilen:

- Erstellung und Wartung von Prozeduren, welche die Testschritte repräsentieren
- Erstellung und Wartung von Testfällen

Manche Tools liefern Features, die diese Basisprozeduren für GUI-Elemente automatisch erstellen. Bei Benutzung solcher Features, reduziert sich der Erstellungsaufwand für Testsuiten und Testfälle drastisch. Das unterstützt den Tester bei der Erstellung wartbarer Testsuiten [QFSD2022].

6.8   Automatische Instrumentierung des Codes

Zur Instrumentierung des Codes wird der ursprüngliche Source Code eingelesen und um zusätzliche Testanweisungen an vorbestimmten Stellen ergänzt, z. B. am Anfang jeder Methode oder in jeden Codezweig. Außerdem wird ein Tracemodul bzw. eine Traceklasse hinzu gebunden, um die ausgeführten Methoden bzw. Zweige zusammen mit der Uhrzeit ihrer Ausführung in einer Tracetabelle zu registrieren. Dieses Vorgehen war in der Historie eine der ersten Schritte, als die Testautomatisierung überhaupt in Projekten umgesetzt wurde.

Je weiter die Testautomatisierung voranschritt, desto mehr Schritte wurden von Tools übernommen: so gibt es z. B. Werkzeuge die Echtzeit-Skripte zur Verfügung stellen, die direkt auf **HiL**-Systemen ausführbar sind. HiL bzw. **„Hardware in the Loop"** bezeichnet ein Verfahren, bei dem ein eingebettetes System (z. B. reales elektronisches Steuergerät oder reale mechatronische Komponente, die Hardware) über seine Ein- und Ausgänge an ein angepasstes Gegenstück angeschlossen und getestet wird. Letzteres heißt im Allgemeinen **HiL-Simulator** und dient als Nachbildung der realen Umgebung des Systems. Hardware in the Loop ist aus Sicht des Tests eine Methode zum Absichern von eingebetteten Systemen, zur Unterstützung während der Entwicklung sowie zur vorzeitigen Inbetriebnahme von Maschinen und Anlagen. HIL-Simulationen sind besonders nützlich, wenn Tests des Regelungsalgorithmus auf dem realen physischen System teuer oder gefährlich wären. Eine Software, die in einem Kraftfahrzeug eingesetzt werden soll, wird z. B. erst am HiL getestet, bevor ihre Funktionalität mit einer Testfahrt geprüft wird, der HiL beschreibt also im gesamten Testprozess eine zusätzliche Teststufe. Diese Tests können die Embedded Softwareentwicklung von Beginn an kontinuierlich begleiten und beständig Feedback über die Qualität liefern. Der Einsatz von HiL-Systemen ist in vielen Industrien längst Standard. Um ein HiL-System betreiben zu können, sind automatisierte Testfälle die unbedingte Voraussetzung.

Der Tester legt nach Erstellung des Testmodells lediglich den gewünschten Testumfang für das System fest – alle anderen Aufgaben nimmt ihm das Tool ab: Es identifiziert alle relevanten Testfälle. Die Ermittlung der konkreten Testdaten, die den Testfall realisieren sowie die Generierung der Testprozeduren zur Testfallausführung übernimmt das Werkzeug. Auch die Rückverfolgung von Testfällen zu den Systemanforderungen erfolgt automatisch, wenn Anforderungen im Testmodell den Modelelementen zugeordnet wurden, wie es die UML/SysML-Methodik unterstützt [SNEE2012].

In der skriptbasierten Testautomatisierung werden Testfälle in Form von ausführbaren Skripten (ausführbarer Testcode) entworfen. Der Testdesigner muss also über Programmierfähigkeiten verfügen und Zugriff auf eine Entwicklungsumgebung haben. Solche Testskripte können in jeder Programmiersprache entworfen werden. Auf der Ebene des Komponententests ist häufig der Einsatz von xUnit-Tests zu beobachten, d. h. Unit-Tests, die direkt in der Sprache x geschrieben werden, in der auch das zu testende Programm geschrieben wird: Für Java-basierte Programme also jUnit, für Programm in C++ cppUnit,

```
 1   import org.junit.Test;
 2
 3   // JUnit 4.3
 4
 5 ▼ public class TestCases {
 6
 7 ▼     public static junit. framework.Test suite(){
 8           return new junit.framework. JUnit4TestAdapter(TestCases.class);
 9       }
10
11     @Test
12 ▼   public void test() {
13         Tester oTester = new Tester();
14         assert(oTester.getStatus().equals("Lehrling"));
15         oTester.do_learn();
16         assert(oTester.getStatus().equals("Meister"));
17     }
18 }
19
20
```

Abb. 6.1   Beispiel für skriptbasierte Testautomatisierung [RISE2022]

usw. Auf der Systemtestebene hängt die Wahl der Programmiersprache am ehesten von der Testschnittstelle des zu testenden Systems ab.

Abb. 6.1 zeigt das Beispiel der Entwicklungsumgebung Eclipse mit JUnit für einen Testfall. In diesem Testfall wird das Verhalten der Klasse Tester geprüft. Diese hat eine Methode getStatus(), die eine Zeichenkette in Abhängigkeit vom internen Zustand zurückliefert. Die Klasse beschreibt einen Tester, der nach Initialisierung den Zustand „Lehrling" und nach intensivem Lernen durch den Aufruf der Methode do_learn() den Zustand „Meister" hat. Im linken Bereich der Abbildung zeigt die Oberfläche an, dass der Test durchgeführt wurde, ohne einen Fehler zu entdecken.

Der Vorteil des skriptbasierten Testentwurfs gegenüber des Capture & Replay besteht vor allem in der Unabhängigkeit der Testfalldefinition von der Testdurchführung. Änderungen am Testentwurf sind also auch ohne die erneute Ausführung des Tests möglich. Dieses ist insbesondere bei umfangreicheren Tests von Vorteil. Die wesentlichen Nachteile des skriptbasierten Testentwurfs sind jedoch ähnlich zu denen des Capture & Replay: in relativ vielen Fällen von Änderungen müssen Testfälle manuell angepasst werden. Jedoch ist die Frequenz geringer, da z. B. Änderungen wie das Verschieben von Oberflächenelementen durch die Nutzung programmiertechnischer Hilfsmittel ziemlich einfach in den Testentwurf übernommen werden können; das ist über die Abstraktion der konkret angefragten Positionen von Oberflächenelementen in separate Klassen möglich.

Der wesentliche Vorteil ist, dass der Änderungsbedarf nicht zwangsläufig die erneute Ausführung des gesamten Testfalls nach sich zieht. Nun kann man abwägen, ob die manuelle Anpassung des Testcodes ohne Testausführung aufwendiger ist als die manuelle Ausführung eines Testfalls und das automatische Protokollieren wie im Capture & Replay-Ansatz. Das hängt im Einzelnen von der konkreten Herausforderung ab. Erfahrungsgemäß zeigt aber, dass mit steigender Testdauer oder für zeitkritische Tests die Aufwände für das manuelle Ausführen deutlich höher sind als die Aufwände für die Anpassung des Testskriptes. Weiterhin kann es zusätzliche Aspekte geben wie die Erstellung und Verwendung von Screenshots in Testfällen oder während der Testdurchführung aufwendig zu erstellender Daten, die die Anpassung des Testskripts deutlich einfacher machen als die Ausführung des Tests.

Nicht zu vernachlässigen ist auch die Fehleranfälligkeit bei der manuellen Testdurchführung. Da jeder Fehler automatisch mitgeloggt wird und eine Fehlbedienung auch zu einer ungewollten Zustandsänderung führt, müsste der Test erneut von vorn aufgenommen werden, was den Aufwand für Capture & Replay weiter erhöht. Insgesamt überwiegen daher die Vorteile des skriptbasierten Ansatzes deutlich gegenüber dem Ansatz von Capture & Replay.

Die Komplexität, die wachsende Anzahl von Funktionen und damit von möglichen Eingangs- und Ausgangssignalen eines durchschnittlichen Embedded-Systems, wie z. B. eines Automotive-Steuergerätes, führt u. a. zu einer großen Anzahl an Testfällen. Um den gewaltigen Testumfang moderner Systeme meistern zu können, ist eine hochgradige und durchgehende Automatisierung des Testprozesses unumgänglich. Grundlage einer solchen Testautomatisierung ist die Erstellung von Testfallspezifikationen. Um eine einfache Möglichkeit zur Spezifikation von Testfällen für die automatisierte Durchführung in einer Hardware-in-the-Loop-Umgebung bereitzustellen, bietet es sich an, spezialisierte Tools in die Testumgebung zu integrieren [ELEK2022].

Beim **datengetriebenen Test (data driven)** stehen entgegen der beiden vorhergehenden Ansätze die Daten im Mittelpunkt der Betrachtung. Die Basis ist ein Testentwurf, der von konkreten Daten abstrahiert z. B. indem nur die erwarteten Parameter vorgegeben werden, aber nicht deren Werte. Der Tester hat nun die Aufgabe, passende Daten zu definieren. Diese Daten können in einem beliebigen (zum verwendeten Framework passenden) Format definiert werden. In der Praxis sind Excel-Tabellen oder SQL-Datenbanken häufig gang und gäbe. Eine Art des Testentwurfs wäre es, eine Tabelle zur Verfügung zu stellen, die pro benötigtem Eingabeparameter und pro erwartetem Ausgabeparameter eine Spalte zur Verfügung stellt. Der Tester muss nun in die Zeilen der Tabelle konkrete Werte eintragen. Ein Adapter stellt die Verknüpfung mit dem Testobjekt her, übergibt die Eingabeparameter und vergleicht Ist-Ergebnisse mit den vorausgesagten Ergebnissen. Für die Generierung der teilweise sehr umfangreichen Testdaten können dadurch auch Mitarbeiter herangezogen werden, die weder Programmierkenntnisse noch Testerfahrung haben.

Beim **schlüsselwortgetriebenen Testentwurf (keyword driven)** werden anstelle konkreter Befehle abstrakte Schlüsselwörter verwendet, die zur Laufzeit je nach Konfiguration in einer Adaptionsschicht durch konkrete Befehle ersetzt werden. Änderungen des Systemverhaltens, die keine Änderung des Sprachumfangs bedingen, können so durch ein Vertauschen der Schlüsselwörter mit relativ geringem Aufwand in die entsprechenden Testfälle überführt werden. Insbesondere die verbesserte Lesbarkeit wird oft als wesentlicher Vorteil wahrgenommen. Falls sich neue Szenarien ergeben, müssen dafür neue Testfälle geschrieben werden. Neue mögliche Systemaktionen bzw. Systemreaktionen ziehen die Erweiterung der Menge an Schlüsselworten nach sich. Es gibt zahlreiche Werkzeuge, die das schlüsselwortgetriebene Testen unterstützen. Jeder Programmierer kann ein entsprechendes Framework in Eigenregie erstellen [RISE2022].

Literatur

[SNEE2012] Sneed, Baumgartner, Seidl: Der Systemtest, Hanser-Verlag München 2012

[AMGM2022] https://a12.mgm-tp.com/insights/A12-Testdatenautomatisierung-Insights.pdf, zugegriffen am 25.03.2022

[RESG2022] https://www.researchgate.net/publication/251174753_Automatische_Erzeugung_von_Testfallen, zugegriffen am 10.03.2023

[QFSD2022] https://www.qfs.de/qf-test-tutorial/lc/tutorial-de-tut_procbuilder.html, zugegriffen am 10.03.2023

[NOOS2007] : https://www.ps.tf.fau.de/files/2020/04/norbertoster_dissertation2007.pdf, zugegriffen am 10.03.2023

[RISE2022] https://www.richard-seidl.com/testdesign-testautomatisierung/, zugegriffen am 10.03.2023

[ELEK2022] https://www.elektroniknet.de/embedded/spezifizieren-per-tool-statt-per-script.189262.html, zugegriffen am 10.03.2023

Automatisierung der Testdurchführung

7

Zusammenfassung

Die Automatisierung der Testdurchführung ist ein zentraler Aspekt der Testautomatisierung. Durch die stärkere Verbreitung agiler Vorgehensmodelle und Continuos Builds ist die Bedeutung von zahlreichen Regressionstests mit hohem Testumfang gestiegen. Auch ein kurzfristiges Feedback über die erzielten Testergebnisse wird immer wichtiger. Unterschiedliche Testarten bei der Automatisierung implizieren dabei unterschiedliche Vorgehensweisen.

Bei Testautomatisierung denkt man in erster Linie an die Automatisierung der Testdurchführung. Unter Automatisierung der Testdurchführung versteht man die Verwendung einer Software, um die Ausführung von Tests zu steuern, tatsächliche mit erwarteten Ergebnissen zu vergleichen, die definierten Vorbedingungen herzustellen sowie weitere Testüberwachungs- und Berichtsfunktionen durchzuführen [EXPL2022]. Da Tests wiederholt durchgeführt werden müssen, ob bei der Erweiterung des Testobjekts durch neue Features oder wegen behobener Fehler, vermindert die automatisierte Testdurchführung manuellen Aufwand, beschleunigt dadurch den Testprozess und ist verlässlich wiederholbar.

Je komplexer das zu entwickelnde System ist, je mehr Varianten zu testen sind und je häufiger mit Anforderungsänderungen zu rechnen ist, desto notwendiger ist es, Tests zu automatisieren. Mit der Komplexität des Systems steigt die Anzahl der erforderlichen Testfälle, die bei manueller Durchführung sehr zeitaufwendig wären. Anforderungsänderungen erfordern Regressionstests, die das System nach seiner Modifikation auf Korrektheit prüfen. Eine komplette Neuerstellung der Testspezifikation und manuelles Durchführen wären hier sehr zeitaufwendig [ELEK2022].

F. Witte, *Konzeption und Umsetzung automatisierter Softwaretests,*
https://doi.org/10.1007/978-3-658-42661-3_7

Automatisierte Tests sind wie Regressionstests angelegt. Sie sollten ein fester Bestandteil im Rahmen des Gesamtprojekt sein.

7.1   Testarchitektur

Die klassische Testpyramide zeigt auch die sinnvollsten Bereiche der Testautomatisierung: die Basis bilden wie üblich die **Komponenten**- oder **Unittests.** Diese werden sehr schnell durchgeführt und auch die Entwicklung ist durch die Simplizität der zugrunde liegenden Prozesse meist relativ schnell erledigt. Die **Integrationstests**- im Bereich der Komponenten- oder Systemintegration – integrieren die neueste Programmierung erstmals automatisiert und dürfen deshalb auf keinen Fall vernachlässigt werden. Die Automatisierung von **Systemtests** lohnt sich vor allem bei agilen Projekten mit häufiger Durchführung von Regressionstests [QYTE2022].

Die einzelnen Teststufen lassen sich in einer **Testpyramide** graphisch veranschaulichen (siehe Abb. 7.1).

Beim Softwaretest, ob manuell oder automatisiert durchgeführt, unterscheidet man mehrere Phasen:

- **Komponententests** werden in der früheren Phase der Softwareentwicklung durchgeführt. Sie dienen dazu, die einzeln entwickelten Komponenten separat voneinander zu testen.

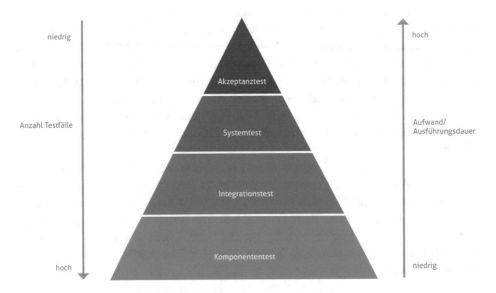

Abb. 7.1 Testpyramide zur Testautomatisierung [QYTE2022]

- **Integrationstests** überprüfen, wie die einzelnen Komponenten zusammen funktionieren. Hier werden auch die Schnittstellen zwischen unterschiedlichen Systemen und Anwendungen überprüft.
- Bei **Systemtests** sind alle Komponenten integriert. Die gesamte neue Anwendung wird End-2-End getestet.
- Bei den **Akzeptanztests** wird vor allem geprüft, ob die entwickelte Lösung die Anforderungen und Wünsche der zukünftigen Anwender erfüllt. Akzeptanztests werden UI-basiert durchgeführt. Das bedeutet, dass das Verhalten zukünftiger Nutzer auf der Benutzeroberfläche der Anwendung imitiert wird [NADI2022]. Beim Akzeptanztest werden einige zentrale Testfälle aus den Systemtests ausgewählt und dann, ggf. zusammen mit dem Kunden oder Auftraggeber in einer Präsentation vorgeführt.

Nicht in der Testpyramide enthalten, aber auch sehr wichtig und teils sehr gut automatisiert testbar, sind nicht-funktionale Tests. Vor allem Last- und Performancetests können sehr gut automatisiert getestet werden. Dabei ist es erforderlich, zu Beginn eines Projekts bereits die geeignete Testautomatisierungsarchitektur aufzubauen.

Ein **Testautomatisierungs-Framework** ist im Wesentlichen eine Reihe von Richtlinien zum Erstellen und Entwerfen von Testfällen. Es ist ein konzeptioneller Teil des automatisierten Testens, der den Testern hilft, Ressourcen effizienter zu nutzen. Abb. 7.2 zeigt eine Darstellung des Testautomatisierungs-Frameworks. Das Testautomatisierungs-Framework ist keine tatsächliche Komponente einer Testsoftware-Anwendung, sondern eine Kombination aus Konzepten und Tools, die mit Elementen wie internen Bibliotheken und wiederverwendbaren Codemodulen die Grundlage einer Testautomatisierung darstellen.

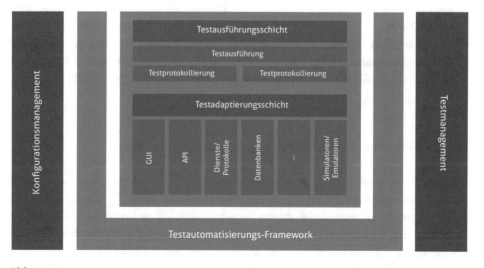

Abb. 7.2 Testautomatisierungs-Framework für den Testautomation Engineer [QYTE2022]

In diesem Zusammenhang sind folgende Einflussfaktoren zu beachten:

- **Änderungen des Testobjekts:** Das Testobjekt, für das die Automatisierung erstellt wird, ändert sich. Zum einen dadurch, dass Weiterentwicklung stattfindet, dass neue Features entwickelt werden, die mit Hilfe automatisierter Tests geprüft werden. Zum anderen, weil sich das Umfeld ändert, indem beispielsweise neue Versionen des Betriebssystems installiert werden oder sich Applikationsversionen (Datenbank, Webserver) ändern. Nicht zu vergessen sind Datenänderungen, z. B. bei Preisen in Shops oder bei Passwörtern von Usern. Diese Änderungen müssen stets betrachtet werden, um bereits im Vorfeld gegensteuern zu können.
- **Testdaten und Tests:** Die Daten, die in den Tests genutzt werden, sollten von den ausgeführten Testroutinen getrennt werden. Vor allem wenn sich Informationen ändern, können diese Daten dadurch einfacher und schneller aktualisiert werden. Eine Trennung ist auch dann vorteilhaft, wenn beispielsweise geprüft werden soll, ob bestimmte Daten noch benötigt werden (z. B. Logindaten) oder welche Daten genutzt werden. Die meisten Systeme bieten hier von sich aus datei- oder datenbankbasierte Lösungen an. Der kleine Mehraufwand bei der Initialanlage rechnet sich sehr schnell bei einer späteren Änderung der Daten.
- **Konventionen und Standards:** Spätestens dann, wenn man sich in fremden Sourcecode einarbeiten und eindenken muss, fällt es auf, wie wichtig es ist, gemeinsame Konventionen und Standards für den Code zu finden und zu nutzen. Dies gilt sowohl für fremden Code als auch für selbsterstellten Code. Neue Erkenntnisse spiegeln sich auch im geschriebenen Code wider. Hier helfen Konventionen und Standards, die möglichst früh im Projekt (oder Team) eingeführt werden, und die dafür sorgen, dass immer die gleiche Notation verwendet wird. Viele integrierte Entwicklungsumgebungen bieten Lösungen oder Plugins, um die Prüfung auf Einhaltung zu automatisieren [QYTE2022].
- Eine passende **Software-Architektur** ist die Voraussetzung dafür, dass Tests automatisiert werden können und im Umkehrschluss bleibt die Architektur auch nur langfristig gut, wenn sinnvoll getestete Softwareupdates gefahren werden [SALT2022].

7.2　Ständige Durchführung automatisierter Tests

Automatisierte Tests werden oft im Rahmen von Unit Tests vor bzw. nach einem Build durchgeführt, um Entwicklern unmittelbar Rückmeldung über die Auswirkung ihrer Änderung an der entwickelten Software zu geben. Speziell in Umfeldern, in denen ein **Continuos Build** eingesetzt wird, wenn also nach jeder vom Entwickler freigegebenen Codeänderung ein Build gestartet wird, ist dieses Vorgehen erforderlich.

Diese Art der Durchführung hat im Allgemeinen nicht das Hauptziel, neue Funktionalität zu überprüfen, sondern repräsentiert im Kern einen Regressionstest, der sicherstellen soll, dass die Änderung der Software bereits korrekt funktionierende Programmteile nicht beeinflussen.

In größeren Projekten ist es nicht immer sinnvoll, die Gesamtmenge von Unit Tests zu jedem neuen Build laufen zu lassen, da dies im Verhältnis zur Häufigkeit der Durchführung zu viel Zeit in Anspruch nehmen würde. In diesem Fall ist es wichtig, entweder ein repräsentatives, gleichbleibendes Set an Testfällen aus der Menge der verfügbaren Unit Tests auszuwählen, das für die regelmäßigen Tests herangezogen wird, oder automatisiert Kandidaten auszuwählen, die anhand der durchgeführten Codeänderungen identifiziert werden und das „Einzugsgebiet" der Änderungen abdecken. Einige Werkzeuge, die den Softwarelebenszyklus unterstützen, stellen dafür Funktionen bereit, die Änderungen an der entwickelten Software den durch die automatisierten Tests angestoßenen Teilen der Software gegenüberstellt und daraus die durchzuführenden Tests ermittelt. In beiden Fällen sollte trotzdem das vollständige Set an Unit Tests regelmäßig (z. B. täglich) durchgeführt werden.

Im Rahmen der Testplanung und der vorbereitenden Aktivitäten sollte daher der Rhythmus der Testdurchführung geprüft werden. Jeder Testlauf benötigt im Nachlauf eine gewisse Phase für das Reporting und die Auswertung der Ergebnisse des Testlaufs. Es kann also durchaus vorkommen, dass dabei nicht jede Version täglich komplett getestet wird, sondern z. B. nur einmal pro Woche ein automatisierter Gesamttestlauf durchgeführt wird. Der Zeitraum darf allerdings wiederum nicht zu groß sein, da sonst zu viele Änderungen zwischenzeitlich durchgeführt wurden und ein wesentlicher Vorteil des automatisierten Testens, nämlich häufigere Regressionstests durchführen zu können, konterkariert wird. Für die Testdurchführung den passenden Rhythmus zu finden, stellt also eine schwierige Abwägung des Testmanagers dar. Eine Illustration der zeitlichen Taktung der Testdurchführung zeigt Abb. 7.3.

Automatisierte Integrations- bzw. Systemtests (speziell über die GUI) sind aufgrund ihrer vergleichsweise langen Laufzeit und ihres Bedarfs nach einem installierten und konfigurierten Testobjekt im Allgemeinen nicht für diese Variante der Durchführung geeignet [BATE2015].

7.3   Häufige oder fallweise Durchführung automatisierter Tests

Tests mit längerer Laufzeit können alternativ in relativ kurzen, aber mehrtägigen Abständen durchgeführt werden. Meist ist dieses Intervall ausreichend, um eine vollständige Durchführung von automatisierten Unit Tests unterbringen zu können. Auch für Integrations- und Systemtests ist dieses Zeitfenster in vielen Fällen ausreichend, soweit das Deployment bzw. die Installation des Testobjekts automatisiert erfolgt.

Zeitliche Taktung der Testdurchführung

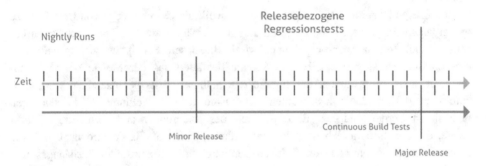

Abb. 7.3 Zeitliche Taktung der Testdurchführung [BATE2015]

Auch diese Taktung der Durchführung wird im Allgemeinen in Bezug auf Systemtests weniger zum Test neuer Funktionalitäten, sondern eher für Regressionstests genutzt. In vielen Fällen ist es nicht möglich, Systemtestfälle vollständig zu automatisieren, bevor das Testobjekt in Hinsicht auf die betroffene Funktionalität einen gewissen Reifegrad erreicht hat. Des Weiteren sollten auch automatisierte Systemtestfälle getestet und auftretende Fehler in der Automatisierung behoben werden, um zu vermeiden, in einem größeren Testdurchlauf unnötig Analyseaufwand durch fehlgeschlagene Testfälle zu verursachen.

Automatisierte Systemtests bzw. vollständige Testdurchführungen aller Integrations- und Systemtests sind bei nicht automatisiertem Deployment und größeren Projekten in der betrieblichen Praxis aus Aufwands- und Zeitgründen nicht in kurzen Abständen möglich. Es sollte zumindest einmal pro Inkrement bzw. Release die vollständige Menge an automatisierten Tests durchlaufen werden. Ist auch dies nicht möglich, sollte die durchzuführende Anzahl automatisierter Tests aufgrund einer technischen Impact-Analyse und auf Basis einer Risikoanalyse ermittelt werden [BATE2015]. Bei diesem Vorgehen, das in der Praxis häufig anzutreffen ist, sollte der Testmanager aber die Projektrisiken deutlich im Rahmen des Reportings benennen.

7.4   Testarten zur Automatisierung

Es gibt verschiedene Testarten, die bei der Automatisierung betrachtet werden. Die notwendigen Aktivitäten zur Umsetzung unterscheiden sich je nach Testart.

- **Regressionstest:** Wiederholung von Testfällen, hauptsächlich nach Aktualisierungen, Modifizierungen und Bugfixes einer Software. Damit soll sichergestellt werden, dass die Änderungen der Software keine unerwünschten Nebenwirkungen auf andere Funktionen der Software haben und sich das Systemverhalten nicht geändert hat. Diese Art Tests werden in regelmäßigen Abständen und so lange wiederholt, bis keine kritischen Fehler mehr auftauchen. Tatsächlich hören diese Tests, solange das Produkt weiterentwickelt wird, nie auf.

- **Layout-Test:** Dieser Test ist im Prinzip visuelles Vergleichen von der angezeigten Webseite mit einer Referenz-Webseitendarstellung. Ein Mensch ist normalerweise nicht in der Lage, visuelle Abweichungen so exakt wahrzunehmen, wie das ein Programm schafft, das beim Vergleich pixelweise vorgehen kann.

- **Funktionaler Test:** Bei diesem Test werden Ausgabe, Verhalten und die Funktionalität von Systemen geprüft. Es wird dabei nachgewiesen, ob beispielsweise Buttons und Eingabefelder wie erwartet reagieren und ob die geforderten Sicherheitsparameter eingehalten werden.

- **Cross-Browser-Test:** Hier werden verschiedene Testarten durchgeführt und auf verschiedene Browsertypen bezogen analysiert. So wird zum Beispiel bei einer Website geprüft, ob die optische Darstellung und die Funktionalität auf Chrome und Safari identisch sind.

- **Cross-Device-Test:** Der Cross-Device-Test ist ähnlich wie der Cross-Browser-Test, nur eben bezogen auf die verschiedenen Endgerätetypen.

- **A/B-Test:** Ganz simpel könnte man sagen, hier steht A für Apfel und B für Birne und das wird dann verglichen. Man möchte wissen, was sich besser verkauft und bei welcher Sorte quasi mehr „zugebissen" wird. Es werden also per Zufallsverfahren dem User unterschiedliche Versionen einer Seite ausgespielt und über statistische Auswertungen können Rückschlüsse auf beispielsweise Performance und Conversion-Rate gezogen werden [TESF2022]. Eine optimierte Form dieses Vorgehens ist das **Multivariate Testing**, wobei mehrere Variablen verändert werden und pro Variante deren Auswirkung überprüft wird. Beispiel: roter Hintergrund und weiße Schrift, roter Hintergrund und schwarze Schrift, blauer Hintergrund und weiße Schrift…

7.5   Schnelles Feedback durch Testautomatisierung

Die agile Vorgehensweise hat den Umgang mit der Qualitätssicherung grundsätzlich verändert. Während eines **Sprints** wird nicht nur entwickelt, sondern gleichzeitig auch getestet, sodass am Ende des Sprints (also nach jedem Zyklus) geprüfte, qualitätsgesicherte Zwischenergebnisse (Inkremente) vorliegen. Diese Verschiebung und Verdichtung der QS-Aktivitäten bringen neue Herausforderungen für das Test- und QS-Team. Man hat nicht mehr einen dedizierten Zeitraum wie in der klassischen Entwicklung (z. B. drei

Monate nach der einjährigen Entwicklung), in dem alle Systemkomponenten fertig inte-griert und ausführlich getestet sind und nach Bugfixing getestet werden können. In agilen Projekten kommt es zwar häufig vor, dass der letzte Sprint im Projekt für ausschließlich abschließende und qualitätssichernde Aktivitäten verwendet werden soll, aber dann doch noch für Entwicklungstätigkeiten zweckentfremdet wird. Zudem ist der Zeitraum von nur einem Sprint immer noch sehr kurz im Vergleich zu den Systemintegrations- und Abnah-metestphasen in klassischen Projekten. In agilen Projekten gilt das Prinzip „fail often, fast often", was bedeutet, dass mit der frühzeitigen Aufdeckung von Fehlern Entwicklungen in falsche Richtungen in zukünftigen Sprints unterbunden werden und dass sich mit der Zeit die Qualität und die Fehlerbehebungsgeschwindigkeit verbessert.

Abb. 7.4 verdeutlicht den Zuwachs der Testaufwände von Sprint zu Sprint, dabei wird zwischen drei Arten von Testaktivitäten unterschieden: Der Test der Neuentwicklung bezieht sich auf die vorgeschriebenen Akzeptanzkriterien für einzelne User Stories. Da in jedem Sprint weitere neue User-Stories entwickelt werden, ist dieser Testaufwand in der Regel ein relativ konstanter und kontinuierlicher Bestandteil jedes Sprints. Die neuen Änderungen im bereits implementierten Code müssen auch getestet werden, um sicherzu-stellen, dass die Änderungen das Ziel der Refactoring/Maintenance-Anforderungen erfüllt haben. Auch dieser Testaufwand bleibt in der Regel ziemlich konstant. Dahingegen nimmt der Umfang der Regressionstests mit jedem Sprint und mit jeder implementierten User Story zu. Die Regressionstests prüfen, ob bei der Entwicklung von neuen User Stories oder bei Refactoring/Maintenance-Aktivitäten bezogen auf die Bestandsfunktionalität aus früheren Sprints Fehler eingeführt wurden und ob die nichtfunktionalen Requirements aus den „Definition of Done" immer noch erfüllt sind. Für den Regressionstest müssen repräsentative und aussagekräftige Testfälle immer wieder ausgeführt werden. Deshalb wachsen insbesondere die Aufwände für die Regressionstests in späteren Sprints enorm, falls diese nicht automatisiert sind und manuell durchgeführt werden müssen.

Der Zuwachs an Testaufwänden macht die Testautomatisierung unverzichtbar in agi-len Projekten. Mit automatisierten Testfällen soll es möglich sein, eine große Anzahl von Testfällen jederzeit durchzuführen und damit die Regressionsfreiheit nach Codeän-derungen nachzuweisen. Da die Testautomatisierung selbst Entwicklungsaufwand kostet, müssen die Testfälle mit Bedacht ausgesucht und automatisiert werden, sodass diese oft und ohne großartigen Wartungsaufwand wiederholt werden können. Dabei gilt das Prin-zip: je codenäher die Schnittstellen des Testobjektes, desto wiederholbarer und wartbarer sind die Testskripte. Das heißt, für Klassen und Methoden sollen in Summe möglichst viele automatisierbare Unit Tests geschrieben werden, während auf der Ebene der Sys-temschnittstellen (API und UI) in Summe weniger automatisierte Tests notwendig sind [SPIL2018].

Software entsteht immer seltener auf der grünen Wiese; in der Regel sind bereits pro-grammierte Anwendung vorhanden, wo hin und wieder mal ein Feature ergänzt oder geändert werden muss. Der Anteil der Programmwartung hat sich in den letzten Jahren naturgemäß erhöht, weil Software längst alle Unternehmenssektoren und alle Bereiche

Entwicklung der Testaufwände

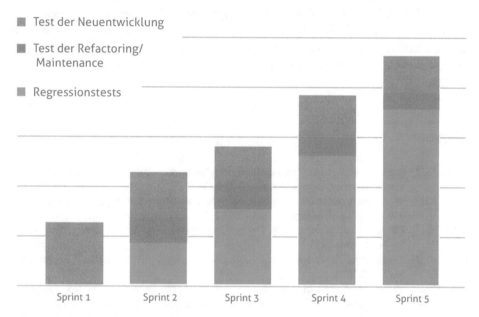

Theoretischer Zuwachs in Testaufwänden während fortlaufender Sprints ohne Testautomatisierung

Abb. 7.4 Entwicklung der Testaufwände in einem agilen Projekt

des täglichen Lebens durchdrungen hat. Gerade zur dauerhaften Qualitätssicherung und zur permanenten Weiterentwicklung ist die Nutzung automatisierter Prozesse für die Testdurchführung entscheidend.

7.6   Fehleranalyse und Wartung

Eines der großen Probleme bei der automatisierten Testdurchführung ist die Analyse der Fehler: ist die Software fehlerhaft, oder war das Skript zur Automatisierung fehlerhaft? Besonders schwierig wird das, wenn die Software in einem früheren Lauf die Fehler im Skript durch einen anderen Fehler in der Software maskiert hat. Wenn der Fehler in der Software behoben ist, läuft das Skript daher auf einen Fehler. Das verursacht oft besonders viel Analyseaufwand. Der Aufwand zur regelmäßigen Wartung und notwendiger Erweiterung automatisierter Testskripte wird oft unterschätzt und in Aufwandsschätzungen zu gering angesetzt.

Um vermeintlich richtige Ergebnisse möglichst auszuschließen, ist es wichtig, dass **Walkthroughs** der Testverfahren vor der Ausführung der Tests durchgeführt werden.

Zusätzlich zu den Walkthroughs Peer Reviews sollte das Testteam die Richtigkeit der Testresultate bewerten und stichprobenartig überprüfen, selbst wenn das Skript auf Anhieb erfolgreich durchgelaufen ist. Für diesen Fall ist der Einsatz eines Fehlermanagementsystems erforderlich [SOAT2001]. Reviews sind ein notwendiger Bestandteil der Entwicklung. Ein Verzicht auf Reviews beschleunigt nicht etwa ein Projekt, sondern verlangsamt im Gegenteil den Entwicklungszeitraum und verringert außerdem die Qualität.

Literatur

[EXPL2022]   https://expleoacademy.com/dach/service/glossar/erklaerung/automatisierung-der-tes
             tdurchfuehrung/, zugegriffen am 10.03.2023
[ELEK2022]   https://www.elektroniknet.de/automotive/software-tools/fettnaepfchen-vermeiden.
             910/seite-3.html, zugegriffen am 10.03.2023
[BATE2015]   Bucsics, Baumgartner, Seidl, Gwihs: Basiswissen Testautomatisierung, dpunkt Verlag Heidelberg 2015
[QYTE2022]   https://www.qytera.de/blog/testautomatisierung-tipps-goldene-regeln,   zugegriffen
             am 10.03.2023
[NADI2022]   https://nativdigital.com/testautomatisierung/, zugegriffen am 10.03.2023
[SOAT2001]   Dustin, Rashka, Paul: Software automatisch testen, Springer-Verlag Berlin Heidelberg 2001
[SPIL2018]   Spillner, Winter, Pietschker: Test, Analyse und Verifikation von Software – gestern, heute, morgen, dpunkt Verlag Heidelberg 2018
[TESF2022]   https://testfabrik.com/blog/automatisiertes-testen-einfach-erklaert/, zugegriffen am 10.03.2023
[SALT2022]   https://www.salt-solutions.de/solutions/detail/testautomatisierung-definition-und-vor
             teile.html, zugegriffen am 04.10.2022

Automatisierung des Testreportings

8

Zusammenfassung

Ein aussagefähiges und transparentes Berichtswesen trägt erheblich zum stärkeren Rückhalt durch das Management und den Erfolg eines Projekts bei. Mithilfe geeigneter Metriken lässt sich der Fortschritt bei der Testautomatisierung mit geeigneten Zahlen untermauern. Aber auch bei manueller Testdurchführung führt eine Automatisierung des Testreportings zu aktuelleren Daten und dadurch zu schnelleren Reaktionen und Entscheidungen über zu treffende Korrekturmaßnahmen.

8.1 Reports

Durch den Zuwachs an Testaufwänden und die Beschleunigung kommt dem **Testreporting** im Rahmen der Automatisierung eine wichtige Bedeutung zu. Nur bei aktuellen Zahlen kann der Projektstatus ermittelt werden und das Projekt zeitnah gesteuert werden. Reports zum Status des Testfortschritts und der aktuellen Qualität sollten vom Testmanager mindestens wöchentlich erhoben werden.

In den Reports zur Testautomatisierung sollten dabei mindestens folgende Metriken vorhanden sein:

- **Testabdeckungsmaße:** Testabdeckungsmaße zeigen die Verknüpfung von Anforderungen mit Testfällen. Die Anforderungsüberdeckung definiert, welche Nutzeranforderungen und welche sicherheitsrelevanten und technischen Anforderungen getestet wurden. Dieser Wert zeigt die Anzahl der durch Testfälle abgedeckten Anforderungen. Voraussetzung der Ermittlung ist, dass eine Verlinkung zwischen Anforderungen und Testfällen besteht. Damit kann man dem Auftraggeber nachweisen, dass die geforderten Funktionen mit Tests nachgewiesen werden können.

© Der/die Autor(en), exklusiv lizenziert an Springer Fachmedien Wiesbaden GmbH, ein Teil von Springer Nature 2023
F. Witte, *Konzeption und Umsetzung automatisierter Softwaretests,*
https://doi.org/10.1007/978-3-658-42661-3_8

- **Metriken zur Testvorbereitung:** Da oftmals Voraussetzungen geschaffen werden müssen, bevor die eigentliche Automatisierung startet (z. B. Erstellung des Automatisierungskonzepts, Aufbau einer geeigneten Testumgebung, Detaillierung der Testbeschreibungen, Erstellung der Testskripte, Rekrutierung des Testautomatisierungsteams) sollte bereits in der Planungsphase Metriken mit geeigneten Daten erhoben werden. Damit kann man transparent darstellen, dass die Testautomatisierung wie ein Entwicklungsprojekt bestimmte Voraussetzungen erfordert, die man erst schaffen muss. Man sollte generell beachten, möglichst jeden Fortschritt auch quantifizieren zu können. Gerade dann, wenn man noch keine Skripte vorweisen kann und noch in der Vorbereitung steckt, ist diese Vorgehensweise essentiell, um bei wöchentlichen Meetings Transparenz über die Testvorbereitungen zu schaffen und nicht immer nur sagen zu können, dass man mit der eigentlichen Durchführung der Automatisierung noch gar nicht beginnen kann, denn genau das führt zu Unsicherheit beim Management darüber, was denn eigentlich in der Testabteilung getan wird.
- **Automatisierungsgrad:** Der Automatisierungsgrad errechnet sich aus der Anzahl der automatisierten geteilt durch die Anzahl aller Testfälle. Der Automatisierungsgrad sagt aus, wie weit die Automatisierung der Testfälle bereits fortgeschritten ist. Der Automatisierungsgrad kann auch als Testfallwiederverwendbarkeit bezeichnet werden, da nur automatisierte Testfälle ohne großen Aufwand wiederholt werden können.
- **Qualität der Anwendung:** Für diesen Indexwert teilt man die fehlerhaften Testfälle durch die Anzahl der durchgeführten automatisierten Testfälle. Auch Trends zur Fehlerentwicklung (offene, neu festgestellte, behobene Fehler) über einen längeren Zeitraum gehören in diese Gruppe von Metriken.

Geeignete Metriken zum Testfortschritt (z. B. Anzahl der bereits getesteten Testfälle, Zuwachs des Testumfangs) sollten ohnehin erhoben werden, egal ob man manuell oder automatisiert testet.

Alle ermittelten Werte sollten mindestens wöchentlich fortgeschrieben werden, um die zeitliche Entwicklung innerhalb des Projekts zu dokumentieren. Die Basis der Bewertung ist im Vorfeld festzulegen, da nur so eine Vergleichbarkeit gewährleistet ist. Wenn man mitten im Projekt Parameter ändert, kann man zu verzerrten Aussagen kommen.

Je nach Bedarf sollten weitere Metriken hinzugefügt werden, wie z. B. eine Statistik, wie viele Testfälle sich überhaupt sinnvoll automatisieren lassen oder Metriken über den Fortschritt der Testdatenerstellung.

Für das Testreporting sind Medienbrüche ein erhebliches Problem im betrieblichen Alltag. Nach wie vor ist es häufig der Fall, dass zwar ein Tool fürs Anforderungsmanagement und ein Tool für das Testmanagement existieren, aber keinerlei Verbindung zwischen ihnen besteht. Man behilft sich noch viel zu oft mit einer Unmenge von Excel-Listen und Word-Exports, auch in sehr großen Projekten. Ein Tool zur Testautomatisierung bringt neue Komplexität mit sich, weil die Skripte mit dem Testmanagement-Tool und die Ergebnisse aufbereitet werden müssen. Am Ende kopiert man dann mit „Copy Paste" die

Ergebnisse in eine vorgefertigte Powerpoint-Folie – hier entstehen erhebliche Aufwände vor allem für den Testmanager, die auf den ersten Blick gar nicht gesehen werden.

Die Automatisierung des Testreportings kann auch durchgeführt werden, wenn nach wie vor manuelle Tests durchgeführt werden. Bei der Automatisierung des Testreportings geht es um die Präsentation von Ergebnissen, egal ob sie automatisch getestet wurden oder ganz oder teilweise mit manuellen Tests.

Das Bewusstsein, wie wichtig es ist, in Prozessen zu denken, ist noch nicht überall in den Unternehmen und vor allem noch nicht überall im Management angekommen. Hier zu investieren und lückenlose Prozessketten zu schaffen, in denen die Testautomatisierung ein integraler Bestandteil ist.

8.2   Automatisierte Ergebniskontrolle

Die zuverlässigste Methode zur automatisierten Ergebniskontrolle besteht darin, die Soll-Ergebnisse bereits zusammen mit der Definition der Testfälle zu spezifizieren. Diese Vergleichswerte können dabei zu Beginn der Testdurchführung in Form von **Post-Condition-Assertions** in einem Testskript vorliegen. Auf diese Weise lassen sie sich automatisch mit den tatsächlichen Systemtestergebnissen abgleichen. Praktisch alle Systemtestausgaben sind heutzutage auf irgendeinem Datenträger gespeichert, die Bildschirmausgaben in einem Maskenformular eingebettet. Dies kann zum Beispiel eine HTML- oder eine proprietäre Maske sein. Die Nachrichten sind in irgendeinem Format wie SOAP oder EDI vorhanden. Die Dateiausgaben sind zunächst in einer Druckaufbereitungsdatei, in XML oder PDF. Die Datenbankinhalte liegen in der Regel in SQL-Tabellen vor. All diese Kommunikationsmedien sind zugänglich und elektronisch interpretierbar. Die einzelnen Werte lassen sich mit einem Programm extrahieren und weiterverarbeiten. Anschließend können sie mit den erwarteten Ergebnissen verglichen werden (siehe Beispiel in Abb. 8.1).

Außerdem können die erwarteten Ergebnisse auch automatisch errechnet oder zusammengestellt werden. Post-Condition-Assertions können Vergleiche auf unterschiedliche Weise realisieren, zum Beispiel

- als 1:1-Vergleich mit einem Eingabewert
- als 1:1-Vergleich mit einem vorgegebenen konstanten Wert
- als 1:n-Vergleich mit einer Menge alternativer Werte mit einer „oder"-Beziehung
- als 1:n-Vergleich mit einer Reihe zusammengesetzter Werte mit einer „und"-Beziehung
- als 1:1-Vergleich mit dem Ergebnis einer vordefinierten Funktion

In allen Fällen kann der Vergleich bedingt oder unbedingt sein. Wenn es sich um einen bedingten Vergleich handelt, wird er nur dann durchgeführt, wenn die Bedingung zutrifft. Die Bedingung selbst vergleicht andere Werte aus derselben Quelle mit einem logischen

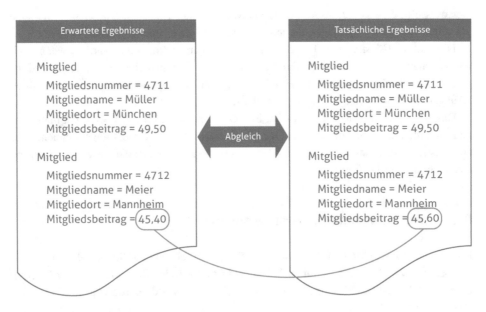

Abb. 8.1 Soll-Ist-Vergleich der Testergebnisse [SNEE2012]

Ausdruck. Alle Assertions, die zu einer Datenentität gehören – dies kann zum Beispiel eine Datenbanktabelle, eine Datei, eine Nachricht oder ein Bericht sein – werden in einem Validierungsskript zusammengefasst.

Für die automatische Ausführung dieser Validierungsprozedur müssen Assertion-Skripte vorliegen und ein sogenannter **Ergebnisvalidator** wird als Werkzeug benötigt. Validatoren sind Werkzeuge, die Quelltexte automatisiert gegenlesen und somit eine Unterstützung zur Fehlervermeidung und Fehlerbeseitigung darstellen.

In den Assertion-Skripten, die der Testautomatisierer erstellt, müssen Beziehungen zwischen Eingaben und Ausgaben und den Regeln genau festgelegt werden, damit sie vom Werkzeug validiert werden können. Das ist keine triviale Anforderung und stellt hohe Anforderungen an die Tester. Im Prinzip läuft es auf eine exakte Spezifizierung der Geschäftsregeln hinaus. Es wird nämlich festgehalten, in welchem Verhältnis das einzelne Ergebnis zu den Ausgangsdaten steht. So gesehen ist dies eine Art funktionale Programmierung. Dabei wird das Ergebnis des von den Entwicklern geschriebenen Programms mit dem Ergebnis des von den Testern geschriebenen Programms verglichen. Darauf kommt es aber letztlich bei einer Verifikation an; der Ist-Zustand wird gegen den Soll-Zustand geprüft. Nur so lässt sich feststellen, ob der Ist-Zustand wirklich im Sinne der Spezifikation wahr ist [SNEE2012].

Auch für den regelmäßigen Vergleich der Metriken und eine Interpretation der Ergebnisse der Testmetriken muss Zeit eingeplant werden. Das ist eine der Aktivitäten, die zur kritischen Analyse unbedingt erforderlich ist, aber oft aus Zeitgründen unterbleibt. Auch hier wird oft am falschen Ende gespart: nur mit einer genauen Analyse der Fehlerursachen kann man gezielt Optimierungen durchführen und die Qualität des Testobjekts nachhaltig verbessern.

Metriken müssen immer miteinander im Zusammenhang gesehen werden. Wenn man nur einzelne Statistiken herausgreift, kann man zu einem verzerrten Bild kommen. Daher ist eine möglichst umfassende Erhebung von Daten und eine ausreichende Datenbasis notwendig. Automatisierte Testdurchführung führt zeitweise dazu, dass wegen eines einzigen Fehlers Hunderte von Testfällen plötzlich nicht mehr funktionieren. Nach der Fehlerbehebung sind die fehlerhaften Testergebnisse dann aber wieder korrekt. Jeder Entwickler kennt diesen Effekt vom Debugging seines Codes. Wenn man Kurven mit solchen Ausschlägen aber präsentiert, muss man entsprechende Erklärungen zu den einzelnen Werten mit anbringen, damit die Interpretation auch die wahre Qualität widerspiegelt.

8.3 Automatische Kontrolle der Testüberdeckung und automatisch generierte Testmetriken

Eine automatische Kontrolle der Testüberdeckung findet vor allem in der Teststufe des Komponententests statt: das Trace-Protokoll, das zur Ausführungszeit von dem instrumentierten Code produziert wird, wird nach erfolgter Testdurchführung von einem Testüberdeckungswerkzeug gelesen. Dieses Tool vergleicht die ausgeführten Codebausteine und die bestätigten Datenschnittstellen mit den möglich ausführbaren Bausteinen und Schnittstellen und generiert daraus einen Bericht. Dieser **Testüberdeckungsbericht** dokumentiert den Stand der bisherigen Testüberdeckung.

Bei der automatisierten Erzeugung von Testmetriken werden unterschiedliche Metriken zusammengefasst und automatisiert aufbereitet: aus der Anforderungsanalyse kommt die Anforderungsmetrik, aus dem Testentwurf die Architekturmetrik, aus der Testfallgenerierung die Testfallmetrik, aus der Testdatengenerierung die Datenmetrik, aus der Testdurchführung die Ausführungsstatistik und aus der Ergebnisauswertung schließlich die Fehlermetrik und die Testüberdeckungsmetrik und eine Fehlerstatistik. Bei einer Automatisierung der Reportingprozesse werden diese Metrikarten zusammengeführt und dem Testmanager bzw. dem Projektleiter in einer übersichtlichen graphischen Form dargestellt [SNEE2012].

8.4 Interpretation der Ergebnisse

Zusätzlich müssen die Werte aus den Metriken interpretiert werden. Wenn das Testreporting automatisiert erstellt wurde und die Werte nun nicht mehr manuell mühsam zusammengesucht und aufbereitet werden müssen, gewinnt man schließlich Zeit, um diese Interpretation transparent darzustellen.

Anbei einige typische Beispiele für Berichte, die im Rahmen des Testreportings erzeugt wurden und die entsprechende Interpretation (siehe Abb. 8.2 bis 8.4).

- Stocken des Automatisierungsprozesses

Man bemerkt, dass der Fortschritt der Testautomatisierung ab KW 4 langsamer wird. Man sollte in etwa prüfen, ob die Kapazität des Testteams gleich geblieben ist, ob die zu automatisierenden Testfälle schwieriger zur Umsetzung werden, ob andere Aufwände (etwa zur Prüfung der Skripte oder zur Pflege des Framework) aufwendiger geworden sind oder Arbeiten, die die Testautomatisierung gar nicht betreffen (ggf. auch außerhalb des Projekts) zugenommen haben.

- Fehler in der automatisierten Testdurchführung

In diesem Beispiel werden vermehrt Fehler während Regressionstests bereits automatisierter Testfälle bemerkt. Hier wäre zunächst zu untersuchen, ob die Ursachen für die Fehler in Programmänderungen liegen oder ob das programmierte Skript Fehler aufweist. Die Entwicklung der Zahlen deutet darauf hin, dass stärker in die Programmwartung investiert werden muss, sei es bei der Weiterentwicklung des Codes oder der Wartung der Testskripte.

- Von Anfang an zu hohe Erwartungen an den Testfortschritt

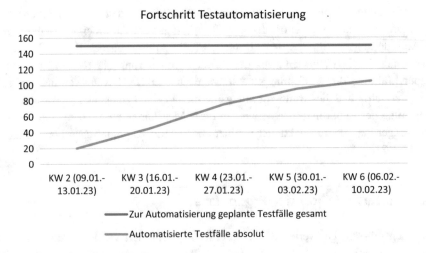

Abb. 8.2 Beispiel Fortschritt Testautomatisierung

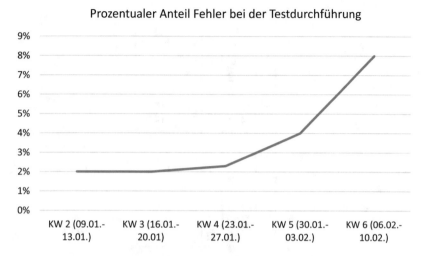

Abb. 8.3 Prozentualer Anteil Fehler bei der Testdurchführung

In diesem Beispiel bemerkt man in KW 7 nach Review der Testfortschritte aus KW 6, dass der ursprüngliche Plan, 10 Testfälle pro Kalenderwoche zu automatisieren, zu optimistisch war. Daher wird die Planung dahingehend überarbeitet, dass ab KW 7 nur noch 8 Testfälle zur Automatisierung geplant sind. In KW 10 wird nach den aktuellen Zahlen das Ziel erneut heruntergeschraubt, man rechnet nur noch mit 6 neuen Testfällen pro Kalenderwoche. Wenn man von Anfang an 6 Testfälle pro Woche definiert hätte, wäre man exakt auf die 48 Testfälle gekommen. Um die restlichen 32 (= 80–48) Testfälle auch noch zu automatisieren, benötigt man also ab KW 12 eine Verlängerung zur Fortführung der Automatisierung um rechnerisch weitere 6 Wochen oder mehr Ressourcen zur Beschleunigung der Automatisierung. Man sollte in diesem Fall untersuchen, welche Parameter im Einzelnen in welchem Umfang den Testfortschritt beeinflussen.

Diese Entwicklung ist in der Praxis häufig anzutreffen, da man erst mit den eher einfach umzusetzenden Testfällen anfängt und im Laufe der Zeit auf Probleme stößt, die zusätzlichen Support oder weitere Entwicklungsschritte erfordert. Zusätzlich beginnen erfahrungsgemäß nach einigen Wochen erste Wartungsmaßnahmen an bereits bestehenden Testskripten, die zusätzlichen Aufwand erfordern. Zudem kommt es häufig vor, dass gerade dann weitere Aktivitäten rund um die Testautomatisierung (Präsentationen, Einbindung weiterer Mitarbeiter, aber auch grundlegende Fragen zur Qualität der Anforderungen oder der Spezifikationen, die bei Definition oder Durchführung der automatisierten Tests erst aufgedeckt werden) ihren Tribut fordern.

Tab. 8.1 Stocken des Automatisierungsprozesses

Anzahl automatisierte Testfälle

Kalenderwoche	KW 2 (09.01.–13.01.23)	KW 3 (16.01.–20.01.23)	KW 4 (23.01.–27.01.23)	KW 5 (30.01.–03.02.23)	KW 6 (06.02.–10.02.23)
Testfälle gesamt	150	150	150	150	150
Automatisierte Testfälle absolut	20	45	75	95	105
Automatisierte Testfälle relativ	13,3 %	30 %	50 %	63 %	70 %

Tab. 8.2 Fehler in der automatisierten Testdurchführung

Anzahl automatisierte Testfälle					
Kalenderwoche	KW 2 (09.01.–13.01.)	KW 3 (16.01.–20.01)	KW 4 (23.01.–27.01.)	KW 5 (30.01.–03.02.)	KW 6 (06.02.–10.02.)
Automatisierte Testfälle gesamt	150	150	150	150	150
Fehler absolut	3	3	4	6	12
Fehler relativ	2 %	2 %	2,3 %	4 %	8 %

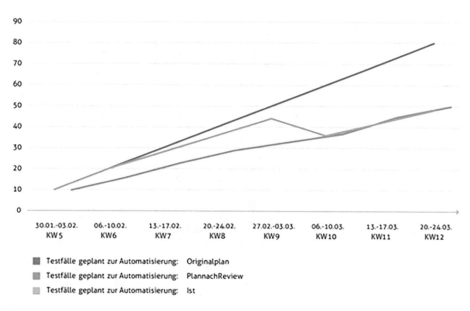

Planung der Testautomatisierung

- Testfälle geplant zur Automatisierung: Originalplan
- Testfälle geplant zur Automatisierung: PlannachReview
- Testfälle geplant zur Automatisierung: Ist

Abb. 8.4 Planung der Testautomatisierung

8.5 Vergleich von Testergebnissen

Im Rahmen der Interpretation der Testergebnisse können die Testergebnisse auch automatisiert verglichen werden. Dadurch kann man z. B. erkennen, welche Teile der Anwendung besonders fehleranfällig sind, wo gehäuft Fehler passieren und wie sich die Softwarequalität über einen längeren Zeitraum verändert. Das Reporting kann dabei Übersichten und Charts erstellen, die automatisiert miteinander verglichen werden.

Der **Fortschritt der Testautomatisierung** ist in Metriken festzuhalten. Testautomatisierung benötigt wie das gesamte Testmanagement ein Eigenmarketing, um die Fortschritte plakativ aufzuzeigen und die Probleme und Hindernisse evident zu machen.

Tab. 8.3 Fortschritt der Testautomatisierung

Fortschritt der Testautomatisierung

Kalenderwoche	KW 5	KW 6	KW 7	KW 8	KW 9	KW 10	KW 11	KW 12
Datum von – bis	30.01.–03.02	06.–10.02	13.–17.02	20.–24.02	27.02.–03.03	06.–10.03	13.–17.03	20.–24.03
Testfälle geplant zur Automatisierung: Originalplan	10	20	30	40	50	60	70	80
Testfälle geplant zur Automatisierung: Ist	8	14	21	27	31	35	43	48
Testfälle geplant zur Automatisierung: Plan nach Review	10	20	28	36	44	36	42	48

Oft lassen sich Metriken aber gar nicht von Anfang an vollumfänglich erstellen, da häufig die Basis noch fehlt, viele Daten nicht erhoben sind oder Testvoraussetzungen noch nicht gegeben sind. So ist etwa das Lastenheft noch gar nicht finalisiert oder die einzelnen Projektphasen noch in Bewegung, während die Testfallbeschreibungen schon erstellt und Testskripte bereits programmiert werden. Gerade bei einem agilen Vorgehen ändert sich daher im Zeitverlauf die Grundlage für das Reporting mehrmals. Zahlen, die in der letzten Woche noch berichtet wurden, können in der aktuellen Woche schon falsch sein. Das zeigt, wie wichtig ein zeitnahes Berichtswesen ist.

Auch bei einem klassischen Modell ist jedoch häufig zu beobachten, dass bereits Aktivitäten zur Testautomatisierung eingeleitet wurden und Testskripte bereits erstellt werden, wenn das Lastenheft, das Pflichtenheft oder die Architektur noch nicht komplett fertig ist. Oft müssen Tests entwicklungsbegleitend oder konfigurationsbegleitend durchgeführt werden und haben dadurch keine stabile Grundlage. Manchmal ist es dennoch besser, schon frühzeitig mit der Testautomatisierung zu beginnen, da man sonst die Verspätungen früher Projektphasen nur noch weiter in die Zukunft verschleppt.

Literatur

[SNEE2012] Sneed, Baumgartner, Seidl: Der Systemtest, Hanser-Verlag München 2012

Automatisierung des Fehlermanagements 9

Zusammenfassung

Das Fehlermanagement lässt sich grundsätzlich ebenfalls automatisieren. Die Automatisierung unterliegt aber mehreren Einschränkungen, die bei der Umsetzung zu bedenken sind, um nicht verzerrte Fehlerstatistiken und damit ein unbrauchbares Reporting zu bekommen.

9.1 Automatische Ergebnisprüfung

Unmittelbar nach der Testdurchführung wird die Kontrolle der Testergebnisse vorgenommen. Falls die erwarteten Ergebnisse im Vorfeld definiert wurden, kann auch diese Aktivität vollautomatisch erfolgen. Die Inhalte der Bildschirmoberflächen, der Ausgangsnachrichten, der Ausgabedateien und der Datenbanktabellen werden mit den entsprechenden Testskripten gepaart und deren Istwerte mit den Sollwerten automatisch verglichen. Abweichungen führen zur automatischen Generierung einer Fehlermeldung, die automatisch an das zuständige Entwicklerteam weitergeleitet wird [SNEE2012]. Dabei wird definiert, welche Informationen diese Fehlermeldung enthalten soll. Neben einer Referenz zum Testfall muss die ausgeführte Testinstanz aus dem Report einwandfrei hervorgehen. Auch benötigte Logfiles oder Screenshots können automatisch generiert und der Fehlermeldung hinzugefügt werden.

Dieses auf den ersten Blick sinnvolle Vorgehen unterliegt aber mehreren Einschränkungen.

F. Witte, *Konzeption und Umsetzung automatisierter Softwaretests,*
https://doi.org/10.1007/978-3-658-42661-3_9

9.2   Fehler im Werkzeug, Framework und Testfall-Debugging

Eine Voraussetzung für die Testautomatisierung sind fehlerfreie Automatisierungswerkzeuge und Entwicklungsumgebungen. Da das aber in der Praxis nicht gegeben ist, muss man mit schlechter Wartbarkeit, schlechter Usability oder Instabilität der Automatisierung rechnen. Als besonders kritisch sind im Testobjekt vorhandene Fehler einzustufen, die vom automatisierten System nicht aufgedeckt werden, da das erwartete Verhalten fehlerhaft definiert ist. Man wiegt sich also in Sicherheit, obwohl das tatsächliche Testergebnis fehlerhaft ist. Teilweise liegen die Fehler auch in der fehlerhaften Konfiguration der Testumgebung. Es ist daher erforderlich, das Tool ständig aktuell zu halten, in einer Community bereits entdeckte, aber noch nicht behobene Fehler des Automatisierungstools zu verfolgen und die eigenen Testergebnisse immer wieder stichprobenartig manuell zu überprüfen.

Automatisierungsframeworks nutzen die Funktionalität eines Testwerkzeug, um das Testsystem und bei Bedarf auch dessen Umgebung in Kombination mit entsprechenden Testdaten für Tester automatisiert zur Verfügung zu stellen. Dabei muss häufig das Testwerkzeug um entsprechende Funktionalitäten erweitert werden, z. B. für die die Integration mit weiteren Schnittstellen, wie etwa zur Testdurchführung oder für die Eingliederung der Automatisierung in den Testprozess.

Fehler, die dabei entstehen, haben Auswirkung auf die Qualität der automatisierten Testdurchführung, und es muss darauf geachtet werden, dass nicht Fehler im Framework irrtümlich als Fehler im zu testenden System erfasst werden. Ein wesentlicher Unterschied ist jedoch, dass die mit der Automatisierung betrauten Mitarbeiter direkt auf die Mängel und Fehler Einfluss nehmen können.

Für Fehler, Feature Requests und Aufgabenverwaltung in Testframeworks ist, wie bei jeder Softwareentwicklung, das **Fehlermanagement** ein zentrales Thema. Es empfiehlt sich, eine eigene Instanz eines **Bug-Tracking-Systems** zu erstellen, in der diese Arbeitspakete verwaltet werden. Dabei ist es wichtig, dass dieses System sowohl von den Anwendern des Frameworks als auch von den für die Frameworkentwicklung zuständigen Personen intensiv genutzt wird und dieser Prozess gelebt wird.

Das Bug-Tracking-System muss dabei auf die Fehlererfassung abgestimmt sein. Man schafft dadurch neue Abhängigkeiten, also bei einem Wechsel oder jedem Upgrade des Fehlerverwaltungssystems ist die Anbindung an die Testautomatisierung ebenfalls immer wieder neu zu prüfen.

Die erste Durchführung eines automatisierten Testfalls auf einer möglichen produktionsähnlichen Umgebung kann mehrere Fehlerquellen aufdecken: die bereits erwähnten Fehler im Automatisierungsframework und im Automatisierungswerkzeug, aber auch Fehler im automatisierten Testfall selbst, die entweder auf Interpretationsschwierigkeiten und Übertragungsfehler von einer natürlichsprachlichen Formulierung des Testfalls in eine maschinenlesbare Form oder auch auf einen fehlerhaft definierten Testfall zurückzuführen sind. Auch das Aufdecken eines Fehlverhaltens des zu testenden Systems selbst ist möglich. Solche Fehler können in der zu testenden Applikation beim Debugging automatisierter Testfälle störend oder blockierend wirken. Wird ein Fehlverhalten des automatisierten Tests festgestellt, wird dieses üblicherweise direkt behoben und der Testfall erneut ausgeführt.

Testfälle sollten nicht in einen regelmäßig automatisiert durchgeführten Testzyklus (z. B. Continuos Integration) integriert werden, bevor sie nicht zumindest einmal separat zu Debugging- bzw. Testzwecken durchgeführt wurden. Das birgt nämlich das Risiko, dass die entsprechenden Warnsysteme einen falsch positiven Fehleralarm auslösen und dabei der Eindruck entsteht das zu testende System sei defekt, wodurch evtl. voreilige Aktivitäten von Entwicklern verursacht werden. Die Testfälle müssen daher zunächst in einer dem Testteam eigenen Testumgebung ohne Alarmierungskomponente für das Gesamtsystem stabilisiert werden und die neu automatisierten Testfälle erst danach in die regelmäßig durchgeführten Testsets übernommen werden. Für die Überprüfung der Wiederholbarkeit von automatisierten Testfällen, die in den meisten Fällen aufgrund des Fokus auf Regressionstests angestrebt wird, ist eine zweimalige Durchführung zu Testzwecken unbedingt zu empfehlen [BATE2015].

9.3   Fehlererfassung aufgrund automatisierter Tests

Auf den ersten Blick ist die Integration eines Fehlermanagementwerkzeugs in einen automatisierten Testdurchlauf wirkt auf den ersten Blick sinnvoll.

Problematisch ist dabei aber, dass das Fehlschlagen eines automatisierten Testfalls mehrere Ursachen haben kann. Mögliche Beispiele dazu sind:

- zu testendes System
- durch das zu testende System benutzte Fremdsysteme
- automatisierter Testdurchlauf
- Testdaten
- Schnittstellenänderung am Testobjekt
- Testframework
- Testwerkzeuge
- in die Automatisierung integrierte Fremdsysteme

Da das zu testende System nur eine von vielen möglichen Fehlerursachen darstellt, kann das automatisierte Melden eines Fehlers in der Fehlererfassung viele falsch positive Fehlermeldungen (also Fehlermeldungen, die aufgrund eines Fehlers im Test und nicht aufgrund eines Fehlers im zu testenden System) verursachen. Die gesamte Fehlerstatistik kommt dadurch durcheinander und ergibt ggf. ein völlig unzutreffendes Bild über die tatsächliche Softwarequalität [BATE2015].

Eine automatisierte Fehlererfassung kann also immer nur vorläufig stattfinden. Wenn Tausende von Tests innerhalb eines nächtlichen Testlaufs wegen einer einzigen Ursache fehlschlagen können, ist es erforderlich, Mechanismen zu schaffen, die im Fehlerverwaltungstool einen gesamten Testlauf als ungültig kennzeichnen.

Wenn wegen eines Fehlers der obigen Kategorie die gesamte Automatisierung nicht mehr funktioniert, kann es bei dieser Statistik massive Ausreißer geben, die das wahre Bild komplett verzerren. Vor allem dann, wenn Fehlermetriken wochenweise miteinander verglichen werden, kann es zu einem völlig unrealistischen Bild über die tatsächliche Softwarequalität kommen. Das passiert zum Beispiel, wenn irgendeine Basisroutine geändert wird, wodurch zahlreiche Testfälle betroffen sind, aber das Skript nur nicht rechtzeitig genug nachgezogen wurde.

In diesem Fall kann die automatisierte Ticketerzeugung sogar besonders problematisch werden: In einem meiner früheren Projekte, wo bereits Fehlertickets automatisiert erzeugt wurden, wurden in einem nächtlichen Testlauf automatisiert 576 Tickets erzeugt. Diese Fehler hatten alle eine einzige Fehlerursache. Sowohl die Fehlerstatistik war nicht mehr zu gebrauchen als auch die Tickets an sich waren sinnlos. Man musste dann die Tickets zudem manuell wieder schließen (genau das hatte man nämlich noch nicht automatisiert…), und musste erst einen Praktikanten im Unternehmen finden, der diese stumpfsinnige Aufgabe mit viel Copy-Paste tagelang ausführen durfte.

Literatur

[BATE2015] Bucsics, Baumgartner, Seidl, Gwihs: Basiswissen Testautomatisierung, dpunkt Verlag
                Heidelberg 2015
[SNEE2012] Sneed, Baumgartner, Seidl: Der Systemtest, Hanser-Verlag München 2012

Wirtschaftlichkeitsberechnung zur Testautomatisierung

10

Zusammenfassung

Um die Wirtschaftlichkeit von Maßnahmen zur Testautomatisierung nachzuweisen, sind mehrere Kennzahlen der notwendigen Investitionen (z. B. ROI, Break-Even-Punkt) zur Ermittlung der Rentabilität zu erheben und der erwartete Nutzen darzustellen. Das gilt allgemein für jede Art von Automatisierung und für Vorhaben zur Testautomatisierung im Besonderen.

Mit der Vorstellung automatisierter Tests sind hohe Erwartungen verknüpft. Es werden hohe Ansprüche an Technologie und Automatisierung gestellt. Manchmal besteht die Erwartungshaltung, ein automatisiertes Testwerkzeuge müsse in der Lage sein, alle Aktivitäten von der Planung bis zur Ausführung der Testfälle ohne jeden manuellen Eingriff zu erledigen. Das ist bis heute nicht der Fall. Genauso müssen Randbedingungen wie Umgebungsparameter, Betriebssysteme oder die verwendete Programmiersprache berücksichtigt werden. Daher ist es notwendig, das Projekt von Anfang an genau abzugrenzen und die Wirtschaftlichkeit im Vorfeld aufzuzeigen.

10.1 Grundlagen zur ROI Berechnung

Bei der Berechnung des **Return on Invest (ROI)** für ein Einzelprojekt wird der Gewinnanteil des Projektes durch den benötigten Kapitaleinsatz (Invest) geteilt und mit 100 multipliziert. Liegt der ROI über 100 %, lohnt sich demnach rein theoretisch die Investition. In der Praxis ist das Vorgehen bei ROI-Berechnungen wesentlich differenzierter und komplexer. Bei der ROI-Berechnung ist das Ziel, einen **Business Case** zu

F. Witte, *Konzeption und Umsetzung automatisierter Softwaretests*,
https://doi.org/10.1007/978-3-658-42661-3_10

finden. Dieser muss glaubwürdig und belegbar sein, damit ihn die Entscheider akzeptieren. Das funktioniert nur dann, wenn er Annahmen beinhaltet und Methoden anwendet, die nachvollziehbar, zuverlässig und plausibel dargestellt werden. Der schwierigste Teil der ROI-Ermittlung ist es, den Invest- und den Gewinnanteil – also den Wertbeitrag der Investition – zu ermitteln und ihn verursachungsgerecht dem IT-Projekt zuzuordnen. Da es sich um eine in die Zukunft gerichtete Abschätzung handelt, gibt es allerdings keine hundertprozentige Genauigkeit. Deshalb empfiehlt es sich, neben der ROI-Berechnung für den Basisfall (Base Case) immer eine **Sensitivitätsanalyse** zu erstellen. Diese beleuchtet auch die finanziellen Auswirkungen des IT-Projektes im schlechtesten **(Worst-Case-Szenario)** und im besten Fall **(Best-Case-Szenario).**

Ein positiver ROI ist eine gute Basis für ein erfolgreiches IT-Projekt, ein alleiniges Entscheidungskriterium darf er allerdings nicht sein. Auch „weiche" Faktoren wie die strategische Ausrichtung des Unternehmens, mögliche Prozessveränderungen und deren Auswirkung auf andere Unternehmensteile sowie Veränderungen der IT-Architektur sollten bei der Bewertung der Investition einfließen. Zu beachten ist auch die Interaktionsfähigkeit mit anderen IT-Systemen. Wer sich zu viele Datensilos und Software-Inseln schafft, holt sich erfahrungsgemäß langfristig Problem- und Kostentreiber ins Unternehmen da die Integration der Einzelsysteme dadurch aufwendiger und teurer wird – sogar dann, wenn der ROI im Einzelfall positiv sein sollte [ROII2022].

Zur Bewertung kann man in einer ersten Näherung den Aufwand für die Erstellung der Skripte und den anschließenden Aufwand für die automatisierte Testdurchführung den Aufwänden für die regelmäßigen manuellen Testdurchführungen gegenüberstellen. Erfahrungsgemäß ist in diesem Fall meistens ab dem 3. Testlauf bereits ein positiver ROI gegeben. Man muss bei dieser Analyse jedoch sehr genau den gesamten Prozess definieren, also was zur Testdurchführung dazugehört und was nicht.

10.2 Ermittlung des Break-Even-Punkts der Automatisierung

In folgendem Beispiel wurde in einem Projekt der Einsatz automatisierter Testverfahren für die Entwicklung grafischer Benutzeroberflächen bewertet.

Test i: In der Testspezifikation des Grundprojekts spezifizierte Tests

Vm: Aufwand für die Testspezifizierung

Va: Aufwand für die Testspezifizierung und Testimplementierung

Dm: Aufwand für einzelne, manuelle Testausführung

Da: Aufwand für Testinterpretation nach dem automatisierten Testen. Die Zeit für den Testprozess wurde nicht gezählt, weil er ohne Überwachung mit einem Capture/Replay-Werkzeug durchgeführt wurde. V und D sind in Arbeitsstunden angegeben.

$$En = Aa/Am = (Va + n*Da)/(Vm + n*Dm)$$

N = **Break-Even-Punkt**

Die Spezifikation der Testanforderungen benötigte 10 Tage für die Vorbereitung, das Programmieren dieser Tests benötigte weitere 4 Tage, was zu einer Gesamtvorbereitungszeit für die Testautomatisierung (Va) von 14 Arbeitstagen führte. Die manuelle Durchführung dieser Tests dauerte 2 Tage (Dm manuell) im Gegensatz zu 0,1 Tagen (Da), da der Testingenieur die vom Testwerkzeug beim automatisierten Testlauf erzeugten Berichte analysieren und interpretieren musste. Aus diesen Messungen für den einzelnen Testlauf lässt sich eine Hochrechnung des Aufwands erstellen, der für 5, 10 oder 20 erneute Testläufe erforderlich wäre. In unserem Beispiel senken 5 automatisierte Testläufe den Testaufwand verglichen mit manuellem Testen wie folgt:

E5 = Aa/Am = (Va + 5*Da)/ (Vm + 5*Dm) = (14 + 5*0,1)/(10 + 5*2) = 14,5/20 = 0,725 = 73 %

In Tab. 10.1 wird dieser Break-Even-Punkt im Allgemeinen durch den Faktor N dargestellt, entsprechend der Gleichung En = Aa/Am = 100 %, wobei E der relative und A der absolute Aufwand ist (Aa = absoluter Aufwand bei Automatisierung, Am = absoluter Aufwand bei manueller Ausführung). N ist der Break-Even-Punkt, V steht für Vorbereitung und D für Durchführung.

Die in diesen Experimenten vorgenommen Messungen zeigen, dass bereits beim zweiten Regressionstestlauf der Break-Even-Punkt erreicht werden kann (n gesamt = 2,03).

Dafür müssen jedoch mehrere Voraussetzungen erfüllt sein:

- Der Test muss vollständig ohne menschliche Eingriffe laufen (beispielsweise über Nacht)
- Es sind keine weiteren Änderungen an Testskripts erforderlich, um die Tests für spätere Freigaben des Produkts wiederzuverwenden. Wie bereits erwähnt, ist das in der Praxis fast unmöglich zu erreichen. Wenn nach dem Erwerb des Werkzeugs sofort die Aufzeichnung von Testläufen beginnt, steigen die Testkosten auf 125 % (siehe Gesamtsumme E1) oder mehr – beispielsweise auf 150 % der Kosten für manuelles Testen in jedem Testlauf.

Der Grund hierfür liegt darin, dass sich die zusätzlichen Kosten für die Testvorbereitung (191/116 = 165 %; Gesamtsummen aus der Spalte V) nicht auszahlen (unter der gegebenen Voraussetzung). Die unzureichende Testprogrammierung zu Beginn erzwingt die Pflege der Testskripte bei jedem weiteren Testlauf. Wenn das Testteam dagegen einen kompletten Rahmen für die Automatisierung von GUI-Tests erstelle (in dem das Capture/Replay-Werkzeug einen Eckstein, nicht die vollständige Lösung bildet), ist eine Reduzierung der Kosten auf etwa 40 % für einen typischen Produkttestzyklus (E10) realistisch.

Bei all diesen Berechnungen wurde allerdings vorausgesetzt, dass die Testumgebung bereits fertig eingerichtet wurde und die Testspezifikation bereits in einer derartigen Detailtiefe vorhanden ist, dass sofort mit der Automatisierung begonnen werden kann.

Tab. 10.1 Break-Even-Point der Automatisierung von GUI-Tests

	Vorbereitung V		Durchführung D		N	Aufwand E für n automatisierte Tests			
Test	Manuell	Automatisiert	Manuell	Automatisiert		1	5	10	20
Testlauf 1	16	56	24	1	1,74	143 %	45 %	26 %	15 %
Testlauf 2	10	14	2	0,1	2,11	118 %	73 %	50 %	32 %
Testlauf 3	10	16	4,5	0,2	1,4	112 %	52 %	33 %	20 %
Testlauf 4	20	28	1,5	0,2	6,15	131 %	105 %	86 %	64 %
Testlauf 5	10	15	1	0,1	5,56	137 %	103 %	80 %	57 %
Testlauf 6	10	15	1,5	0,1	3,57	131 %	89 %	64 %	43 %
Testlauf 7	10	11,5	0,75	0,1	2,31	108 %	87 %	71 %	54 %
Testlauf 8	10	11,5	0,5	0,1	3,75	110 %	96 %	83 %	68 %
Testlauf 9	10	14	3	0,1	1,38	108 %	58 %	38 %	23 %
Testlauf 10	10	10	0,5	0,1	1,5	102 %	89 %	77 %	63 %
Summe	116	191,6	39,25	2,1	2,03	125 %	65 %	42 %	26 %

10.3　Positive Effekte durch Testautomatisierung

Etwas komplexer wird die Bewertung kann man in einer ersten Näherung den Aufwand für die Erstellung der Skripte und den anschließenden Aufwand für die automatisierte Testdurchführung den Aufwänden für die regelmäßigen manuellen Testdurchführungen gegenüberstellen. Erfahrungsgemäß ist dann meistens ab dem dritten Testlauf bereits ein positiver ROI gegeben. Man muss dabei aber sehr genau den Prozess definieren, was also genau eingespart wird, was jedoch erhalten bleibt. So muss auch ein automatisierter Testlauf ausgewertet und die Fehler interpretiert werden. Auch das Reporting ist in der Regel nicht vollautomatisiert. Das wird oft in einer Rentabilitätsrechnung vergessen.

Positive Effekte sind aber neben der reinen Ersparnis der Testzeit dennoch gegeben. Im Folgenden sind diejenigen Vorteile aufgeführt, die man auch kalkulatorisch bewerten kann, um sie in einer Rentabilitätsrechnung angemessen zu berücksichtigen:

- **Höhere Testabdeckung:** Die Testabdeckung wiederum verringert die Kosten für Produktrückrufe, erhöht das Image des Unternehmens, schafft höhere Kundenbindung. Manchmal werden durch die Automatisierung mehr Fehler entdeckt, was in diesem Fall aber nicht bedeutet, dass die Softwarequalität sich verschlechtert hätte, sondern dass man Fehler entdeckt, die man ohne automatisierte Skripte gar nicht entdeckt hätte und die schon vorher im Code verborgen waren. Um hier einen wirtschaftlichen Effekt zu berücksichtigen, kann man die Kosten eines vermiedenen Fehlers bewerten und dann annehmen, mit welcher Testabdeckung wie viele Fehler vermieden werden. Dabei ist die „80:20"-Regel zu beachten – ab einer gewissen Anzahl von zusätzlichen Tests überschreiten die Kosten für Generierung und Durchführung der Testfälle den Nutzen, durch weitere Tests neue Fehler zu erkennen.
- **Beschleuniger Lebenszyklus der Systementwicklung:** Automatisierte Tests können jede Phase der Systementwicklung unterstützen. Es gibt zum Beispiel Werkzeuge für die Phase der Anforderungsdefinition, die testfertige Anforderungen erzeugen, um Aufwand und Kosten der Tests zu minimieren, aber auch das Anforderungsmanagement erheblich verbessern. In ähnlicher Weise können Werkzeuge zur Unterstützung der Designphase, zum Beispiel Modellierungswerkzeuge, die Anforderungen in Anwendungsfällen (oder Use Cases) aufzeichnen. Diese Fälle stellen Benutzerszenarien dar, die verschiedene Kombinationen von (betriebsorientierten) Anforderungen auf Systemebene anwenden. Sie besitzen einen definierten Ausgangspunkt, einen definierten Benutzer, eine Folge bestimmter Schritte und ein Kriterium zur Beendigung. Schließlich gibt es Werkzeuge für die Programmierphase, wie zum Beispiel zur Überprüfung des Codes, zum Erstellen von Berichten über das Einhalten der Metriken, zur Instrumentierung von Code und zur Erzeugung produktbasierter Testverfahren. Wenn Anforderungsdefinition, Softwaredesign und Testverfahren richtig vorbereitet wurden, kann vielleicht die Anwendungsentwicklung zum einfachsten Teil des Ganzen werden [SOAT2001]. Hier zeigt sich wieder, dass es entscheidend ist, den gesamten Prozess der Softwareentwicklung zu betrachten und nicht nur Teilschritte, da Investitionen in einem der Prozessschritte positive oder sogar negative Auswirkungen auf weitere Prozessschritte haben können.
- **Vereinfachte Weiterentwicklung des Produkts:** Die meisten Softwareprodukte sind Erweiterungen, neue Features und Funktionen, Anpassungen an aktuelle Gegebenheiten, sei es wegen neuer Erkenntnisse, gesetzlicher Änderungen oder geänderter Betriebsprozesse. Gerade hier entfaltet die Testautomatisierung ihren größten Nutzen, da Regressionstests die gesamte Funktionalität erfassen, die sich bereits als anwendbar erwiesen hatte. Das Regressionstestpaket stellt eine Teilmenge der Testverfahren dar, welche die wesentliche Funktionalität der Anwendung prüfen, was gerade für die Weiterentwicklung von Produkten bedeutsam ist. Es kann Testverfahren enthalten, die mit höchster Wahrscheinlichkeit die meisten Fehler entdecken. Diese Art des Testens sollte mithilfe eines automatisierten Werkzeugs durchgeführt werden, weil sie normalerweise langwierig und zäh und auch deshalb besonders anfällig für menschliche Fehler ist.

Dazu kommt, dass das Projektteam, das den ursprünglichen Funktionsumfang nachgewiesen hat, oft gar nicht mehr im Unternehmen vorhanden bzw. anderweitig eingesetzt
ist. Man kann dazu die Anzahl der zu erwartenden Testläufe in der ROI-Berechnung
weiter erhöhen.

- **Wiederverwendung von Testskripts zum Test mehrerer Plattformen:** Änderungen an
  Rechnerhardware, Netzwerkversionen und Betriebssystemen können zu unerwarteten
  Kompatibilitätsproblemen mit der bestehenden Konfiguration führen. Die Ausfüh-
  rung automatisierter Testskripte vor der Auslieferung einer neuen Anwendung an
  eine große Zahl von Benutzern kann eine saubere Methode sein, um sicherzustel-
  len, dass diese Änderungen keinen negativen Einfluss auf aktuelle Anwendungen und
  Betriebsumgebungen haben. Das gilt in gleicher Weise zur Verbesserung der Tests
  von Softwarekonfigurationen. Eine Umrechnung in EUR, um den Nutzen in einer
  ROI-Berechnung nachzuweisen, ist schwierig, man müsste man hierzu ebenfalls einen
  Faktor addieren.

- **Stärkere Konzentration auf fortgeschrittene Testaspekte:** Tester, die einfache, mono-
  tone Aufgaben immer wieder wiederholt ausführen müssen, ermüden schneller und
  arbeiten weniger effizient. Außerdem nutzt man die Ausbildung, die Kreativität und die
  Phantasie der Tester zu wenig, um neue komplexere und fortgeschrittene Tests zu entwerfen. Gerade die schwierigen und herausfordernden Fälle einer Anwendung und die
  Besonderheiten, die sich nicht auf den ersten Blick erschließen, der kreative Umgang
  mit ungewöhnlicher Nutzung des Systems sind aber diejenigen, die besonders fehleranfällig sind. Durch die höheren Anforderungen an ihren Job sind die Tester am Ende
  motivierter. Aufgrund der höheren Motivation lassen sich letztlich sogar der Kranken-
  stand senken und die Fluktuation von Testern vermeiden. Das ist schwer umzurechnen,
  weil viele weiche Einflussfaktoren die Motivation der Tester beeinflussen. Aber für
  diese Effekte 10 bis 20 % auf den ermittelten Nutzen zu addieren, dürfte generell im
  Rahmen des erwartbaren Nutzens liegen.

- **Durchführung von Tests, die mit manuellen Verfahren gar nicht möglich sind:**
  Eine höhere **Testabdeckung** zu erreichen bedeutet auch, Tests durchzuführen, die
  mit manuellen Tests nicht unterstützt werden können, wie zum Beispiel die Analyse der Entscheidungsabdeckung oder die Sammlung von Metriken für zyklische
  Komplexität. Die Analyse der Entscheidungsabdeckung prüft, ob jeder Ein- und
  Austrittspunkt innerhalb des Programms mindestens einmal aufgerufen und jede vor-
  kommende Entscheidung mindestens einmal für jedes mögliche Ergebnis getroffen
  wurde. Die **zyklomatische Komplexität,** welcher aus einer Analyse potenzieller Pfade
  durch den Quellcode abgeleitet wird, wurde zuerst von Tom McCabe publiziert und ist
  heute Bestandteil des „Standard Dictionary of Measures to Produce Reliable Software" des IEEE. Es würde eine erhebliche Menge an Arbeitszeit erfordern, die zyklische
  Komplexität des Codes für eine umfangreiche Anwendung zu erarbeiten. Außerdem
  wäre es so gut wie unmöglich, Methoden zum Testen von Speicherproblemen manuell
  zu verwalten. Heute ist es möglich, in Sekundenschnelle zu testen, ob die Web-Links

einer Anwendung in Betrieb sind. Dies manuell festzustellen, würde Stunden oder
sogar Tage dauern.

- **Beschleunigung der Reproduktion von Softwarefehlern:** Automatisierte Testwerkzeuge können die manuellen Schritte zur Erstellung eines Tests aufzeichnen und
  speichern. Das Skript führt dann exakt die Folge von Schritten aus, die vor Auftritt
  des Fehlers ausgeführt wurden. Auch der Entwickler, der den Fehler beheben soll,
  kann das entsprechende Skript ausführen, um die Ereignisfolge aus erster Hand zu
  erleben, die den Softwarefehler ausgelöst hat.

Erfahrungsgemäß handelt es sich bei ca. 80 % der Testfälle um **Regressionstests,** also
Tests die wiederholt durchgeführt werden. Hier ist der Testaufwand erheblich höher als
die Codeänderung. Eine geänderte Codezeile kann hunderte Regressionstests nach sich
ziehen. Ein Softwarehaus hat aus zahlreichen Kundenprojekten empirische Untersuchun-
gen durchgeführt, die ergeben haben, dass Testaufwände der Fachabteilungen über einen
längeren Zeitraum um bis zu 90 % reduziert und eine Zeitersparnis von 70 % erreicht
werden konnte [MTTA2022].

Alles in allem lohnt sich bei jeder wiederholt öfters ausführbaren Tätigkeit geringerer
Komplexität die Automatisierung. Bei der Ermittlung der Wirtschaftlichkeit kann man
bestimmte Faktoren unterschiedlich gewichten, je nachdem, wie positiv man das eigene
Vorhaben darstellen will. Man sollte allerdings nicht unrealistische und zu hohe Renditen
vorgeben, weil es zum einen unglaubwürdig wirkt, man sich zum anderen damit aber
nur unnötig selbst unter Druck setzt und ggf. eine überzogene Erwartungshaltung des
Managements fördert.

10.4 Darstellung der Rentabilität

Falls die Einführung von Testautomatisierung geplant wird, bedeutet dies zunächst Investitionen. Das muss dem Management bewusst sein, und deshalb sollte der Testmanager
dafür werben und auch den finanziellen Nutzen mittels einer Graphik klar transportieren.
In der folgenden Skizze (Abb. 10.1) wird der Testaufwand beim automatisierten Test im
Vergleich zum manuellen Test in einem kleinen Projekt in einer Graphik veranschaulicht:

Das Budget für das automatisierte Testen sollte auch von Anfang an groß genug sein,
um das Projekt nicht plötzlich stoppen oder unterbrechen zu müssen, wenn es gerade
an Fahrt aufgenommen hat. Erfahrungsgemäß sollten Reserven von ca. 20 % dabei von
Anfang an mit eingeplant werden, weil man alle Parameter und Einflussfaktoren auf
das individuelle Automatisierungsprojekts zu Beginn des Projekts noch gar nicht kennt.
Der Testmanager sollte aber auch die Kosten ständig im Blick haben und nachhalten,
um proaktiv auf Restriktionen hinweisen und ggf. Anträge auf rechtzeitige Erhöhung
des Budgets stellen zu können. Die notwendigen Vorlaufzeiten für eine Ausweitung des

Manuelles vs.automatisiertes Testen

Abb. 10.1 Kosten für manuelles vs.automatisiertes Testen [QFSD2022]

Budgets oder zur Beauftragung externer Unterstützung, die aufgrund innerbetrieblicher Abstimmung erforderlich sind, sind dabei ebenfalls zu beachten.

Literatur

[ROII2022] https://www.aeb.com/intl-de/magazin/artikel/roi-it-projekte.php, zugegriffen am 14.05.2022

[SOAT2001] Dustin, Rashka, Paul: Software automatisch testen, Springer Verlag Berlin Heidelberg 2001

[MTTA2022] https://www.mt-ag.com/portfolio/agile-softwareentwicklung/testautomatisierung/, zugegriffen am 11.03.2023

[QFSD2022] https://www.qfs.de/loesungen/grundlagen/testautomatisierung-roi.html, zugegriffen am 11.03.2023

Arbeitsvorbereitung, Priorisierung und Durchführung der Testautomatisierung

11

Zusammenfassung

Planung, Vorbereitung und Umsetzung der Testautomatisierung verlangen einige Vorüberlegungen und eine sinnvolle Priorisierung der geplanten Arbeitsschritte. Zur Verfolgung dieser Aktivitäten sollten geeignete Metriken eingesetzt werden. Die Bereitstellung geeigneter Testdaten ist dabei eine besondere Herausforderung.

Damit ein Projekt auch tatsächlich entsprechend der Vorgaben im Hinblick auf Termine und Budget durchgeführt werden kann und um sicherzustellen, dass die angestrebten Ergebnisse erzielt werden können, muss die Basis dafür in der Startphase durch das Projektmanagement definiert sein. Dieser allgemeine Grundsatz ist auch zu beachten, wenn ein Projekt zur Testautomatisierung beabsichtigt wird.

11.1 Planung und Vorbereitung der Umsetzung

Bevor mit der Umsetzung der Testautomatisierung begonnen werden kann, müssen vom Testmanager folgende Punkte müssen bei der Vorbereitung der Testaktivitäten beachtet werden:

- **Testkonzept:** Das Testkonzept bestimmt Abgrenzung, Vorgehensweise, Mittel und Ablaufplan der Testaktivitäten. Es bestimmt die Elemente und Produktfunktionen, die getestet werden sollen, die Testaufgaben, die durchgeführt werden müssen, das verantwortliche Personal für jede Aufgabe und das Risiko, das mit dem Konzept verbunden ist. Das Testkonzept wird in der Planungsphase eines Testkonzepts erstellt und laufend angepasst. Zu einer frühen Testplanung gehört auch die Analyse, ob

F. Witte, *Konzeption und Umsetzung automatisierter Softwaretests,*
https://doi.org/10.1007/978-3-658-42661-3_11

automatisierte Tests für das konkrete Projekt angesichts der Testanforderungen, der verfügbaren Testumgebung und der personellen Ressourcen sowie der Benutzerumgebung, der Plattform und der Produktmerkmale er Zielanwendung Vorteile bieten.

- **Testwerkzeug:** Ein geeignetes Tool muss ausgewählt sein, das den Testbedarf optimal erfüllt (Auswahlkriterien siehe Kap. 11). Eine gewisse Vorbereitungszeit zur Einführung des Werkzeugs und Schulungen in der optimalen Handhabung des geplanten Tools sind ebenfalls vorzusehen.

- **Umfang des Testaufwands:** Der Testaufwand hängt bei einem gegebenen Projekt von mehreren Variablen wie der Kultur oder der Testreife der Organisation, dem Gültigkeitsbereich der für das Projekt definierten Testanforderungen, den Kenntnissen der Testanalysten und dem Typ der Organisation ab, die die Testarbeiten durchführen bzw. begleiten.

- **Faktoren mit Einfluss auf den Testaufwand:** Der Testaufwand ist mit geeigneten Algorithmen abzuschätzen. Folgende Faktoren müssen dabei in Betracht gezogen werden:

  - **Organisation:** Kultur, Testreife und Ausprägung der Organisation üben einen erheblichen Umfang auf den Testaufwand aus. Die Motivation des Testteams, die Kommunikation und das Zusammengehörigkeitsgefühl des Teams können sich durchaus positiv, aber auch sehr belastend auf ein Projekt auswirken. Auch das betriebliche Umfeld und die Stellung des einzelnen Testanalysten im Projekt bzw. im Unternehmen tragen viel dazu bei, ob ein Testautomatisierungsprojekt erfolgreich wird oder nicht. Es gestaltet sich dabei äußerst schwierig, zu diesen weichen Faktoren verlässliche Zahlen für eine Kalkulation im Vorfeld einzuschätzen. Vor allem die Strukturen innerhalb des Unternehmens, die genauen Verantwortlichkeiten und Ansprechpartner, sind meist gar nicht bekannt und die Aufgabenteilung teilweise ungeklärt, vor allem in Großunternehmen, sodass man manchmal gar nicht genau weiß, wen man in der Kommunikation an welcher Stelle mit einbinden muss. Workflow-Systeme, die genau beschreiben wer welchen Schritt erledigt und die jederzeit aufzeigen wo der Prozess aktuell steht, fehlen häufig, sind unvollständig oder veraltet. Dadurch kommt es regelmäßig vor, dass Dinge doppelt gemacht oder völlig ineffizient erledigt werden. Zum Kommunikationsaufwand trägt im Fehlermanagement, analog bei manueller Testdurchführung, auch bei automatisierten Skripts erheblich die Kommunikation über das Fehlerbild vom Testautomatisierer zum Entwickler bei. Unklare oder unvollständige Fehlerbeschreibungen führen zu Rückfragen, Fehlinterpretationen oder zusätzlichen Test- und Entwicklungszyklen.

  - **Umfang der Testanforderungen:** Auszuführende Tests betreffen z. B. funktionale Anforderungen, Antwortzeiten (Programmmodulgeschwindigkeit), Serverleistung, Benutzerschnittstellen, Systemleistung unter Belastung, Benutzbarkeit, Codeabdeckung. Der Umfang der Testanforderungen ist zu definieren und mit geeigneten Methoden zu quantifizieren.

- **Kenntnisse der Testanalysten:** technische Kenntnisse, Programmier- und Prozess-Knowhow beeinflussen den Erfolg der Automatisierung erheblich. Es kommt dabei darauf an, die einzelnen Stärken und Schwächen der einzelnen Teammitglieder zu beachten und positiv zu nutzen.
- **Leistungsfähigkeit der Testwerkzeuge:** Kenntnis des Tools, Grad der Komplexität der Automatisierung
- **Anwendungsbereich und Einbeziehung weiterer Teilbereiche** (Systemdefinition, Systemdesign, Implementierung)
- **Zeitpunkt des Beginns der Testarbeiten:** Grad der Einbeziehung in Analyse und Designreview, Projektfortschritt
- **Reife der Testprozesse:** Die Verwendung definierter und dokumentierter Prozesse kann die Effizienz der Testaktivitäten erheblich steigern.
- **Anzahl der Testphasen:** Bei einer höheren Anzahl von Testphasen, also einer häufigen Lieferung von Softwareversionen, wirkt sich der positive Effekt der Testautomatisierung stärker aus als bei nur wenigen vorgesehenen Testzyklen [SOAT2001].
- **Gesamtes Zeitintervall:** Wenn das gesamte zur Verfügung stehende Zeitintervall zu kurz ist, ist zusätzlicher Testaufwand zu befürchten.

Alles in allem muss das individuelle Projekt und seine Rahmenbedingungen betrachtet werden. Wenn ein generisches projektübergreifendes Vorgehen geplant wird, steht in der Regel mehr Zeit für die Umsetzung zur Verfügung, man muss dann allerdings aufpassen, ob ein standardisiertes Vorgehen für alle Projekte der Organisationseinheit möglich ist oder ob es zwischen den einzelnen Projekten (erhebliche) Abweichungen gibt. In diesem Fall kostet es nämlich zusätzlichen Aufwand, den standardisierten projektübergreifenden Aufbau der Testautomatisierung mit den einzelnen Projekten abzustimmen [SOAT2001].

All diese Faktoren wirken sich auf die Planung der Termine und der Kosten für die Testautomatisierung aus.

Die einzelnen Aktivitäten und Arbeitspakete müssen konkretisiert werden: welche Ressourcen sind für welchen Arbeitsschritt vorgesehen, wie sind die Abhängigkeiten der einzelnen Aktivitäten, gibt es Abhängigkeiten außerhalb des Projekts? Die Vorhaben müssen in einem Projektplan festgehalten werden, der die Vorbedingungen, die Verfügbarkeit der einzelnen Ressourcen und den beabsichtigten Endtermin angemessen berücksichtigt.

11.2 Priorisierung

Zur Priorisierung von Aufgaben empfiehlt es sich generell nach der „**Eisenhower-Matrix**" (siehe Abb. 11.1) vorzugehen:

Das sogenannte Eisenhower-Prinzip (auch: Eisenhower-Methode, Eisenhower-Matrix) ist eine in der Ratgeber- und Consultingliteratur oft referenzierte Möglichkeit, anstehende

Eisenhower-Matrix

Abb. 11.1 Eisenhower-Matrix

Aufgaben in Kategorien einzuteilen. Dadurch sollen die wichtigsten Aufgaben zuerst erledigt und unwichtige Dinge aussortiert werden. Es gibt keine Hinweise darauf, dass der namensgebende US-Präsident und Alliierten-General Dwight D. Eisenhower sie selbst praktiziert oder gelehrt hat. Der Bezug auf Eisenhower geht vielmehr auf eine Rede zurück, in der er 1954 einen ungenannten früheren Hochschulpräsidenten folgendermaßen zitierte: „I have two kinds of problems, the urgent and the important. The urgent are not important, and the important are never urgent."

Anhand der Kriterien **Wichtigkeit** (wichtig/nicht wichtig) und **Dringlichkeit** (dringend/nicht dringend) gibt es vier Kombinationsmöglichkeiten. Die vier Aufgabentypen werden A-, B-, C- und D-Aufgaben genannt und auf vier Quadranten verteilt (Quadrant I, II, III und IV). Jedem Aufgabentyp wird eine bestimmte Art der Bearbeitung zugeordnet. D-Aufgaben werden nicht erledigt.

Das Eisenhower-Prinzip kann in der Dienstleistung bei knappen Ressourcen als Fortentwicklung einer Triage effektiv eingesetzt werden.

Dieses Prinzip wird heutzutage gelegentlich kritisch betrachtet, da ein gutes Zeitmanagement gerade verhindern soll, dass Aufgaben sich als dringende in den Vordergrund schieben. Die Priorisierung und Einteilung der Aufgaben werden demzufolge vorwiegend nach dem Kriterium „Wichtigkeit" vorgenommen. Grundlage der Kritik ist u. a. die Erkenntnis, dass wichtige Aufgaben selten dringend und dringende Aufgaben selten wichtig sind.

Dennoch bleibt diese Matrix bei allen Überlegungen ein guter Anhaltspunkt, um sich nicht zu verzetteln und Vorgehensweisen, zu denen man einen längeren Atem braucht und deren Ziele sich nicht in einer Periode niederschlagen, durchzuführen.

Auf die Testautomatisierung übertragen: Oft sollen die Umsetzung der Testautomatisierung gerade diejenigen Tester übernehmen, die gerade mit der manuellen Testdurchführung beschäftigt sind und eine gewisse fachliche Expertise aufweisen. Da aber die Abarbeitung der Testfälle für das laufende Projekt dringender ist (A-Aufgaben), wird die Testautomatisierung (B-Aufgaben) nach hinten geschoben. Dadurch verschiebt sich aber auch der positive Effekt einer Entlastung von manueller Arbeit in die Zukunft. Frei nach dem Motto „Ich habe jetzt keine Zeit dafür, die Säge zu schärfen, ich muss den Baum fällen".

Jeder Automatisierungsprozess bedeutet zunächst Mehraufwand, zusätzliche Ressourcen und notwendige Investments – das muss man sich immer wieder vor Augen halten.

Es empfiehlt sich, klare Ziele pro Stufe zu definieren und den Funktionsumfang genau abzugrenzen. Das bedeutet, sowohl den Umfang, die Art und die Reihenfolge der Automatisierungsaktivitäten zu definieren und wöchentliche Ziele zu setzen. Jede Woche sollte ein Review erfolgen, wie weit man mit der Umsetzung gekommen ist und dabei das Ziel ggf. anpassen. Nach einigen Wochen hat man erst eine valide Schätzung, die es erlaubt, den Aufwand für die Zukunft zu extrapolieren.

Der geplante Fortschritt sollte dabei in einer Metrik festgehalten werden (siehe Tab. 11.1 und Abb. 11.2):

In diesem Beispiel wird schnell deutlich, dass der ursprüngliche Plan, 80 Testfälle bis einschließlich KW 12 zu automatisieren, zu optimistisch war. Der Plan wird daher für KW 7 (nach dem Review der Ergebnisse KW 6) und in KW 10 (nach Review der Ergebnisse in KW 10) angepasst. Die Fortschritte pro Kalenderwoche sind im Modell gleich, in der Praxis sieht man pro Woche deutlich Abweichungen. Mit durchschnittlich 6 Testfällen pro Kalenderwoche erreicht man aber das Ziel punktgenau, das wäre also auch für die Verlängerung ab KW13 als Ziel sinnvoll anzusetzen.

11.3   Durchführungsphase

Die für die Durchführungsphase notwendigen Arbeiten richten sich danach, welcher Bereich des Softwaretests automatisiert werden soll.

Ein wesentlicher Punkt dabei ist aber jeweils eine Formalisierung der Anforderungsspezifikation, die als Ausgangsbasis für den automatisierten Systemtest dient. Dieses Dokument muss zumindest strukturiert und semi-formalisiert vorliegen, um daraus logische Testfälle und den Testentwurf zu gewinnen.

Tab. 11.1 Planung der Testautomatisierung

Kalenderwoche	KW 5	KW 6	KW 7	KW 8	KW 9	KW 10	KW 11	KW 12
Datum (von – bis)	30.01.–03.02	06.–10.02	13.–17.02	20.–24.02	27.02.–03.03	06.–10.03	13.–17.03	20.–24.03
Testfälle geplant zur Automatisierung: Originalplan	10	20	30	40	50	60	70	80
Testfälle geplant zur Automatisierung: Ist	8	14	21	27	31	35	43	48
Testfälle geplant zur Automatisierung: Plan nach Review	10	20	28	36	44	36	42	48

Planung der Testautomatisierung

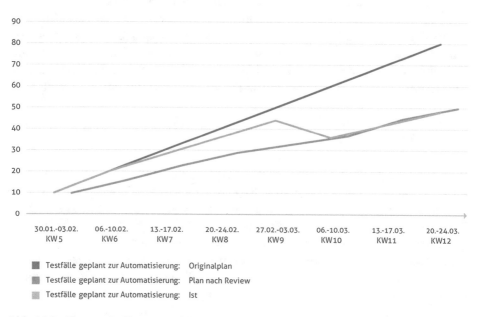

Planung der Testautomatisierung

Abb. 11.2 Planung der Testautomatisierung

Die einzelnen Anforderungen müssen eindeutig identifiziert und gewichtet sowie kurz und kompakt mit Subjekt, Handlung oder Prädikat und einem oder mehreren Objekten formuliert sein. Wenn es sich um bedingte Anforderungen handelt, müssen sie mit einer oder mehreren Bedingungsklauseln versehen sein. Die Namen der Subjekte und Objekte müssen mit den Namen in den Regeln und Handlungsfällen übereinstimmen. Nicht-funktionale Anforderungen müssen als solche erkennbar sein und zumindest jeweils mindestens eine messbare Zahl beinhalten, damit sie gegen diese Zahlen gemessen werden können.

Geschäftsprozesse, Regeln, Objekte, Schnittstellen und Systemakteure müssen eindeutig erkennbar sein. Auch die Anwendungsfälle müssen deutlich identifizierbar sein. Zur Beschreibung eines Anwendungsfalls gehören die Bezeichnung, der Auslöser, die Vorbedingungen, die Nachbedingungen, die Pfade mit den einzelnen Aktionsschritten, die Ausnahmen, die Regeln, die für diesen Anwendungsfall gelten, die Objekte, die von diesem Anwendungsfall bearbeitet werden, sowie die Beziehungen von diesem Anwendungsfall zu den anderen, ob er sie erbt, benutzt oder erweitert.

Auch die Abnahmekriterien und ihre Messkriterien sind dabei zu beschreiben. Diese Messkriterien müssen eindeutig sein und dürfen keinen Interpretationsspielraum lassen, denn ein Automat braucht klare Entscheidungsregeln, ob ein Kriterium erfüllt ist oder nicht. Diese Beschreibung muss in allgemein zugänglichen Dokumenten enthalten sein und darf nicht im Automatisierungsskript als Kommentar versteckt sein.

Bestimmte Testdokumente (z. B. Testentwurf, Teststatusbericht) sollten ebenfalls einen standardisierten Aufbau haben und bestehende Templates verwenden. Nur so ist es möglich, die Testfallbeschreibung zumindest teilweise automatisiert zu erstellen oder den Teststatusbericht automatisch zu aktualisieren. Aktuelle Zahlen können dadurch beim turnusgemäßen Testreport aus einer Metrik-Datenbank hinzugefügt werden [SNEE2012].

11.4 Testdaten

Die Erzeugung geeigneter **Testdaten** ist eines der größten Probleme bei der Automatisierung von Systemtests (siehe auch Kap. 28). Entweder man entnimmt Daten der Produktion oder aus bereits durchgeführten manuellen Tests, oder man muss sie aus der Definition stellvertretender Datenmuster mühsam aufbauen. Die Wertebereiche einzelner Daten müssen vorgegeben sein. Bei Schlüsselverzeichnisse und Wertemengen kommen **Äquivalenzklassen** zum Tragen. Daten können in nahezu endlosen Varianten auftreten. Eine sinnvolle Generierung stellvertretender Daten, die die Fälle in der Praxis realitätsgetreu nachbilden und dadurch eine hohe Abdeckung und eine Priorisierung der Testfälle berücksichtigt, ist ein schwer lösbares Problem. Die große Errungenschaft des menschlichen Tests besteht darin, dass er Eingangsgrößen und erwartetes Ergebnis definieren kann. Diese Leistung automatisch nachzuvollziehen, setzt voraus, dass die Ursachen und Wirkungen vorher definiert sind. Daher besteht die Notwendigkeit, die Wertebereiche aller relevanten Daten und deren Abhängigkeiten zueinander festzulegen [SNEE2012].

Zur Erzeugung großer Menge von Testdaten und das Befüllen von Datenbankservern empfehlen sich Werkzeuge, die insbesondere bei Leistungs- und Belastungstest die Generierung umfangreicher Datenbestände deutlich vereinfachen und den Testprozess dadurch erheblich beschleunigen können.

11.5 Support bei der Umsetzung

Es empfiehlt sich, Support bei der Umsetzung der Testautomatisierung zu beschaffen. Das können eigene Abteilungen eines größeren Unternehmens sein, die bereits Erfahrungen mit der Automatisierung ähnlich gelagerter Projekte gemacht haben. Es ist aber darüber hinaus der Blick über den Tellerrand des eigenen Unternehmens erforderlich, um nicht betriebsblind zu werden und nicht suboptimale Umsetzung der Testautomatisierung nur aus Rücksicht auf betriebliche Belange umzusetzen, wo es besser wäre, die betriebliche Organisation anzupassen und gewisse Voraussetzungen zu schaffen, um die Rahmenbedingungen zu verändern.

Anbei einige Beispiele für sinnvollen Support bei der Umsetzung:

- Ausarbeitung von Testautomatisierungsstrategien
- Analyse/Design von Testframeworks
- Aufbau von maßgeschneiderten Testautomatisierungsumgebungen und Frameworks
- Durchführung der Testautomatisierung von unterschiedlichsten Systemen z. B. für Software (SIL), Embedded-Software oder Embedded-Controller und Steuerungen für Hardware & Systeme (HIL)
- Testdatengetriebene Automatisierung
- Operative Durchführung (z. B. Unterstützung bei der Erstellung von Testskripten)
- Testcenter-Leistungen
- Automatisierung nicht-funktionaler Tests (Last & Performance, etc.)
- Analyse von Testautomatisierungsarchitekturen
- Analyse von Testautomatisierungscode [SOQL2022]

Literatur

[ROII2022] https://www.aeb.com/intl-de/magazin/artikel/roi-it-projekte.php, zugegriffen am 14.05.2022

[SOAT2001] Dustin, Rashka, Paul: Software automatisch testen, Springer Verlag Berlin Heidelberg 2001

[SNEE2012] Sneed, Baumgartner, Seidl: Der Systemtest, Hanser-Verlag München 2012

[SOQL2022] https://www.software-quality-lab.com/themen/testautomatisierung/, zugegriffen am 10.03.2023

Auswahl und Evaluierung geeigneter Tools und Entscheidungsmatrix

12

Zusammenfassung

Bevor ein Werkzeug zur Unterstützung der Testautomatisierung beschafft wird, ist ein geeigneter Auswahlprozess mit definierten Kriterien zur Bestimmung des geeigneten Tools erforderlich. Die Einbindung der Stakeholder in den Auswahlprozess trägt dabei wesentlich zur Akzeptanz des Tools bei. Zur neutralen Beurteilung empfiehlt sich eine entsprechende Gewichtung der einzelnen Kriterien.

Der Erwerb eines **Testwerkzeugs** stellt einen wesentlichen Inhalt des Lifecycles zur Testautomatisierung dar.

Dieser Prozess besteht aus nachfolgenden Schritten:

- Überprüfen der Systementwicklungsumgebung
- Überprüfung der auf dem Markt verfügbaren Werkzeuge
- Erproben und Beurteilen des Testwerkzeugs
- Kauf des Werkzeugs

12.1 Überprüfen der Systementwicklungsumgebung

Wenn die automatisierte Testarbeit vor allem in der Entwicklungsphase konzentriert werden soll, empfehlen sich Werkzeuge, die Analysen der Modulkomplexität unterstützen, d. h., die gegenseitigen Abhängigkeiten der Programmmodule in einem gegebenen System erfassen. Daraus kann man beispielsweise ableiten, ob eine Aufteilung auf zwei oder mehr Programme sinnvoll ist.

F. Witte, *Konzeption und Umsetzung automatisierter Softwaretests,*
https://doi.org/10.1007/978-3-658-42661-3_12

Spezielle Auswahlkriterien für eine bestimmte Aufgabe sind von den Systemanforderungen der Zielanwendungen abhängig. Man sollte dabei die Auswahlkriterien auf
ein Testwerkzeug aber nicht auf ein einziges Projekt begrenzen, sondern prüfen, ob es
die wesentlichen Auswahlkriterien möglichst vieler wichtiger Anwendungen der Organisation erfüllt. Ansonsten schafft man ggf. eine zu umfangreiche und unübersichtliche
Toollandschaft und bindet dafür zu viel Knowhow und Ressourcen im Unternehmen.

Beim Kriterienkatalog sollte man auch prüfen, ob brancheninterne Qualitätsrichtlinien
(z. B. ISO 9000, CMM) eingehalten werden. Auch die Qualitätsanforderungen und die
Fehlertoleranzen von Anwendungen sind unterschiedlich: Sicherheitskritische Systeme
oder Anwendungen in der Medizintechnik verlangen detailliertere und umfassendere Prüfungen als eine graphische Oberfläche einer Mobile App oder einer Spielesoftware. Bei
Finanzinstituten, die Systeme zur Verwaltung des täglichen Flusses von Millionen Euro
einsetzen, ist ein hoher Grad der Verfügbarkeit ein wesentliches Anliegen. Wenn eine
Anwendung oder Version einer Anwendung bereits in Betrieb ist und bislang manuell
getestet wird, kann man bestehende Fehlermeldungen prüfen, um den Verlauf der vor-
herrschenden Probleme des Systems zu erkennen und sich ein Testwerkzeug suchen, das
vor allem diese Testart unterstützt.

Budgetrestriktionen sind bei der Auswahl des Testwerkzeugs genauso zu prüfen wie
die Spezialisierung des Testtools, also ob man eher Belastungstests, die Analyse des
Quellcodes oder ob man eher die Unterstützung für die Prozessautomatisierung sucht.

Da die Investition für ein Testwerkzeug auf mehrere Jahre angelegt ist, sollte genauso
die Leistungsfähigkeit des Tools auf lange Sicht geprüft werden: Wer ist der Anbieter?
Wie hoch sind die Qualitätsnachweise, der Akzeptanzgrad in der Branche und wie ist
der Support? Wie oft werden Upgrades und Funktionserweiterungen geliefert? Außerdem
muss man berücksichtigen, dass die Einführung des Tools auch Ressourcen im eigenen
Unternehmen bindet. Der Einführungsprozess muss geplant werden und man muss im
Testteam von Anfang an um Akzeptanz des Werkzeugs werben [SOAT2001].

12.2 Überprüfen der auf dem Markt verfügbaren Werkzeuge

Der Markt für auf dem Markt verfügbare Testwerkzeuge ist sehr umfassend und entwickelt sich dynamisch weiter. Daher muss man das betriebliche Umfeld und den
Einsatzzweck des Tools prüfen.

Tab. 12.1 zeigt einige Werkzeuge zur Unterstützung des Testablaufs [SOAT2001]:

Es empfiehlt sich, die beabsichtigten **Einsatzbereiche der Testautomatisierung**
dahingehend zu überprüfen, in welcher Phase und welchem Bereich der Automatisierungsbedarf am größten ist und damit zu ermitteln, an welchen Stellen im Testprozess
welche Werkzeuge sinnvoll angewendet werden können.

Tab. 12.1 Klassifizierung von Testwerkzeugen

Phase des Testlebenszyklus	Art des Werkzeugs	Beschreibung und Einsatzbereich des Werkzeugs
Geschäftsanalyse	Werkzeuge zur Modellierung der Geschäftsprozesse	Aufzeichnung von Benutzerbedürfnissen und Automatisierung der schnellen Erstellung flexibler grafischer Client/Server-Anwendungen
	Werkzeuge für das Konfigurationsmanagement	Grundspezifikation wichtiger Datenspeicher
	Werkzeuge zur Fehlerverfolgung	Verwaltung von Fehlern im Systemablauf
	Verwaltung technischer Reviews	Erleichterung der Kommunikation und Automatisierung des Prozesses des technischen Reviews bzw. der technischen Inspektion
	Dokumentationsgeneratoren	Automatisierung der Erstellung der Dokumentation
Definition der Anforderungen	Werkzeuge für das Anforderungsmanagement	Verwaltung und Organisation von Anforderungen, Erlaubnis des Entwurfs von Testverfahren, ermöglichen Berichte über den Testfortschritt
	Anforderungsverifizierung	Überprüfen Syntax, Semantik und Testfähigkeit
	Anwendungsfallgeneratoren	Erstellung von Anwendungsfällen
Analyse und Design	Werkzeuge zum Entwurf von Datenbanken	Entwicklung von Client/Server-Systemen
	Werkzeuge zum Entwurf von Anwendungen	Definition der Softwarearchitektur, Ermöglichung der objektorientierten Analyse, Modellierung, Design und Konstruktion
	Struktur-, Fluss- und Sequenzdiagramme	Hilfe beim Prozessmanagement
	Generatoren für Testverfahren	Erzeugung von Testverfahren aus Anforderungen, aus dem Design von Daten- und Objektmodellen und Ursache-Wirkungs-Diagrammen

(Fortsetzung)

Tab. 12.1 (Fortsetzung)

Phase des Testlebenszyklus	Art des Werkzeugs	Beschreibung und Einsatzbereich des Werkzeugs
Programmerstellung	Werkzeuge zur Syntaxprüfung/ Debugger	Ermöglichen von Syntaxprüfungen und Fehlersuche, besitzen üblicherweise integrierte Compiler für Programmiersprachen
	Werkzeuge zum Erkennen von Speicherproblemen und Laufzeitfehlern	Entdeckung und Analyse von Speicherproblemen und Laufzeitfehlern
	Werkzeuge für statische und dynamische Analyse	Prüfung von Pflegbarkeit, Portierbarkeit, Komplexität, zyklomatischer Komplexität und Einhaltung von Standards
	Verschiedene Werkzeuge zur Implementierung von Code	Veranschaulichung der Qualität und Struktur des Codes
	Werkzeuge zum Test von Einheiten	Automatisierung des Tests von Einheiten
Metriken	Werkzeuge zur Analyse der Code- bzw. Testabdeckung oder Codeinstrumentierung	Ermittlung nicht getesteter Codeabschnitte und Unterstützung für dynamisches Testen
	Werkzeuge zur Ausgabe von Metriken	Lesen des Quellcode und Anzeige von Informationen über Metriken
	Werkzeuge zur Bewertung der Benutzerfreundlichkeit	Lieferung von Benutzerprofilen, Aufgabenanalysen, Prototypen und Analysen des Benutzerverhaltens
Werkzeuge zur Unterstützung des Testlebenszyklus	Testdatengeneratoren	Erzeugung von Testdaten
	Prototyping-Werkzeuge	Erstellung von Prototypen für Anwendung mithilfe höherer Programmiersprachen (z. B. Visual Basic)
	Werkzeuge zur Erzeugung von Stub-Routinen	Erzeugung von Stub-Routinen, wenn noch nicht alle Module geschrieben sind, aber Teile des Codes als selbständige Einheiten getestet werden müssen
	Hilfsprogramme zum Dateivergleich	Suche nach Diskrepanzen zwischen Dateien, deren Inhalt identisch sein sollte
	Simulationswerkzeuge	Simulation von Anwendungen u. a. für Skalierbarkeitsmessungen

(Fortsetzung)

Tab. 12.1 (Fortsetzung)

Phase des Testlebenszyklus	Art des Werkzeugs	Beschreibung und Einsatzbereich des Werkzeugs
Testphase	Werkzeuge zur Verwaltung von Tests	Administration, Planung und Organisation von Testspezifikationen und Testdurchführung
	Werkzeuge für Netzwerktests	Überwachung, Messung, Test und Diagnose der Leistung über das gesamte Netzwerk
	Werkzeuge zum Test grafischer Benutzeroberflächen (Capture/ Replay)	Automatisierte Tests grafischer Benutzeroberflächen: Capture/ Replay-Werkzeuge zeigen die Interaktion von Benutzern mit Online-Systemen auf, sodass sie automatisch abgespielt werden können
	Treiber für Tests ohne grafische Benutzeroberflächen	Automatisierte Ausführung von Tests für Produkte ohne grafische Oberflächen
	Werkzeuge für Leistungs- und Belastungstests	Durchführung von Performancemessungen, Last- und Stresstests
	Werkzeug zum Test von Umgebungen	Test unterschiedlicher Testumgebungen, z. B. MVS, UNIX, X-Windows und WWW

In größeren Unternehmen wird oft ein Tool, was in einer Abteilung schon erfolgreich eingesetzt werden, dann auch in einer weiteren Abteilung oder einem neuen Projekt übernommen. Durchaus kann das ein positiver Ansatz sein, da schon Knowhow in der Konfiguration und Nutzung des Tools besteht und kein zeitaufwendiger Einkaufsprozess neu angestoßen werden muss. Man muss dennoch genau prüfen, ob das Tool wirklich für den geplanten Einsatzbereich in der weiteren Abteilung ebenfalls geeignet ist, da sich die Anforderungen häufig im Detail unterscheiden.

Folgende Fragen sollte man dabei behandeln, um die gewünschte Funktionalität des Werkzeugs angemessen zu definieren:

- Wie wird das Werkzeug in der Organisation benutzt?
- Werden andere Gruppen und Abteilungen das Werkzeug einsetzen?
- Welche Funktion des Werkzeugs ist am wichtigsten?
- Welche Funktion des Werkzeugs ist am unwichtigsten?
- Wie wird das Werkzeug hauptsächlich eingesetzt?
- Wie portierbar muss das Werkzeug sein?

Dabei müssen sowohl die Systemarchitektur als auch die benutzten Middleware-, Datenbank- oder Betriebssysteme und die Programmiersprache der Benutzeroberflächen der einzelnen Anwendungen geprüft werden. Dazu sollte auch der Leistungsbedarf (Leistung unter hoher Last, Verfügbarkeit und Zuverlässigkeit des Systems) geprüft werden. Aus dieser Analyse kann eine Gesamtvorstellung der Entwicklungsumgebung der Organisation und der Werkzeugbedarf ermittelt werden.

Bei Bedarf sind mehrere Testwerkzeuge für unterschiedliche Anforderungen sinnvoll (zum Beispiel eines für den Test grafischer Benutzeroberflächen, eines für Leistungsmessungen). In diesem Fall muss die Integration unterschiedlicher Werkzeuge geprüft werden. Dabei ist zu bedenken, dass jede Integration zu neuer Komplexität und zusätzlichem Aufwand führt und in der Regel die wenigen verfügbaren Experten zusätzlich belastet. Die Werkzeuge sollten die Qualitätsanliegen und Prioritäten der Kunden wiedergeben. Auch die Testphase, in der das Werkzeug eingesetzt werden soll (eher in der Anforderungs- oder in der Designphase oder im Abnahmetest) ist dabei zu berücksichtigen.

12.3   Erproben und Beurteilen des Testwerkzeugs

Für die Erprobung empfiehlt sich eine Entscheidungsmatrix zu erstellen, und die einzelnen Werkzeuge für die Bewertung zu gewichten.

Die einzelnen Tools kann man dabei z. B. mit Punkten zwischen 0 und 10 bewerten – 0 erfüllt das Kriterium gar nicht, 10 vollständig.

Ein Beispiel der Bewertung ist in nachfolgender Tabelle (Tab. 12.2) aufgeführt:

Zusätzlich zur Tabelle sollte dokumentiert werden, warum man gerade auf die entsprechende Gewichtung kommt und warum man meint, dass die zur Gewichtung herangezogenen Faktoren vollständig sind. Die Kriterien sind ebenfalls genau zu definieren, also z. B. was sich hinter „Günstiger Preis" verbirgt und welche Abstufung vorgenommen wird. Das verhilft dazu, kein Kriterium zu vergessen und die Entscheidungsgrundlage zu stabilisieren und den Auswahlprozess transparent zu gestalten.

Auch für die Bewertung der Kriterien für die einzelnen Werkzeuge sollte jede Zahl begründet dokumentiert werden. Bevor das Werkzeug tatsächlich gekauft wird, soll auch diese Begründung einem Review unterzogen werden. Es muss nicht das komplette Testteam den gesamten Evaluierungsprozess begleiten, es hilft aber der Akzeptanz, wenn man sie von Anfang an zumindest immer wieder mit einbindet und den Prozess der Toolbeschaffung transparent darlegt.

Für die Erprobung des beabsichtigten Funktionsumfangs sollte man dabei Testfälle definieren. Für eine begleitende Untersuchung unterschiedlicher Werkzeuge ist es wichtig, dass die Testumgebungsbedingungen gleich oder zumindest vergleichbar sind – in der betrieblichen Praxis ist das oft schwierig zu gewährleisten, sollte jedoch eine offizielle Ausschreibung erfolgen, muss man gerade auf diese Vergleichbarkeit schon aus juristischen Gründen in besonderer Weise Rücksicht nehmen.

Tab. 12.2 Entscheidungsmatrix zur Erprobung und Beurteilung von Testwerkzeugen

Kriterium	Gewichtung	Werkzeug A	Werkzeug B	Werkzeug C	Gewichtung Werkzeug A	Gewichtung Werkzeug B	Gewichtung Werkzeug C
Funktionsumfang	0,3	…					
Zuverlässigkeit	0,1	…					
Skalierbarkeit	0,1	…					
Umfassender Support	0,1	…					
Günstiger Preis	0,2	7	2	5			
Schulungsaufwand	0,1	…					
…	0,1	…					
Summe	1	…					

12.4   Kauf und Einsatz des Testwerkzeugs

Man sollte für den Auswahlprozess des Testwerkzeugs bereits einzelne Tester einbinden. Nach dem Kauf aber und vor dem Einsatz im gesamten Projekt bzw. Unternehmen
sollte das Testwerkzeug allen Beteiligten vorgeführt werden. Dabei sollte man begründen,
warum gerade dieses Testwerkzeug ausgewählt wurde, und die Fähigkeiten, aber auch die
Grenzen des Testwerkzeugs klar kommuniziert werden. Nur so schafft man von Anfang an
die nötige Einigkeit und Akzeptanz für das entsprechende Tool. Dazu sollte das Werkzeug
in einem Workshop dem gesamten Projektteam vorgestellt werden.

Viele Stakeholder gehen davon aus, dass ein Testwerkzeug zwangsläufig die Testaktivitäten automatisiert und beschleunigt. Automatisierte Testskripts verkleinern aber in der
Regel nur den Zeitrahmen für die Testdurchführung und machen sich erst ab der zweiten
Version der Software bezahlt, bei der Skripts wiederverwendet werden können. Außerdem
besteht oft die Vorstellung, dass ein Testwerkzeug alles vom Design der Testverfahren bis
zu deren Ausführung abdeckt. Daher sollte nach der Vorführung eines Werkzeugs den
Grad der Akzeptanz konkretisiert werden, indem alle auftauchenden Probleme angespro-
chen werden, und beobachten, wie über das Werkzeug geurteilt wird. Man muss von
Anfang an die Erwartungshaltung aller Beteiligten, einschließlich des Managements, klären [SOAT2001]. Nur so ist gewährleistet, dass ein gut fundierter Entscheidungsprozess
vor der Beschaffung gegeben ist.

Man muss sich immer wieder vor Augen halten, dass ein Testwerkzeug kein Allheilmit-
tel ist, wenn Testprozesse, die Organisation, die Testvoraussetzungen oder das Know-how
im Team Defizite aufweisen, jedes Tool macht nur dann wirklich Sinn, wenn im Projekt
auch die Basis stimmt. Ganz nach dem Motto „a fool with a tool is still a fool!"

Zu beachten ist auch, wie zukunftsfähig das Testwerkzeug ist, also ob regelmäßige
Upgrades angeboten werden und inwiefern man gezwungen ist, sie zu verwenden. Nach
einem Upgrade des Testwerkzeugs sind alle Tests unverändert zu wiederholen, um auszuschließen, dass eventuelle Fehler bei der Testdurchführung nicht durch die Aktualisierung
des Tools herbeigeführt wurden. Auch für Wartung der Testwerkzeuge ist im laufenden
Testbetrieb daher Zeit einzuplanen.

Der Beschaffungsprozess für ein Werkzeug kann sich erfahrungsgemäß – z. B. wegen
der Bestimmungen des EU-Rechts – in Großunternehmen über Monate hinziehen. Man
sollte von Anfang an erfragen, wie lange von Anfrage bzw. Ausschreibung über Angebot
bis zur Lieferung zu erwarten ist;, man muss dann kalkulieren, dass der Einsatz auch erst
erprobt werden muss, also auch das Tool nicht sofort voll produktiv wird, und muss das
mit den eigenen Vorstellungen und Zielen in Übereinstimmung bringen. Der Auswahlprozess kann manchmal zu lange dauern, um im akuten Projekt und für direkt anstehende
Umsetzungen schon Wirkung entfalten zu können und das kann bedeuten, dass übergangs-
weise noch manuell zu testen ist. Auch diese Tatsache sollte vor Beschaffung eines Tools
jedem Beteiligten bewusst sein.

Literatur

[SOAT2001]   Dustin, Rashka, Paul: Software automatisch testen, Springer Verlag Berlin Heidelberg
             2001

Einsatzgebiete für Testautomatisierung

13

Zusammenfassung

Test durch Testautomatisierung kann bei unterschiedlichen Arten von Systemen und Applikationen eingesetzt werden. Je nach Einsatzgebiet sind dabei unterschiedliche Aspekte, aber auch gewisse Einschränkungen zu berücksichtigen.

Bei Software kann generell zwischen verschiedenen Systemarten unterschieden werden. Danach unterscheidet sich der sinnvolle Einsatz der Testautomatisierung.

13.1 Desktop-Applikationen

Stand Alone-Desktop-Applikationen sind in sich geschlossen und weisen keine wesentlichen Schnittstellen zu anderen Systemen als dem Betriebssystem auf. Diese Applikationen treten in der Praxis kaum noch auf. Bei **Desktop-Applikationen** ist zusätzlich zu Entwicklertests auf Komponentenebene ein automatisierter Test über die Benutzerschnittstelle sinnvoll. Dabei können Werkzeuge verwendet werden, die die Technologie der Applikation bzw. deren Benutzerschnittstelle unterstützen. Außerdem können Hilfsfunktionalitäten eingebaut werden, um die Testvorbereitung oder Überprüfung der Ergebnisse zu unterstützen. Die Abhängigkeit zu anderen Softwaresystemen und die Anzahl an Schnittstellen sind in der Regel begrenzt, sodass lediglich parallele Instanzen getestet werden sollten, ein Mehrbenutzertest aber nicht erforderlich ist.

© Der/die Autor(en), exklusiv lizenziert an Springer Fachmedien Wiesbaden GmbH, ein   113
Teil von Springer Nature 2023
F. Witte, *Konzeption und Umsetzung automatisierter Softwaretests,*
https://doi.org/10.1007/978-3-658-42661-3_13

13.2   Client-Server-Systeme, Web- und mobile Applikationen

Bei Client-Server-Systemen werden Daten zentral auf einem Server gehalten, der Benutzerschnittstelle unterstützen. Außerdem können Hilfsfunktionalitäten eingebaut werden, um die Testvorbereitung oder Überprüfung der Ergebnisse zu unterstützen.

Das **Client-Server-Modell** (auch Client–Server-Konzept, -Architektur, -System oder -Prinzip genannt) ist das Standardkonzept für die Verteilung von Aufgaben innerhalb eines Netzwerks. Die einzelnen Aufgaben werden von Programmen erledigt, die in Clients und Server unterteilt werden. Der Client kann auf Wunsch einen Dienst vom Server anfordern (z. B. ein Betriebsmittel). Der Server, der sich auf demselben oder einem anderen Rechner im Netzwerk befindet, beantwortet die Anforderung (das heißt, er stellt im Beispiel das Betriebsmittel bereit); üblicherweise kann ein Server gleichzeitig für mehrere Clients arbeiten. Die Daten werden dabei häufig auf einem Server gehalten.

Ein wichtiger Aspekt bei Client-Server-Systemen ist, dass in den meisten Fällen mehrere User mit dem System parallel arbeiten. Für einen automatisierten Test gibt es mehrere mögliche Szenarien:

- Mehrere Benutzer über denselben Testrechner
- Mehrere Benutzer über unterschiedliche physische Rechner
- Mehrere Benutzer über unterschiedliche virtualisierte Rechner

Die meisten Testwerkzeuge keine explizite Unterstützung dafür, die Abarbeitung der automatisierten Testfälle auf einem physischen Rechner zu parallelisieren. Die erste Option ist daher nicht optimal. Das Szenario mehrerer Benutzer über unterschiedliche physische Rechner ist beim Testumgebungsmanagement schwer zu kontrollieren und zu warten. Daher wird meist die Virtualisierung genutzt, um die definierte Konfiguration eines Rechners auf mehrere Instanzen zu vervielfältigen. Die Administrations- und Konfigurationsaufwand für eine virtualisierte Testumgebung ist allerdings erheblich. Alle für den Zugriff auf das zu testende System notwendigen Komponenten müssen installiert werden, Aktualisierungen der Softwarekomponenten sowie des Betriebssystems verursachen einen hohen Aufwand. Dazu ist ein entsprechender Prozess, im Regelfall mit automatisierten Lösungen zur Herstellung einer passenden Konfiguration, unabdingbar.

Webapplikationen stellen einen Sonderfall von Client–Server-Anwendungen dar. Dabei gibt es keinen spezifischen Client für eine Applikation, sondern den Browser als generischen Client. Durch die starke Standardisierung der übermittelten Daten (HTTPS und HTML) können dabei spezifische Methoden angewendet werden, die auf diese Protokolle abziehen und sich deren Verwendung zunutze machen. Viele Testwerkzeuge unterstützen Webapplikationen. Auch die Parallelisierung von Testdurchführungen ist in Webapplikationen einfacher umzusetzen, da einige Werkzeuge nicht über das physische GUI, sondern über JavaScript auf die Oberfläche der Anwendungen zugreifen oder überhaupt auf der Ebene der darunter liegenden Protokolle und Formate (HTTP und

HTML/Text) ihre Tests abarbeiten können. Automatisierte Tests sollten grundsätzlich auf unterschiedlichen Browsern und Browserversionen durchgeführt werden können.

Bei **mobilen Applikationen** übernehmen statt Desktop-Clients mobile Endgeräte die Kommunikation mit dem Server. Spezielle Herausforderungen bei der Automatisierung mobiler Applikationen sind u. a. die unterschiedlichen Endgeräte, Netzwerke und Betriebssysteme der mobilen Geräte, Interrupts (z. B. eingehende Anrufe, SMS, Push-Notifications) und Hardwareunterschiede der Endgeräte. Damit die Automatisierung tatsächlich einen Mehrwert darstellt, sollten die gleichen Testfälle auf vielen Geräten durchgeführt werden. Es empfiehlt sich, Emulatoren und Simulatoren zu nutzen, weil sonst die Investitionen in die Anschaffung von Testgeräten sehr hoch werden können. Auch unterschiedliche Bildschirmgröße, Auflösung und Punktdichte sind Faktoren, die bei der Automatisierung von Desktop-Applikationen relevant sind. Bezüglich des Tests der Netzwerkperformance und der unterschiedlichen Netzwerkanbindungen sollten simulierte Netzwerkverbindungen (WAN-Emulatoren) verwendet werden.

Lösungsansätze für Probleme der Testautomatisierung einer mobilen Applikation bietet der **Multi-Layer-Test**, bei dem ein Großteil der funktionalen und nichtfunktionalen Anforderungen nicht auf dem Endgerät selbst, sondern auf einer technischen Schicht getestet wird. Diese technischen Schichten sind geräteneutral definiert und implementiert (z. B. Service- oder Business-Layer). Die Art der Automatisierung auf Nicht-GUI-Ebene bietet folgende Vorteile:

- Die Komplexität der Automatisierung von Integrationstests (z. B. von SOAP/REST-konformen Webservices) ist geringer als die Automatisierung von UI-Tests.
- Durch die geringere Komplexität und bessere Automatisierbarkeit sinken auch die Kosten für die Durchführung eines Testfalls.
- Die Durchführungsgeschwindigkeit und die Stabilität sind höher, weil beispielsweise Vorbedingungen schneller hergestellt werden können.
- Aufgrund der hohen Durchführungsgeschwindigkeit und geringen Kosten pro Durchführung können pro Release umfangreiche Regressionstests durchgeführt werden.
- Die Fehleranalyse ist in den meisten Fällen deutlich einfacher und kostengünstiger durchzuführen.

Die hohe Anzahl verfügbarer Endgeräte in Kombination mit unterschiedlichen Plattformen führt zur Frage, wie viele relevante Zielplattformen sinnvoll getestet werden können. Dazu muss man meist die Vielzahl reduzieren, um ein möglichst geringes Risiko einzugehen – also sich auf häufig benutzte Endgeräte mit häufig genutzten Browsern beschränken. Es ist daher empfehlenswert, wenn bei der Umsetzung einer Automatisierungslösung bereits frühzeitig Auswahlkriterien definiert werden, die sich je nach Projekt und Zielgruppe drastisch unterscheiden können. Interne Applikationen haben oft den Vorteil, nur auf einer sehr begrenzten Anzahl an Geräte und Betriebssystemen funktionieren zu müssen, während Applikationen für Endkunden bzw. Businesskunden oft eine Vielzahl von

Kombinationen benötigen. Daher sind Nutzungsstatistiken von bestehenden Applikationen oder länder- und regionenspezifische Statistiken bei der Entscheidung zu berücksichtigen. Die Nutzung eines professionellen Webanalyse-Tools kann über diese Zahlen Auskunft geben. Man sollte diese Zahlen im Zeitverlauf weiter beobachten und die Auswahl ggf. anpassen, wenn z. B. ein Browser veraltet ist und stattdessen eine neue Version vermehrt im Umlauf ist.

Eine weitere Möglichkeit zur Steigerung der Testeffizienz ist der Einsatz von **Cloud-Services** für das Testen mobiler Endgeräte. Bei einer Cloud-Lösung mit Emulatoren und Simulatoren stellt der Anbieter den gesicherten Zugang zu virtuellen Testgeräte zur Verfügung, den die Tester dann zur Testdurchführung verwenden können. Dadurch können Tests auf einem oder mehreren Geräten parallelisiert werden. Während des Durchlaufs werden Testprotokolle generiert und Ergebnisse dokumentiert. Auf die mobilen Endgeräte kann per Fernzugang zugegriffen werden, um die Steuerung zu übernehmen, manuell zu testen oder den automatisierten Test zu überwachen und Probleme zu analysieren.

13.3 Webservices

Webservices werden oft zur Kommunikation zwischen Systemen eingesetzt. Ein **Webservice** (auch Webdienst) stellt eine Schnittstelle für die Maschine-zu-Maschine- oder Anwendungs-Kommunikation über Rechnernetze wie das Internet zur Verfügung. Dabei werden Daten ausgetauscht und auf entfernten Computern (Servern) Funktionen aufgerufen. Jeder Webservice besitzt einen **Uniform Resource Identifier** (URI), über den er eindeutig identifizierbar ist. Außerdem enthält ein Webservice, je nach Implementierung, eine Schnittstellenbeschreibung in maschinenlesbarem Format, die definiert, wie mit dem Webservice zu interagieren ist, z. B. WSDL im XML-Format. Die Kommunikation kann über Protokolle aus dem Internetkontext wie beispielsweise HTTP oder HTTPS erfolgen. Über diese Protokolle können Daten beispielsweise im XML- oder JSON-Format übertragen werden. Ein Webservice ist plattformunabhängig und steht in der Regel mehreren Programmen zum Aufrufen bereit.

Webservices sind häufig in der **serviceorientierten Architektur (SOA)** anzutreffen, die 3 Rollen und Interaktionen definiert:

- Service-Provider (Publizieren)
- Service-Requester (Auffinden)
- Service-Broker (Binden)

Der Service-Provider implementiert einen Webservice und veröffentlicht seine Schnittstelle. Über den Service-Requester können Webservices ermittelt werden und der Service-Broker hält Informationen über den Leistungsumfang der Webservices und deren Nutzung bereit. Webservices verfügen über mehrere Standards, zum Beispiel **SOAP** (Simple Object

Access Protocol) für den Austausch XML-basierter Nachrichten, **WSDL** (Web Service Description Language) oder **UDDI** (Universal Description, Discovery and Integration) zur Publizierung und zum Auffinden von Webservices.

Webservices eignen sich wegen ihrer guten Toolunterstützung bei Implementierung und Test gut für automatisierte Testverfahren. Auch als Schnittstelle für Testdatenvorbereitung sind sie oft effizienter verwendbar als eine Benutzerschnittstelle. Einige Vorteile gegenüber Webapplikationen auf HTML-Basis sind

- schnellere Testdurchführung, da kein Browser und Rendering erforderlich sind
- keine zusätzliche Ebene an Funktionalität (wie z. B. Java Script), die berücksichtigt werden muss
- keine inhärente Darstellung und keine Probleme mit der Kompatibilität von System und Browser

13.4 Data Warehouses

Ein **Data Warehouse** (DWH) erfüllt im Wesentlichen zwei Grundsätze:

- Integration von Daten: In einem DWH sind Daten aus verteilten und unterschiedlichen Quellen zu einem gemeinsamen, konsistenten Datenbestand (Datenbank) zusammengefasst. Dadurch werden Datenanalysen und übergreifende Auswertungen über heterogene und verteilte Datenbestände möglich.
- Separation von Daten: Daten des operativen Betriebs werden von Daten, die z. B. für Analysen verwendet werden, getrennt

Der Test eines Data Warehouse ist aus nachfolgenden Gründen im Allgemeinen nur automatisiert sinnvoll möglich:

- viele technische Schnittstellen mit vielen Ursprungssystemen für Daten
- keine grafische Oberfläche
- aufwendige Kernfunktionalitäten wie z. B. Historisierung von Daten oder Konsistenzprüfungen
- Import, Export und Semantik der Daten sind komplex und in vielen Fällen dem Testteam nicht im Detail bekannt.

Beim Test von Data Warehouses ist in der Regel eine Kombination mehrerer automatisierter Ansätze erforderlich. Neben zentraler Datenhaltung, Archivierung und Referenzierung sind Konsistenzregeln der Daten zu prüfen. Input- und Output-Interfaces zur Anbindung von Systemen sind dabei ebenfalls zu berücksichtigen.

Wegen der Notwendigkeit – gerade im Zusammenhang mit Big Data – immer größere Datenmengen aus unterschiedlichen Systemen auszuwerten und Zusammenhänge miteinander in Korrelation zu bringen, wird die Bedeutung von Data Warehouses und daraus resultierend auch die Bedeutung von Testautomatisierung in der Zukunft weiter steigen.

13.5   Komponententest und Test Driven Development

Der **Komponententest (Modultest)** bezeichnet nach V-Modell eine frühe Teststufe, in der die inneren, detailliertesten Komponenten der Software getestet werden. Diese Tests werden normalerweise vom Entwickler durchgeführt und deswegen auch als „automatisierte Entwicklertests" bezeichnet. Dabei werden die Funktionalitäten der Software in der kleinsten Einheit, die sinnvoll getestet werden kann, verifiziert. Modultests testen ein Modul isoliert, d. h. weitgehend ohne Interaktion mit anderen Modulen. Deshalb müssen oder können bei Modultests andere Module beziehungsweise externe Komponenten wie etwa eine Datenbank, Dateien, Backendsysteme oder Unterprogramme durch Hilfsobjekte simuliert werden, soweit das zu testende Modul (Prüfling oder Testobjekt) dies erfordert, sodass diese Einheiten isoliert lauffähig und kontrolliert werden können. In objektorientierten Umgebungen erfolgt dies durch eine Ersetzung der Abhängigkeiten mit möglichst einfachen **Mocks,** die im Gegensatz zur echten Abhängigkeit so wenig Funktionalität wie möglich besitzen.

Automatisierte Modultests haben den Vorteil, dass sie einfach und kostengünstig ausgeführt und dass neue Programmfehler schnell gefunden werden können. Dem Entwicklungsteam kann rasch Feedback über Auswirkungen am Testobjekt gegebene werden, sodass bei größeren Änderungen innerhalb einer Einheit jederzeit festgestellt werden kann, ob eine bestehende Funktionalität beeinträchtigt wurde. Durch die Aufdeckung von Fehlern in einer frühen Teststufe ist gewährleistet, dass die Kosten pro Fehler relativ gering bleiben.

Mit der Verbreitung von agilen Softwareentwicklungsmethoden und insbesondere testgetriebener Entwicklung ist es üblich geworden, Modultests möglichst automatisiert auszuführen. Dazu werden üblicherweise mithilfe von **Test Frameworks** wie beispielsweise JUnit Testprogramme geschrieben. Über die Test Frameworks werden die einzelnen Testklassen aufgerufen und deren Komponententests ausgeführt. Die meisten Test Frameworks geben als Ergebnis eine grafische Zusammenfassung der Testergebnisse aus.

In diesem Zusammenhang kommt dem **Test Driven Development** (**TDD**) eine immer stärkere Bedeutung zu. Test Driven Development ist eine Methode, die häufig bei der agilen Entwicklung von Computerprogrammen eingesetzt wird. Bei der testgetriebenen Entwicklung erstellt der Programmierer Softwaretests konsequent vor den zu testenden Komponenten. Das Schreiben des Codes wird durch den Test gesteuert, zuerst werden die Tests geschrieben und danach folgt die Codierung. Es wird jeweils nur so viel neuer

Code geschrieben, wie es der automatisiert ausgeführte Test verlangt, um keine Fehler zu melden. Dadurch gibt es zu jedem Zeitpunkt im Entwicklungszyklus ein Set an automatisierten Test, die den aktuell vorliegenden Code in seiner Gesamtheit testen.

Zur Verwendung des TDD sind folgende Schritte zu beachten:

1. Erstellung der benötigten Klasse
2. Erstellung einer Testklasse für die Klasse
3. Definition und Anlage der Methoden der Klasse sowie der Testklasse
4. Implementierung der Tests in die Methoden der Testklasse
   a) Beschreibung der Eingabewerte
   b) Definition der erwarteten Ergebnisse
   c) Überprüfung durch Assertions auf Richtigkeit und Fehlerfall (Extremfall)
5. Implementierung der Logik in die Methoden der Klasse

Für einen erfolgreichen Einsatz von TDD ist eine Toolunterstützung (Frameworks) auf den Ebenen Testentwicklung, Testautomatisierung und **Build-Automatisierung** unbedingt erforderlich.

13.6 Testautomatisierung im Integrationstest

Der Begriff Integrationstest bezeichnet in der Softwareentwicklung eine aufeinander abgestimmte Reihe von Einzeltests, die dazu dienen, verschiedene voneinander abhängige Komponenten eines komplexen Systems im Zusammenspiel miteinander zu testen. Auch auf dieser Ebene ist häufig zumindest eine Teilautomatisierung sinnvoll, da ein nur teilweise integriertes System häufig noch über keine integrierte Benutzerschnittstelle verfügt.

- **Komponentenintegrationstest:** Die zu testende Komponente wird im Zusammenspiel mit den entsprechenden Komponenten getestet. Dieser Test ist meist vollautomatisiert und bietet Sicherheit bei größeren Refactorings, die auch die Interaktion von mehreren Komponenten betreffen.
- **Subsystem-** bzw. **Systemintegrationstest:** Teile des Gesamtsystems werden miteinander integriert und ihre Interaktion auf Korrektheit überprüft. Dabei können Simulatoren und Testrahmen erforderlich sein. Die zu testenden Komponenten sind Pakete von Klassen, Modulen oder Teilsystemen.

Wirksame Integrationstests sind unbedingt erforderlich, um das reibungslose Zusammenspiel zwischen den einzelnen Bestandteilen des Systems zu garantieren. Fehler bei der Integration können aufgrund mehrerer Faktoren auftreten, wie z. B. die Verwendung eines externen Systems, das abweichende Kommunikationsformate verwendet [TEOR2023].

13.7   Testautomatisierung im Systemtest

Im Systemtest wird ein Regressionstest in folgenden Szenarien notwendig:

- Nachträgliche **Change Requests** und Erweiterungen der Funktionalität oder neue Features
- Fehlerkorrekturen
- **Refactoring** des Testobjekts (Refactoring bedeutet dabei manuelle oder automatisierte Strukturverbesserung von Quelltexten unter Beibehaltung des beobachtbaren Programmverhaltens)
- Redesign der Anwendung (vor allem bei Websites)
- Wartungsarbeiten

Der automatisierte Systemtest setzt in den meisten Tools an der grafischen Benutzerschnittstelle und der Datenbank an, um skriptbasierte Testfälle, die ursprünglich oder zumindest einmalig manuell durchgeführt wurden, automatisiert abzuarbeiten. Aus nachfolgenden Gründen verursacht der automatisierte Systemtest von allen Varianten der Testautomatisierung den größten Aufwand:

- Fokus des Tests ist das gesamte zu testende System, unter Umständen inklusive weiterer, dahinter liegender Systeme.
- Die Testfälle erfordern zumeist fachliches Verständnis.
- Die betroffenen Schnittstellen sind für die Interaktion mit einem Benutzer, nicht für die Interaktion mit einem Programm konzipiert.
- Für die Vorbereitung von ausreichend Testdaten können keine Mocks erstellt werden. Dies hat im System selbst zu erfolgen.
- Es müssen Testtreiber für die Simulation von Drittsystem erstellt werden, wenn kein Systemintegrationstest vorhanden ist.

13.8   Testautomatisierung beim Abnahmetest

Vor allem in agilen Softwareentwicklungsmodellen werden im Vorfeld von Abnahmetests Akzeptanzkriterien in Form von Testfällen definiert, die als Basis für die Feststellung der Fertigstellung einer Funktionalität dienen. In diesem Zusammenhang ist das **Behaviour Driven Development** (BDD) zu sehen. Dabei werden während der Anforderungsanalyse die Aufgaben, Ziele und Ergebnisse der Software in einer bestimmten Textform festgehalten, die später als automatisierte Tests ausgeführt werden kann. Hierfür werden domänenspezifische Sprachen entwickelt, in denen Testfälle dokumentiert werden. Die Automatisierung dieser Testfälle bzw. die Erstellung einer Automatisierungsumgebung, die diese Testfälle automatisiert durchführen kann, ist Teil der Entwicklungsarbeit und kann im Vorfeld unter Zuhilfenahme von Frameworks durchgeführt werden [BATE2015].

Literatur

[BATE2015] Bucsics, Baumgartner, Seidl, Gwihs: Basiswissen Testautomatisierung, dpunkt Verlag Heidelberg 2015

[TEOR2023] https://www.testautomatisierung.org/lexikon/integrationstests/,   zugegriffen   am 11.03.2023

Reifegrad der Testautomatisierung

Zusammenfassung

Das TPI NEXT®-Modell ist eine Methode zur Bewertung des Reifegrads von Testprozessen. Dazu wird der Testprozess in Kernbereiche, Reifegrade, Kontrollpunkte und Verbesserungsvorschläge aufgeteilt. In diesem Zusammenhang lässt sich für die Testautomatisierung der betrachteten Organisation ein Reifegrad ermitteln, um die Optimierung der einzelnen Prozesse priorisieren und zielgerichtet vorantreiben zu können.

Das **TPI NEXT®-Modell** basiert auf langjähriger Erfahrung mit der Optimierung von Testprozessen. Mit diesem Modell erkennt man die aktuelle Reife des Testprozesses und der Organisation. Das Modell unterstützt dabei, priorisierte und kontrollierbare Optimierungsschritte zu definieren. Das Modell berücksichtigt zur Bewertung des Reifegrads verschiedene Aspekte des Testprozesses, die 16 Kernbereiche bilden; der **Reifegrad** des Prozesses kann für jeden Kernbereich anhand von Kontrollpunkten ermittelt werden. Gruppen von Kontrollpunkten verschiedener Kernbereiche führen in logischen Schritten durch den Verbesserungsprozess. Konkrete Verbesserungsvorschläge und die Berücksichtigung von Enablern aus anderen Teilen der Softwareentwicklung runden das Modell ab. Für die Bewertung des Reifegrads ist vor allem die Bewertung des Kernbereichs der Testwerkzeuge entscheidend. Die automatisierte Testdurchführung hängt stark von der Fähigkeit zur Rückverfolgung und Wartung der Testfälle ab, deswegen ist der Einsatz von Werkzeugen zur Testautomatisierung auch stark von der Reife des Kernbereichs Testwaremanagement abhängig.

F. Witte, *Konzeption und Umsetzung automatisierter Softwaretests*,
https://doi.org/10.1007/978-3-658-42661-3_14

14.1   Werkzeugspezifische Reifestufen

Die werkzeugspezifischen Reifestufen beruhen auf der Art und Weise, in der ein Werkzeug zu den unterschiedlichen Aspekten der Wirtschaftlichkeit des Testens beitragen kann: Die Reife beim Einsatz eines Werkzeugs wird höher eingeschätzt, wenn das Werkzeug zu mehr Aspekten beiträgt. Jeder Werkzeugtyp verfügt über Funktionen zur Erledigung spezieller Aufgaben. Die Reifestufen für den Einsatz von Werkzeugen jedoch sind unabhängig davon definiert. Sie beschreiben den Schwerpunkt beim Einsatz des Werkzeugs, sodass ein weiter gefasster Schwerpunkt einen reiferen Einsatz des Werkzeugs impliziert.

- **Werkzeugorientierte Reife:** Der Einsatz eines Werkzeugs wird als werkzeugorientiert betrachtet, wenn die gebotene Funktionalität die Grundlage für den Einsatz bildet. Das Werkzeug wird als ein Mittel zur Unterstützung oder Verbesserung bestimmter Aktivitäten gesehen, jedoch wird seine Auswirkung auf andere Aktivitäten im Testprozess nicht begründet.
- **Prozessorientierte Reife:** Wird die Auswirkung des Einsatzes eines Werkzeugs auf alle relevanten Aktivitäten im Testprozess und die Auswirkung anderer Aktivitäten auf den Anwender des Werkzeugs berücksichtigt, so ist die Reife prozessorientiert. Auf dieser Stufe wird der Einsatz des Werkzeugs zu einem integralen Bestandteil des Testprozesses, was dazu führt, dass das Werkzeug einen größeren Beitrag zur Wirtschaftlichkeit des Testens leistet.
- **Zielorientierte Reife:** Zielt der Einsatz eines Werkzeugs darauf ab, den Beitrag zur Wirtschaftlichkeit des Testens zu maximieren, so ist die Reife zielorientiert. Auf dieser Stufe wird das Werkzeug als strategisches Mittel zum Erreichen spezifischer Testziele betrachtet.

Da eine höhere werkzeugspezifische Reife bedeutet, dass der Einsatz des Werkzeugs zu mehr Aspekten in der Wirtschaftlichkeitsbetrachtung des Testens beiträgt, führt die Verbesserung der werkzeugspezifischen Reife zu einer geschäftsbasierten Testprozessverbesserung. Der einzige direkte Zusammenhang zwischen den allgemeingültigen BDTPI-Reifegraden (**BDPTI = „Business Driven Test Process Improvement Model"** von Sogeti) und den werkzeugspezifischen Reifestufen besteht in der Beziehung zwischen der zielorientierten Reife und dem Reifegrad „Optimierend". Die Entwicklung hin zu einer zielorientierten Reife entspricht der Entwicklung hin zum Reifegrad „Optimierend" im Kernbereich „Testwerkzeuge". Dies trifft auf jedes Werkzeug zu, das auf der Grundlage einer positiven Wirtschaftlichkeitsbewertung für die Unterstützung von Testprozessen eingeführt wird.

Es besteht kein direkter Zusammenhang zwischen den einzelnen eingesetzten Werkzeugen und der Reife beim Einsatz von Testwerkzeugen; es muss keine bestimmte Art von Werkzeug eingesetzt werden, um eine höhere Reife zu erzielen. Grund dafür ist, dass die Entscheidung, ein Werkzeug nicht einzusetzen, von anderen Faktoren als der Testreife selbst beeinflusst sein kann.

Beispiele:

- die getestete Anwendung hat eine grafische Benutzeroberfläche (GUI), die sich nicht für den Einsatz von Werkzeugen zur automatisierten Testdurchführung eignet
- die Anzahl der Regressionstests ist für eine effiziente Automatisierung zu gering
- das Unternehmen bzw. die testdurchführende Organisation ist nicht groß genug um ein hochentwickeltes Testmanagementwerkzeug
- ein Bedarf für Performancemessungen ist nicht vorhanden

Allein die Tatsache, dass diese Faktoren einer Analyse unterzogen wurden, ist für sich genommen ein Ausdruck von Reife. Es kann manchmal sogar von höherer Reife zeugen, kein Werkzeug einzusetzen als ein ungeeignetes.

Die werkzeugspezifischen Reifestufen betreffen den Einsatz der Werkzeuge, nicht ihre Einführung. Im **Lebenszyklusmodell für die Werkzeugeinführung** zählen die Bewertung der Reife und ihre Verbesserung zu den regelmäßigen Aktivitäten der Betriebsphase (siehe Abb. 14.1).

14.2 Werkzeuge zur automatisierten Testdurchführung in werkzeugorientierter Reifestufe

In der werkzeugorientierten Reifestufe werden Pflege und Einsatz automatisierter Tests als separater Prozess behandelt, der den Testprozess zwar unterstützt, jedoch parallel durchgeführt wird. In dieser Stufe beginnt man in der Regel mit der Pflege, wenn die Durchführungsphase bereits begonnen hat. Auslöseimpuls ist die Notwendigkeit, die automatisierten Tests erneut durchzuführen. Falls Anpassungen automatisierter Tests vorgenommen werden müssen, wird dieser Anpassungsbedarf erst bei der Testdurchführung erkannt.

Die Pflege der automatisierten Tests, eine zeitaufwendige Aktivität, verhindert daher, dass die automatisierten Tests pünktlich durchgeführt werden können. Die bisher mit der Ausführung der manuellen Testfälle verbrachte Zeit wird zwar reduziert, jedoch sorgen die automatisierten Tests nicht für eine Verkürzung der Durchlaufzeit. Das Werkzeug trägt somit in dieser Stufe nicht zum Zeitaspekt in der Wirtschaftlichkeitsbetrachtung des Testens bei. Da das Werkzeug jedoch eingesetzt wird, um Tests durchzuführen, die ansonsten nicht durchgeführt wären, erhöht es die Testabdeckung. Entsprechend leistet es einen Beitrag zum Risikoaspekt in der Wirtschaftlichkeitsbetrachtung beim Testen.

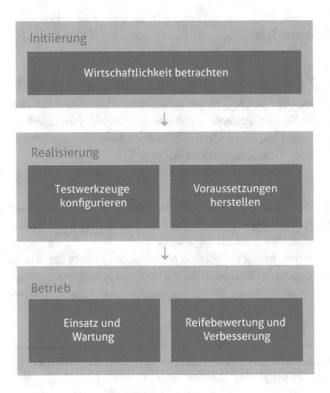

Abb. 14.1 Lebenszyklusmodell für die Werkzeugeinführung

14.3 Werkzeuge zur automatisierten Testdurchführung in prozessorientierter Reifestufe

Wenn die Pflege automatisierter Tests bereits in der Vorbereitungs- und Spezifikationsphase des Testprozesses berücksichtigt wird, gilt der Einsatz von Werkzeugen zur automatisierten Testdurchführung als prozessorientiert. Während der Vorbereitungsphase werden die ersten Informationen gesammelt, um die Auswirkungen der Änderungen in der Anwendung und in den Testfällen auf die automatisierten Tests zu bestimmen. In der Spezifikationsphase werden die Testfälle gepflegt und die Pflege der technischen Umsetzung wird begonnen. Der Großteil der Überarbeitung der Testfälle wird aber nach wie vor in der Durchführungsphase erledigt, da in den meisten Fällen das neue Release der Anwendung dafür verfügbar sein muss, denn nur so kann man Testspezifikationen im dafür notwendigen Detaillierungsgrad erarbeiten. Aufgrund der frühzeitigen Berücksichtigung wird diese Phase jedoch beschleunigt, was eine möglichst frühe Verfügbarkeit korrekt laufender automatisierter Tests sicherstellt.

Die prozessorientierte Reifestufe für Werkzeuge zur automatisierten Testdurchführung zeichnet sich durch eine frühe Verfügbarkeit automatisierter Tests aus. Dies bedeutet, dass die automatisierten Tests hier zu einer Reduzierung der Durchlaufzeit führen. Die Werkzeuge leisten daher nicht nur einen Beitrag zum Risikoaspekt in der Wirtschaftlichkeitsbetrachtung des Testens, sondern auch zum Zeitaspekt.

14.4 Werkzeuge zur automatisierten Testdurchführung in zielorientierter Reifestufe

Der Einsatz von Werkzeugen zur automatisierten Testdurchführung ist zielorientiert, wenn Pflege und Einsatz in die Planung und Kostenschätzung des gesamten Testprozesses integriert sind und in das Reporting über Testfortschritt und Qualität einbezogen werden. In diesem Fall sind automatisierte Tests vollkommen in die Planung und Steuerung eingebunden.

Wenn automatisierte Tests während der Planungsphase berücksichtigt werden, wird ihr Beitrag zu den Testzielen einkalkuliert. Darüber hinaus wird hier die erfolgreiche Durchführung automatisierter Tests ein Mittel zum Erreichen dieser Testziele. Die Werkzeuge zur automatisierten Testdurchführung tragen daher in dieser Reifestufe zusätzlich zum Risiko- und Zeitaspekt auch zum Ergebnisaspekt in der Wirtschaftlichkeitsbetrachtung des Testens bei.

Literatur

[TPIN2011] Sogeti: TPI NEXT – Geschäftsbasierte Verbesserung des Testprozesses, dpunkt Verlag Heidelberg 2011

Testorganisation und Testautomatisierung

15

Zusammenfassung

Die betriebliche Organisation und die Testprozesse haben Wechselwirkungen mit Maßnahmen zur Testautomatisierung. Für die Umsetzung der Testautomatisierung im Unternehmen ist daher eine Betrachtung des betrieblichen Umfelds erforderlich. Für einen Erfolg der Testautomatisierung und eine optimale Personalauswahl ist es erforderlich, die einzelnen Rollen im Testteam soweit möglich nach den Stärken der verfügbaren Mitarbeiter zu besetzen.

15.1 Einbindung der Testautomatisierung in die betriebliche Organisation

Die **Organisation der Testautomatisierung** kann grundsätzlich durch zwei unterschiedliche Arten erfolgen:

- Es wird eine eigene Organisationseinheit geschaffen, die sich um Testautomatisierung kümmert. Positiv dabei ist, dass auch bei den Anforderungen und der Architektur des Testobjekts bereits Rücksicht auf die Testbarkeit genommen werden kann, was die Umsetzung der Testautomatisierung erleichtert und auch langfristig zur besseren Wartbarkeit der Automatisierung beitragen kann. Problematisch bei diesem Ansatz kann sein, dass eher abstrakte Ansätze verfolgt werden und die betrieblichen Prozesse nicht ausreichend berücksichtigt werden. Es besteht dabei die Gefahr, dass die Automatisierung auf zu breiter Front eröffnet wird und somit zu viele Baustellen aufgemacht werden, die später nicht mehr bewältigt werden können [BATE2015].
- Die Testautomatisierung wird von Anfang an in bestehende Projekte integriert. Dabei ist zu beachten, auf welcher Teststufe (Modultest, Integrationstest, Systemtest) mit der

---

F. Witte, *Konzeption und Umsetzung automatisierter Softwaretests,*
https://doi.org/10.1007/978-3-658-42661-3_15

Umsetzung begonnen werden soll. Diese Aktivitäten sind in der Ressourcenplanung zu berücksichtigen. Man muss auch beachten, dass durch die Einführung der Automatisierung und der damit verbundene Aufwand die messbare Qualität und die Effizienz zunächst sinken wird, da Tester und/oder Entwickler in ein bestehendes System eingreifen und zusätzlicher Aufwand entsteht, der sich nicht sofort auszahlt. Zudem ist ein gewisser Paradigmenwechsel bei den Mitarbeitern erforderlich. Ein eingespieltes Projektteam, das in der Vergangenheit ausschließlich manuell getestet hat und nun automatisierte Tests durchführen will, muss bestehende Muster teilweise durchbrechen. Hier liegt ganz klar eine Aufgabe bei der Teamführung, diesen Übergang zu gestalten und alle betroffenen Mitarbeiter dabei einzubeziehen.

Dabei gilt es der Angst der Tester vorzubeugen, durch Testautomatisierung ersetzt zu werden und den Arbeitsplatz zu verlieren. Schon an der Entwicklung des Berufsbilds des Testers erkennt man, dass diese Angst unbegründet ist. Aus den ursprünglichen Anfängen des Softwaretests, bei dem Programme meist unstrukturiert ausprobiert wurden, sind professionelle Softwaretester geworden, Standards und Zertifizierungen sind erfolgt, Methoden und Vorgehensmodelle wurden entwickelt, um kreativ, aber dennoch systematisch und strukturiert Testentwürfe zu erstellen und daraus geeignete Testfälle abzuleiten. Die reine Durchführung ist nur mehr ein kleiner Teil des Aufgabenbereichs moderner Tester. Vor allem die Testautomatisierung betont den kreativen Anteil des Testers. Der Tester wird dadurch, dass seine Testfallspezifikationen in automatisierte Skripts umgesetzt werden müssen, stärker als früher gefordert. Außerdem gibt die Testautomatisierung dem Tester die Chance, mehr Zeit für kreative Aufgaben zu gewinnen, da wiederkehrende Routinetätigkeiten und datengetriebene Testfälle mit unzähligen Konstellationen und umfassende und häufige Regressionstests nun weniger Zeit in Anspruch nehmen. Dadurch steigt sogar der Anspruch an den Tester. Zusätzlich entwickelt sich aus der Rolle des Softwaretesters die Rolle des Testautomatisierers, der immer häufiger auch als eigene Profession angesehen wird. Der Testautomatisierer verfügt über mehr Programmierkenntnisse als ein manueller Tester. Aber für den Tester entstehen durch eine höhere konzeptionelle Vorarbeit auch ohne die Rolle des reinen Testautomatisierers zusätzliche Betätigungsfelder und dadurch ein **Job Enrichment**, also zusätzliche Aufgaben, die mit höheren Anforderungen an seine Person und seine Fachkenntnisse verbunden sind.

15.2 Organisationsformen und ihre Eignung für die Testautomatisierung

Vor allem dann, wenn eine Testautomatisierung aufgesetzt werden soll, es sich also um ein Pilotprojekt handelt, ist die Projektorganisation zu klären. Wenn das Projektteam direkt der Geschäftsleitung als „reines Projektmanagement" unterstellt ist, ist zu prüfenk, welche Skills die Projektmitarbeiter benötigen. Ist nur ein Pilotprojekt geplant und die

Tab. 15.1 Vergleich der Projektorganisationen

	Reines Projektmanagement	Matrixorganisation	Einfluss-Organisation	Teilbereich
Projektgröße	groß	mittel	klein	klein
Projektdauer	lang	mittel	kurz	kurz
Komplexität des Projekts	hoch	mittel	gering	gering
Soft Skills des Projektleiters	hoch	mittel	gering	gering

spätere Umsetzung erfolgt in einer **Matrixorganisation,** so kann die Aufstellung den Erfolg hindern, wenn das Sicherheitsstreben der Mitarbeiter wegen mangelnder Weiterbeschäftigungsaussichten den Projektablauf verlangsamt. Ist eine Matrixorganisation sowohl für das Pilotprojekt als auch für nachfolgende Projekte geplant, ist es wichtig, die Ressourcenfreistellung mit in die Planung einfließen zu lassen und Engpässe der Abläufe zu berücksichtigen. Gerade bei Problemsituationen kann man in der Matrixorganisation nicht so schnell reagieren, da die Mitarbeiter nicht zu 100 % ihrer Tätigkeit für das Projekt zur Verfügung stehen. Eine **Einflussorganisation** ist zumindest für ein Pilotprojekt nicht geeignet, da der Projektleiter keinerlei Weisungsbefugnis hat und die Mitarbeiter dadurch ggf. zu wenig Engagement für das Projekt zeigen.

Da zur Einführung der Testautomatisierung normalerweise bereits eine Abteilung für das Testmanagement besteht, ist ein projektorientierter Teilbereich mit Linienvorgesetzten als Projektleiter sinnvoll. Dann ist das Know-how bereits in der Abteilung vorhanden und der Übergang vom manuellen Testen hin zum automatisierten Testen fließender.

Tab. 15.1 zeigt die Unterscheide verschiedener Formen der Projektorganisationen und stellt damit eine Entscheidungshilfe zur Auswahl der geeigneten Organisation dar [DRES2011].

15.3 Testprozesse und Testautomatisierung

Testautomatisierung ist erfolgreich, wenn auch zugrunde liegende Testprozesse umgesetzt und gelebt werden. Oder im Umkehrschluss: Testautomatisierung ist nicht dafür geeignet, um einen schlecht funktionierenden Testprozess zu verbessern. Wenn kein Know-how in Testtechniken und keine Testressourcen zur Verfügung stehen oder Testen eher als „Ausprobieren" angesehen wird, bringt der Einsatz von Testautomatisierung wenig. Stattdessen werden nur Kosten durch die Beschaffung von Werkzeugen erzeugt und im Projekt entstehen zusätzliche Reibungsverluste durch den Zwang, sich mit dem Werkzeug auseinanderzusetzen.

Es ist andererseits nicht nötig, über einen bis ins letzte Detail ausgefeilten Testprozess zu verfügen. Ein schlanker Prozess, in dem überlegt und strukturiert Testfälle erstellt und durchgeführt werden, reicht völlig aus, um Testautomatisierung im ersten Schritt einzusetzen.

15.4 Beginn, Erweiterung und Ausrollen der Testautomatisierung im gesamten Unternehmen

Es empfiehlt sich generell, die Umsetzung von Testautomatisierung in einem kleinen, überschaubaren Teilbereich zu beginnen und nicht, ein riesiges Testautomatisierungsframework als Big Bang aufzusetzen und sofort alle Tests automatisiert zu starten. Durch die Automatisierung in einem Teilbereich gewinnt man erste Erfahrungen. Das ausgewählte Modul sollte fachlich nicht zu einfach und nicht zu schwierig sein. Als Basis, um ein geeignetes Modul zu identifizieren, kann die Risikoanalyse des Test- oder Projektmanagers dienen.

Wenn die Testautomatisierung für dieses oder einige Module eine gewisse Reife entwickelt hat, können die nächsten Bereiche in Angriff genommen werden. Dabei können sich neue Anforderung für die Testautomatisierung ergeben, die vorher nicht bedacht wurden und Änderungen am Automatisierungsframework oder das Werkzeug ergeben. Wenn in diesem Schritt Auswirkung auf bereits automatisierte Testfälle festgestellt werden, ist ein Refactoring nötig. Dieses Vorgehen ist vor allem dann ratsam, wenn Testautomatisierung im gesamten Unternehmen ausgerollt werden soll. Dabei wird in einem mittelgroßen, repräsentativen Projekt begonnen und bei Erfolg die nächsten Projekte mit Testautomatisierung ausgestattet.

Einen Spezialfall stellen in diesem Zusammenhang sogenannte Wartungsprojekte bzw. sich in Wartung befindliche Applikationen dar. Während für Entwicklungsprojekte Testaktivitäten und Testressourcen entsprechend eingeplant werden, fallen diese Aktivitäten in der Wartung eher zufällig an und werden dabei häufig an kurzfristig organisierte Tester aus den Fachbereichen delegiert, die gerade dafür Zeit haben. Dabei kann die Testautomatisierung entlang den kleinen bis mittleren Systemänderungen ausgebaut werden und schafft zusätzlich eine Entlastung für die Fachbereiche.

Bei einer unternehmensweiten Einführung stellen vor allem heterogene Systemlandschaften eine besondere Herausforderung für Testautomatisierung dar. Die Automatisierung mit einem einzigen, einheitlichen Werkzeug unternehmensweit umzusetzen, stößt hier schnell an die Grenzen des Machbaren. In diesem Fall bietet ein eigene Automatisierungsframework mehr Flexibilität, um auf komplexe Systemlandschaften einzugehen.

15.5   Testautomatisierer als Rolle im Projekt

In einem Testprojekt werden gewisse Rollen besetzt. Folgende Rollenbilder mit entsprechenden Verantwortlichkeiten haben sich dazu herausgebildet:

- **Testmanager/ Testleiter:** Planung und Konzeption der Testaktivitäten, Erstellung des Testkonzepts, Steuerung und Kontrolle des Testprojekts und Erstellung von Reports
- **Testanalyst/ Testdesigner:** Erstellung von Testentwurf und Testfallspezifikation
- **Tester:** Durchführung von Tests, Protokollierung der Testergebnisse und Dokumentation von Abweichungen
- **Testadministrator:** Installation und Administration der Testumgebung

Bei Testanalysten und Testern sind Kenntnisse von Programmier- und Skriptsprachen nicht zwingend notwendig und gerade die Unabhängigkeit von Entwicklung und technischer Implementierung wird als Vorteil bei diesen Rollen betrachtet. Das stellt sich beim **Testautomatisierer** etwas anders dar, denn er muss sowohl über Skills und Fähigkeiten eines Testers als auch eines Entwicklers verfügen.

Folgende Aufgaben und Skills gelten für die Rolle des Testautomatisierers:

- Er ist Experte für die Anwendung der Testautomatisierungswerkzeuge: Für den Wissensaufbau bieten Schulungen des Herstellers eine gute Basis. Diese Fähigkeit bedeutet nicht zwangsläufig, auch für die Installation und Wartung des Werkzeugs bzw. des Automatisierungsarbeitsplatzes verantwortlich zu sein – diese Aufgabe kann auch einem Testadministrator oder einem allgemeinen Betriebsteam überlassen sein.
- Er benötigt sehr gute Kenntnisse der Programmier- bzw. Skriptsprachen oder anderer für den Entwurf von Abläufen zuständiger Elemente, die die Werkzeuge verwenden: Testautomatisierung bedeutet häufig Entwicklertätigkeit und dazu gehören auch Aspekte wie Definition und Einhaltung von Programmierrichtlinien, Kommentierung, Strukturierung, Modularisierung, Wiederverwendung und Dokumentation des Codes.
- Er besitzt die Fähigkeit zum Entwurf einer Systemarchitektur und eines Systemdesigns: Es reicht nicht aus, dafür nur eine Programmiersprache zu beherrschen, vor allem wenn es sich um größere Automatisierungsprojekte handelt.
- Er ist in der Lage, konzeptionell und planerisch zu denken: Vor der Implementierung der Testfälle wird die Testautomatisierung konzipiert und es wird geprüft, was man damit erreichen möchte. Hier benötigt der Testmanager Unterstützung durch den Testautomatisierer, der die technischen Gegebenheiten der Automatisierungsumgebung am besten kennt.
- Er verfügt über Tester-Skills: Die Umsetzung von Testfällen in der Testautomatisierung wird einfacher, wenn der Testautomatisierung Testfallentwurfsmethoden und das Vorgehen der Testanalysten und Tester kennt. Dadurch versteht der Testautomatisierung die Idee hinter den Testfällen und unterzieht sie durch seine programmtechnische

Umsetzung einem Review. Dadurch kann die Qualität der Testfälle verbessert werden. Gerade Testverfahren wie Äquivalenzklassenbildung, Grenzwertanalyse oder die Anwendung sinnvoller kombinatorischer Testtechniken können oft erst mit Einsatz von Testautomatisierung in die Praxis umgesetzt werden.

Für Testautomatisierer gibt es eigene Lehrpläne für Weiterbildungen und im Certified-Tester-Schema des ISTQB die Rolle „Test Automation Engineer" [BATE2015]. In größeren Teams ist es sinnvoll, Schwerpunkte herauszubilden, also etwa einen Mitarbeiter, der eher konzeptionell vorgeht, einen Experten für das Systemdesign und einen Entwickler, der sich mit der Anwendung der Programmiersprache sehr gut auskennt, einzusetzen und dabei die Stärken der einzelnen Spezialisten des Teams besser herauszubilden.

Der **Testadministrator** (bzw. **Testumgebungsmanager**) verantwortet die geeignete Testumgebung und nimmt daher eine wichtige organisatorische Rolle im Projekt ein. In diesem Zusammenhang ist darauf hinzuweisen, dass überhaupt eine geeignete Testumgebung eingerichtet und zur Verfügung stehen muss. Die Testumgebung sollte daher unbedingt auch vom Testteam administriert werden können. Testumgebungen, die beim Lieferanten stehen oder die mit anderen Projekten oder Organisationseinheiten zusammen genutzt werden werfen erfahrungsgemäß gewaltige organisatorische Probleme im Testmanagement auf. Testumgebungen für das eigene Automatisierungsprojekt sollten unbedingt autark verwaltet werden können. Nicht immer muss ein Testumgebungsmanager permanent zu 100 % zur Verfügung stehen, er sollte aber bei Bedarf jederzeit sofort einspringen können und nicht erst neu priorisiert werden müssen, weil von der Arbeit des Testadministrators schließlich abhängig ist, ob automatisierte Skripts überhaupt durchgeführt werden können [DRES2011].

Literatur

[BATE2015] Bucsics, Baumgartner, Seidl, Gwihs: Basiswissen Testautomatisierung, dpunkt Verlag Heidelberg 2015
[DRES2011] Drescher: Leitfaden für die Einführung einer Testautomation zur effizienten Qualitätssicherung von Softwareprodukten, Diplomarbeit, GRIN Verlag München 2011

Automatisierung in unterschiedlichen Teststufen (Modultest, Integrationstest, Systemtest)

16

Zusammenfassung

Testautomatisierung kann in den Teststufen Modultest, Integrationstest und Systemtest durchgeführt werden. Je nach betroffener Teststufe unterscheiden sich dabei die Ziele, Kriterien und besonderen Herausforderungen für die erfolgreiche Umsetzung.

16.1 Automatisierung im Modultest

Ein **Modultest** (auch als **Unittest** oder als Komponententest bezeichnet) ist eine frühe Teststufe, in der die inneren, detailliertesten Komponenten der Software getestet werden.

Testgegenstand sind einzelne abgrenzbare Teile von Computerprogrammen, z. B. ausgewählte Codeabschnitte, Module, Unterprogramme, Units oder Klassen. Das Testziel dieser Tests ist der Nachweis der technischen Lauffähigkeit und korrekter fachlicher (Teil-)Ergebnisse. Da diese Teststufe ein genaues Verständnis des Quelltextes erfordert, wird sie in der Regel durch die Anwendungsentwickler selbst anstatt durch unabhängige Testingenieure durchgeführt. Dennoch sollte eine andere Person aus dem Entwicklungsteam als der Entwickler, der für einen bestimmten Programmteil verantwortlich ist, den Test an diesem Programmteil durchführen, weil die Tests dadurch objektiver ausgeführt werden und man dazu neigt, eigene Fehler zu übersehen. Es ist empfehlenswert, Modultests direkt nach Erstellung und vor der Integration durchzuführen, da sich durch diesen Ansatz Softwarefehler schnell entdecken lassen und die Fehlerbehebung dadurch sehr kostengünstig ist.

Während der Modultests können auch statistische Analysen des Quelltextes vorgenommen werden, bei dem die Einhaltung von Codierregeln und Programmierstandards (z. B. „**MISRA Rules**") kontrolliert werden. Mithilfe von **Profiluntersuchungen** wird überprüft, ob ein Algorithmus effizient ist oder ob eine Funktion zu oft aufgerufen wird.

F. Witte, *Konzeption und Umsetzung automatisierter Softwaretests*,
https://doi.org/10.1007/978-3-658-42661-3_16

Damit können ungeeignete Dimensionierungen von Algorithmen, Instanziierungen und Ressourcennutzungen aufgedeckt werden. Dabei kann z. B. die Notwendigkeit aufgezeigt werden, das Sortierverfahren zu ändern (etwa von einem Bubblesort- zu einem Quicksort-Verfahren zu wechseln) oder auf API-Aufrufe in Suchverfahren zu verzichten. Solche Probleme bleiben während der anfänglichen Implementierung möglicherweise unbemerkt, können aber in der Produktion zu erheblichen Auswirkungen führen. Beim Modultest geht es auch um das Aufspüren von **Memory Leaks** oder Problemen in Objektdateien und Bibliotheken.

Wenn die Modultests Probleme aufdecken, müssen diese Fehler dokumentiert und erfasst werden. In der betrieblichen Praxis wird häufig auf ein Fehlermanagement im Entwicklungsprozess verzichtet und der Fehler lediglich direkt behoben. Das führt aber dazu, dass man die Ursachen nicht ausreichend klassifiziert und viele Fehler immer wieder macht. Für die Erhebung von Metriken und nachhaltige Verbesserung der Entwicklungsprozesse ist aber gerade die Dokumentation dieser Fehler ein wichtiger Schritt zur Optimierung der Softwarequalität.

Folgende Kriterien sind bei der Bewertung von Modultests zu prüfen:

- Entspricht der Programmteil den Vorgaben durch das Design?
- Wird bei jeder bedingten Anweisung die Bedingung ordnungsgemäß ausgeführt?
- Haben die Tests den Programmteil über das gesamte Spektrum der Betriebsbedingungen erprobt, mit der dieser Softwareteil voraussichtlich umgehen muss?
- Arbeiten alle Ausnahmen korrekt?
- Werden die Fehler richtig ausgelöst?
- Sind alle Anweisungen des Programteils mindestens einmal erfasst worden?
- Sind alle Grenzfälle des Programmteils mindestens einmal erfasst worden?
- Wurden durch das Design Vorgaben für die Funktionsweise dieses Programmteils erstellt? Konnten diese Vorgaben des Systemdesigns durch die Modultests bestätigt werden?
- Wurden beim Test keine Memory Leaks festgestellt?
- War die Durchführung der Profilüberprüfung erfolgreich?
- Wurden alle Steuerpfade kritischer Programmteile erfolgreich durch Testdaten erprobt?

Nach Abschluss der Phase des Modultests wird der Code der Anwendung als neue Baseline festgelegt und das Testteam bewertet die Ergebnisse. Die Testresultate müssen die Abschlusskriterien erfüllen und es wird eine Freigabe erteilt, bevor das Testteam mit der nächsten Testphase beginnt.

16.2 Automatisierung im Integrationstest

Der Begriff **Integrationstest** bezeichnet in der Softwareentwicklung eine aufeinander abgestimmte Reihe von Einzeltests, die dazu dienen, verschiedene voneinander abhängige Komponenten eines komplexen Systems im Zusammenspiel miteinander zu testen. Die erstmals im gemeinsamen Kontext zu testenden Komponenten haben im Idealfall jeweilige Modultests erfolgreich bestanden und sind für sich isoliert fehlerfrei funktionsfähig. Da Programmteile auch aus anderen Programmteilen bestehen können, kann ein Teil des Integrationstests bereits während des Modultests stattfinden.

Der Integrationstest wird in zwei unterschiedliche Strategien unterschieden: Die **testzielorientierte Strategie** benötigt nur die zum Testen notwendigen System-Komponenten. Dort werden die Testfälle entsprechend zuvor definierter Testziele erstellt und ausgeführt. Die **vorgehensorientierte Strategie** ist von der Integrationsreihenfolge aus der Systemarchitektur abhängig.

Eine weitere Unterscheidung ist die Art, wie die Komponenten integriert werden: Die **inkrementelle Integration** fügt die Module schrittweise zusammen. Hierzu müssen fehlende Module simuliert werden. Die **nicht-inkrementelle Integration** fügt alle Komponenten gleichzeitig zusammen und integriert sie in das zu testende System. Dazu müssen alle Module bereits vor dem Integrationstest vorhanden sein. Diese Variante hat sich in der Praxis als nicht tauglich erwiesen, weil in der Praxis erfahrungsgemäß nie alle Komponenten zum selben Zeitpunkt fertig werden und man nicht immer auf das langsamste Modul warten kann.

Es ist nicht immer möglich oder erwünscht, ein einzelnes Objekt vollkommen isoliert zu testen. Soll die Interaktion eines Objektes mit seiner Umgebung überprüft werden, muss vor dem eigentlichen Test die Umgebung nachgebildet werden. Das kann umständlich, zeitaufwendig, oder gar nur eingeschränkt oder überhaupt nicht möglich sein. Daher werden sowohl beim Modultest als auch beim Integrationstest **Mock-Objekte** eingesetzt. Ein Mock-Objekt ist in der Softwareentwicklung ein Programmteil, der zur Durchführung von Modultests als Platzhalter für echte Objekte verwendet wird.

Für jede Abhängigkeit zwischen zwei Komponenten eines Systems wird ein Testszenario definiert, welches in der Lage ist nachzuweisen, dass nach der Zusammenführung sowohl beide Komponenten für sich wie auch der Datenaustausch über die gemeinsame(n) Schnittstelle(n) spezifikationsgemäß funktionieren. Als Methoden werden sowohl Funktionstests als auch Schnittstellentests angewendet. Da die Funktionstests meistens im Rahmen der Komponententests bereits durchgeführt wurden, dienen sie an dieser Stelle dazu festzustellen, ob die richtige Komponente verwendet wird. Die Schnittstellentests dienen zur Überprüfung der Daten, die zwischen den Komponenten ausgetauscht werden.

Während der Integrationstests können automatisierte Testskripts erstellt werden, die später während der Systemtests wieder verwendet werden.

Die Durchführung der Integrationstest sollte durch ein eigenes Testteam durchgeführt werden. Nach dem automatisierten Integrationstest müssen die Testergebnisse bewertet,

Fehler in einem Fehlererfassungssystem dokumentiert, behoben und erneut automatisiert getestet werden. Gerade in dieser Testphase ist eine enge Zusammenarbeit mit dem Entwicklungsteam sinnvoll.

16.3 Automatisierung im Systemtest

Beim Systemtest wird die Integration der Teile, aus denen das gesamte System besteht, untersucht. Dabei ist unter Umständen eine große Zahl von Verfahren erforderlich, um alle notwendigen Kombinationen von Eingaben, Verarbeitungsregeln und Ausgaben zu einer Programmfunktion zu verifizieren.

Wenn das Resultat von den erwarteten Ergebnissen abweicht, ist die Ursache der Abweichung zu analysieren. Dabei ist besonders auf vermeintliche Fehler („falsch negative Fehler") zu achten, also dass ein richtiges Systemverhalten als Fehler bewertet wird, weil das Testszenario falsch ist. Das Auftreten solcher vermeintlichen Fehler kann durch notwendige Änderungen an der zu testenden Anwendung, Fehler bei der Testvorbereitung, Fehler in den Testverfahren, Benutzerfehler, fehlerhafte Logik der automatisierten Testskripts oder Probleme mit der Testumgebung (z. B. bei Installation der falschen Version der Anwendungssoftware) verursacht werden. Die Anzahl dieser vermeintlichen Fehler ist nicht zu unterschätzen, zumal die Ursachen dafür vielschichtig sind.

Um die Reproduzierbarkeit von Testergebnissen sicherzustellen, ist es erforderlich, dass die Beschreibungen der Testverfahren die nötigen Details enthalten. Gerade bei automatisierten Testskripts ist daher auf eine ausführliche Kommentierung zu achten. Fehlende Kommentare und lückenhafte Beschreibungen findet man in der Praxis leider häufig vor. Mehr Sorgfalt bei der Vorbereitung und mehr Dokumentation der Testfälle zahlt sich aber in jedem Fall aus; sie wird leider häufig aufgrund von Zeitmangel unterlassen und verursacht dadurch auf längere Sicht erhebliche Zusatzaufwände.

Des Weiteren ist darauf zu achten, dass jegliche Programmänderung in den automatisierten Skripts berücksichtigt wird. Wenn z. B. ein Menüeintrag auf dem Bildschirm geändert wird, kann es sein, dass das programmierte Skript auf einen Fehler hinweist, weil es auf einer vorigen Version basiert.

Es können beim Test aber auch „falsch positiver Fehler" vorkommen, also dass ein Testverfahren scheinbar erfolgreich durchgeführt wurde, aber dennoch ein Problem bei der zu testenden Anwendung vorhanden ist, weil das automatisierte Testskript bestimmte Nuancen des Testobjekts nicht ausreichend berücksichtigt.

Unter einem **Regressionstest** versteht man in der Softwaretechnik die Wiederholung von Testfällen, um sicherzustellen, dass Modifikationen in bereits getesteten Teilen der Software keine neuen Fehler („Regressionen") und unerwünschte Seiteneffekte verursachen. Der Systemtest wird mithilfe von Testautomatisierung häufig als Regressionstest durchgeführt.

Regressionstests bestehen manchmal nicht aus dem gesamten Testspektrum, sondern nur aus einer bestimmten Auswahl automatisierter Tests, die besonders riskante und potenziell betroffene Programmteile nach erfolgter Fehlerbeseitigung überwachen. Die Analyse der Ergebnisse des Regressionstests stellt sicher, dass zuvor ordnungsgemäß arbeitende Funktionen nicht durch Änderungen an der Software zum Zwecke der Fehlerbehebung beeinträchtigt wurden. Das Testteam muss Regressionstests daher an veränderten und unveränderten Programmteilen, die durch anderweitige Veränderungen möglicherweise beeinflusst sein könnten, durchführen.

Wenn bei zuvor funktionierenden Systemteilen Fehler beobachtet werden, muss das Testteam andere Funktionsbereiche identifizieren, die höchstwahrscheinlich Einfluss auf die fehlerhafte Funktionalität haben. Basierend auf den Ergebnissen dieser Analyse kann bei den Regressionstests ein größeres Gewicht auf die ausgewählten Bereiche gelegt werden. Nachdem das Entwicklungsteam die Fehlerkorrekturen implementiert hat, werden weitere Regressionstests in diesen Problembereichen zur Verifikation der Fehlerbehebung durchgeführt. In diesem Zusammenhang sollten Programmbereiche identifiziert werden, die besonders diffizil und dadurch auch besonders fehleranfällig sind, damit künftige Testaktivitäten diese neuralgischen Bereiche mit größerer Intensität prüfen, also mehr Testfälle definieren.

Abnahme- und **Benutzerakzeptanztests** werden meist manuell durchgeführt. Es kann zwar geboten sein, Ergebnisse aus automatisierten Testläufen zu präsentieren; die Vorgehensweise entspricht dabei aber dem Vorgehen beim Systemtest. Generell ist jedoch der Abnahmetest die Teststufe, auf die sich die Testautomatisierung am wenigsten auswirkt.

Die bei der Testautomatisierung erkannten Fehler werden jeweils in einem Fehlermanagementtool erfasst und priorisiert [SOAT2001]. Definierte und konsequent umgesetzte Prozesse beim Fehlermanagement sind für erfolgreiche Testprozesse generell entscheidend und bei Einsatz von Testautomatisierung besonders wichtig.

Literatur

[SOAT2001] Dustin, Rashka, Paul: Software automatisch testen, Springer-Verlag Berlin Heidelberg 2001

Testautomatisierung für Last- und Performancetests

17

Zusammenfassung

Nichtfunktionale Tests sind durch unterschiedliche Testziele und Methoden gekennzeichnet. Bei der Automatisierung von Last- und Performancetests sind vor allem die Erstellung geeigneter Testdaten und die Definition der Benutzerparameter zu bedenken. Werkzeuge für Performancetests in der Cloud eignen sich in diesem Zusammenhang besonders für die Simulation verschiedener geografischer Standorte.

Beim **nichtfunktionalen Testen** werden Funktionen unter Last auf Dienstleistung, Durchsatz, Zuverlässigkeit (z. B. Speicherlecks), Benutzerfreundlichkeit, Sicherheit oder Skalierbarkeit getestet. Diese Tests werden in der Regel mit Automatisierungstools durchgeführt. Nichtfunktionale Tests werden auf allen Teststufen durchgeführt.

17.1 Arten nichtfunktionaler Tests

Beim **Performancetest** wird die Last während des Tests bis zu definierter Last schrittweise erhöht, indem immer mehr virtuelle Benutzer aktiviert und mit Aufgaben versehen werden. Nach der Ramp-Up Phase sollten die folgenden Parameter während des Tests überwacht und in verschiedenen Testphasen verglichen werden:

- Antwortzeiten der Anwendung
- Anzahl der pro Sekunde verarbeiteten Anforderungen oder anwendungsspezifischen Transaktionen
- Check gegen die SLAs und Baseline (Referenzlauf)
- Prozentsatz fehlgeschlagener Anforderungen (Fehlerrate)

© Der/die Autor(en), exklusiv lizenziert an Springer Fachmedien Wiesbaden GmbH, ein Teil von Springer Nature 2023
F. Witte, *Konzeption und Umsetzung automatisierter Softwaretests*,
https://doi.org/10.1007/978-3-658-42661-3_17

Beim **Stresstest** wird die Kapazitätsgrenze des Systems untersucht. Wenn die auf das System erzeugte Last über die Kapazitätsgrenze hinausgeht, reagiert die Anwendung sehr langsam und kann unter Umständen Fehler erzeugen.

Primäre Aufgabe von Stresstests ist es also diese Grenzen zu finden und zu prüfen, ob

- das System beim Erreichen dieser Grenzen mit der Belastung richtig umgehen kann (kein Absturz, richtige Fehlermeldungen wegen der Überlastung)
- das Verhalten nach der Last den Erwartungen entspricht
- das System in der Lage ist mit gewünschten Leistungsmerkmalen zum normalen Betrieb zurückzukehren

Zu den Stresstests gehören **Bounce-Tests,** bei denen sich Spitzenlast und Zeiten mit geringer Last abwechseln. Dabei wird ermittelt, ob die reservierten Ressourcen auch wieder korrekt freigegeben werden.

Das Testen der **Skalierbarkeit** ist eine nichtfunktionale Testmethode, bei der die Leistung einer Anwendung anhand ihrer Fähigkeit gemessen wird, die Anzahl der Benutzeranforderungen oder anderer Leistungs-Attribute zu vergrößern oder zu verkleinern. Skalierbarkeitstests können auf Hardware-, Software- oder Datenbankebene durchgeführt werden. Die für diesen Test verwendeten Parameter sind anwendungsspezifisch unterschiedlich. Es kann sich dabei um die Anzahl der Benutzer, die CPU-Auslastung und die Netzwerkauslastung oder aber um die Anzahl der verarbeiteten Anforderungen handeln.

Unter **Spike-Tests** versteht man eine Art von Leistungstests, bei denen die Anwendung mit extremen Zu- und Abnahmen der Last, wie Anzahl der Benutzer oder zu verarbeitende Datenmenge, getestet wird, um die Fähigkeit des Systems, sich von diesen Lastspitzen zu erholen und in den stabilen Zustand zurückzukommen, zu prüfen.

Bei **Resilienztests** wird die Ausfallsicherheit von Softwarelösungen überprüft. Die Ausfallsicherheit bezieht sich auf die Fähigkeit einer Lösung, die Auswirkung eines Problems auf einen oder mehrere Teile eines Systems zu absorbieren und gleichzeitig dem Unternehmen ein akzeptables Serviceniveau bereitzustellen.

Endurance Tests, die auch als **Ausdauertests** oder „soak testing" bezeichnet werden, sind Tests, die verwendet werden, um zu überprüfen, ob das System die Last für eine lange Zeit oder eine große Anzahl von Transaktionen aushält. In der Regel werden verschiedene Arten von Problemen bei der Ressourcenzuweisung aufgezeigt. Beispielsweise wird ein kleiner Speicherverlust bei einem Schnelltest selbst bei hoher Last nicht erkannt. Es wird empfohlen eine sich ändernde periodische Belastung für eine lange Testdauer zu verwenden.

Ziel von **Volume Tests** ist es, das Verhalten des Systems zu testen, wobei die Last auf das zu testende System mittels erheblicher Datenmengen z. B. durch Manipulation oder Down/Upload von sehr großen Datenmengen erzeugt wird. Dabei wird die Komplexität jeder Transaktion z. B. durch Benutzung von zusammengesetzten Schlüsselwörtern bei Suchanfragen maximiert, um sehr lange Ergebnislisten zu erhalten [TELP2022].

Konfigurationstests messen den Einfluss von Konfigurationsänderungen an der Infrastruktur oder der Applikation und können in Kombination der obigen Testarten durchgeführt werden.

Wenn schließlich ein bereits identifiziertes Problem genauer untersucht werden soll, werden bei einem Isolationstest ein bestimmtes Testszenario, einzelne Systemkomponenten oder auch eine bestimmte Transaktion isoliert getestet.

17.2 Automatisierung nichtfunktionaler Tests

Die erforderlichen Tätigkeiten zur Automatisierung nichtfunktionaler Tests sind analog herkömmlichen Testprojekten. Nach Erarbeitung der Testziele und Analyse der geplanten Nutzung des Testobjekts werden die wichtigsten Geschäftsfälle identifiziert und daraus geeignete Testszenarien bzw. Transaktionen abgeleitet. Dazu werden die benötigten Testdaten erstellt. Nach Herstellung der Testvoraussetzungen kann mit der Testdurchführung begonnen werden. Am Ende der Testdurchführung werden die Testergebnisse dokumentiert und interpretiert.

Im Einzelnen sind bei der Automatisierung nichtfunktionaler Tests folgende Schritte durchzuführen:

- Festlegung qualitativer und quantitativer Ziele (z. B. Definition der akzeptablen Dauer der Reaktionszeiten oder der Antwortzeiten an Schnittstellen). Dabei sind die konkreten Mess- und Zielgrößen zu definieren. Diese Zielgrößen sind in Bezug auf die Anzahl der gleichzeitig zu erwartenden Nutzer zu optimieren. Auch die Auslegung des Systems hinsichtlich der zu verarbeitenden Daten und Mengen ist dabei zu bedenken. Diese Vorgaben müssen sehr spezifisch und präzise formuliert werden, etwa wie folgt: „Die Anwendung (Funktion/Transaktion/Schnittstelle/ …) X soll unter den Rahmenbedingungen (Nutzerzahl/verwendete Hardware- bzw. Softwarekomponenten/ verfügbaren Bandbreiten/..) Y das Ergebnis (Antwortzeit/Mengenverarbeitung/..) Z in wenigstens N% der Fälle erfüllen." Weitere Zielsetzungen für den Performancetest ergeben sich zum Beispiel aus dem Einsatz aus der Überprüfung und laufenden Verbesserung von Softwarearchitekturen auch ohne Vorgabe konkreter Anforderungen oder zur empirischen Ermittlung von Systemgrenzen.
- Identifikation der Transaktionen bzw. Testszenarien: Zur Auswahl der Testszenarien ist eine realistische Belastung mit Geschäftsvorfällen vorzusehen, die im funktionalen Test überprüft wurden. Dabei sollten repräsentative Geschäftsvorfälle ausgewählt werden.
- Erstellung der Testdaten: Die Erstellung der Testdaten ist oft eine aufwendige und schwierige Tätigkeit und sollte bereits während der Softwareentwicklung durchgeführt werden. Der Last- und Performancetest benötigt in der Regel eine größere Testdatenbasis als der funktionale Test. Schon die Anzahl der verwendeten virtuellen Benutzer braucht eine gewisse Vorbereitungszeit zur Erstellung. Jeder virtuelle Benutzer wird

während der Testdurchführung Daten erstellen, ändern oder löschen. Bei dem Last- und Performancetest eines Webshops müssen Produkte vorhanden und auch bestellbar sein. Dabei ist zu bedenken, dass eine leere Datenbank geringere Zugriffszeiten besitzt als eine Datenbank mit sehr vielen Einträgen. In der Regel werden die Testdaten während des Tests manipuliert und müssen anschließend zurückgesetzt werden können, denn jeder Testlauf benötigt wieder neue eindeutige Testdaten. Auch dieser Verbrauch der einmaligen Testdaten ist ein erheblicher Aufwand und wird häufig unterschätzt. Die am besten geeigneten Daten sind Daten, die von einer produktiven Umgebung extrahiert werden. Es kann auch auf Daten von Betatests oder Daten von Benutzerakzeptanztests zurückgegriffen werden. Bei diesen Verfahren sind auch eventuelle Vorgaben zur Datenanonymisierung zu beachten. Bei der Verwendung rein synthetischer Testdaten weicht die Verteilung der Datenkonstellationen meist zu wenig von den realen Gegebenheiten ab und führt zu verzerrten Testergebnissen.

- Erstellung der Testszenarien: Funktionale Testskripte können in vielen Fällen auch als Grundlage der Lasttestskripte herangezogen werden. Dabei sind jedoch **dynamische Benutzerparameter** (Werte, die der Benutzer eingibt, z. B. Benutzernamen oder Sucheingaben) anzupassen, um ein realistischeres Testszenario zu erhalten. **Dynamische technische Parameter** (z. B. dynamische Session-IDs) werden vom Server generiert und vom Client in nachfolgenden Anfragen verwendet. Diese Werte ändern sich bei jedem Aufruf und müssen für einen korrekten Testlauf behandelt werden. Die Werte werden aus einer Server-Antwort extrahiert und die extrahierten Werte in nachfolgenden Server-Anfragen an entsprechender Stelle wieder eingefügt. Ferner gibt es **statische Parameter** in den Testszenarien (z. B. Serveradressen), das sind Werte, die für einen Testdurchlauf konstant bleiben, egal welcher Benutzer eingeloggt ist oder wie oft das Szenario abgespielt wird. Um zu überprüfen, ob das Testszenario fehlerfrei während der Testdurchführung abgearbeitet wird, sollte an ausgewählten Stellen im Testskript Validierungen eingefügt werden. Um die Performanceziele zu überprüfen, sollten Zeitmessungen hinzugefügt werden, die die Dauer bestimmter Transaktionen messen (z. B. die Zeit zwischen Absenden einer Suchanfrage und dem Empfang der Ergebnisseite).

- Testdurchführung: Ein Testszenario besteht aus ein oder mehreren Transaktionen. Eine Transaktion stellt eine abgeschlossene Folge unterschiedlicher Tätigkeiten dar, z. B. Login auf eine Seite, Produkt suchen, Produkt zum Warenkorb hinzufügen, Produkt kaufen und Abmelden. Diese Transaktionen gliedern sich in diesem Beispiel wiederum auf einzelne Websites auf, die wiederum aus einzelnen Requests bestehen. Dabei werden mehrere Testläufe für jedes Testszenario durchgeführt, z. B. isoliert auf einem Server, mit konkurrierenden Usern auf einem Server, mit mehreren Testszenarien und möglichen Konflikten zwischen Transaktionen wie z. B. Deadlocks beim Datenbankzugriff. Dazu gehören auch Lasttests der Testszenarien über einen längeren Zeitraum mit Überprüfung des Ressourcenverbrauchs.

- Die Daten der Software und der Infrastruktur werden während der Testdurchführung gesammelt und überwacht (Monitoring), die Ergebnisse anschließend analysiert und interpretiert. Das **interne Monitoring** sammelt Daten, die ein Tool zur Last- und Performance direkt messen kann, wie z. B. das Antwortzeitverhalten oder den Datendurchsatz. Beim **externen Monitoring** werden Daten der Testinfrastruktur erhoben, wie z. B. die CPU-Last, der Speicherverbrauch, die Anzahl der Threads, die Anzahl der IO-Zugriffe oder die Größe des Cache [BATE2015].

Eine Besonderheit der Performance Tests und eine relativ neue Entwicklung stellen **Cloud Performance Testing Tools** dar. Die Cloud Performance Testing Tools bieten die Möglichkeit, die Tests auf einer Cloud-Infrastruktur auszuführen. Der Hauptvorteil von Cloud-basierten Performance Test ist die Simulation verschiedener geografischer Standorte, die dabei helfen, die Last auf den Server aus verschiedenen Regionen, Ländern und Gebieten anzuwenden.

Das Konzept des Cloud-basierten Performance Test besteht darin, das Skript auf einem lokalen Computer zu erstellen, es anschließend in der Cloud hochzuladen, das Online-Szenario zu erstellen, den Test auszuführen und den Bericht zu erstellen. Viele Cloud-basierte Tools haben ihr eigenes Skripting-Tool, während einige von ihnen Open-Source-Tools verwenden. Das schnelle Wachstum der Cloud-basierten Technologie erhöht auch die Verwendung von Cloud-basierten Testwerkzeugen. Sie sind leistungsstark und einfach zu bedienen. Dieses Verfahren hat folgende Vorteile:

- Es fallen keine Hardwarekosten für die Lastgeneratoren an.
- Es ist kein zusätzlicher Aufwand erforderlich, um die Lastgeneratoren einzurichten, die Phase der Testvorbereitung ist also kürzer.
- Kosten für Hardware bzw. Lizenzen sind generell niedrigerer als die Einrichtung vor Ort.
- Die Testumgebung ist leicht skalierbar.
- Es entstehen keine Wartungskosten für die Testumgebung.
- Die Cloud ist einfach zu verwenden.
- Teilweise bestehen Open-Source-Tool-Unterstützung für die Erstellung der Skripte.
- Für die verwendeten Tools steht Support zur Verfügung.
- Eine Echtzeitanalyse mit Live-Monitoren ist möglich.
- Meistens besteht die Möglichkeit der Integration von Monitoring Tools.
- Eine geografische Standortsimulation ist möglich. Das ist vor allem für Websites, die aus unterschiedlichen Ländern und in unterschiedlichen Sprachen aufgerufen werden, ein wesentlicher Vorteil.
- Das Reporting ist relativ einfach und standardisiert möglich.

Es bestehen jedoch auch ein paar Nachteile bzw. Aspekte, die beim Einsatz von Cloud Performance Testing Tools bedacht werden müssen:

- Belange der Datensicherheit und des Datenschutzes sind zu beachten.
- Cloudbasiertes Testen hat erhebliche Einschränkungen beim Testen von Intranet-Anwendungen.
- Es fallen auch bei dieser Methode Aufwände an, die von Anfang an klar kommuniziert und bereits zur Planung erhoben werden müssen. Auch Cloud Performance Testing ist nicht kostenlos!
- Oft entstehen Netzwerkprobleme, da nicht alle Protokolle in Cloud-basierten Testwerkzeugen unterstützt werden.
- Die Open-Source-Tool-Skripte haben teilweise Kompatibilitätsprobleme.
- Die Analyse der Testergebnisse muss nach wie vor in Eigenregie durchgeführt werden. Gerade die Analyse und die Bewertung der unterschiedlichen Parameter stellt jedoch eine erhebliche Herausforderung dar.
- Nicht alle Tools unterstützen die Integration externer Lösungen zum Monitoring [TELP2022].

Literatur

[BATE2015] Bucsics, Baumgartner, Seidl, Gwihs: Basiswissen Testautomatisierung, dpunkt Verlag Heidelberg 2015

[TELP2022] https://www.testautomatisierung.org/last-und-performance-tests-grundlagen/, zugegriffen am 11.03.2023

Projektübergreifende Testautomatisierung 18

Zusammenfassung

Wenn Testautomatisierung unternehmensweit oder in mehreren Projekten durchgeführt werden soll, ist ein geeignetes Projektmanagement und eine übergreifende Koordination unbedingt erforderlich. Die Kennzahlen der einzelnen Projekte sollten dabei miteinander verglichen werden, um Erfolgsfaktoren für das gesamte Unternehmen herauszuarbeiten und Störfaktoren zu ermitteln.

In manchen Organisationseinheiten wird Testautomatisierung von vornherein generisch und projektübergreifend eingeführt. Das beinhaltet aber die Gefahr, dass man abstrakte Ansätze wählt, die für das betriebliche Umfeld zu theoretisch und nicht praxisrelevant sind. Es ist daher empfehlenswert, dass man die Testautomatisierung zunächst nur in einem beispielhaften, repräsentativen Projekt einsetzt und dann sukzessive auf weitere Projekte ausdehnt.

Das bedeutet aber in der Folge auch einen höheren Abstimmungsaufwand zwischen den Projekten. Man kann zwar Skripte projektübergreifend verwenden, muss aber bei Anpassungen und Erweiterungen immer aufpassen, ob die Anpassung nur projektspezifisch gilt oder ob sie in den gemeinsamen Pool übernommen werden kann. Teilweise können die Projektanforderungen durchaus unterschiedlich sein, sodass man jede Änderung individuell abstimmen muss. Der Pflegeaufwand steigt dadurch erheblich an und die Verwaltung der Skripte benötigt ein Konfigurationsmanagement analog dem Konfigurationsmanagement der Anwendungssoftware. Man muss sich immer vor Augen führen, dass die Testautomatisierung ein Entwicklungsprojekt im Kleinen ist und daher Herausforderungen des Projektmanagement dabei ebenfalls zu beachten sind.

F. Witte, *Konzeption und Umsetzung automatisierter Softwaretests,*
https://doi.org/10.1007/978-3-658-42661-3_18

18.1 Multiprojektmanagement

Multiprojektmanagement betrifft, ebenso wie „einfaches" Projektmanagement die Projektplanung, Projektdurchführung, Projektverfolgung und die Projektauswertung. Im Multiprojektmanagement müssen diese Prozesse nur mehrfach und nebeneinander laufen. Ein ganzes Projektportfolio mit unterschiedlichen Zielen, Projektteams, Reporting- und Meeting-Zyklen in Schach zu halten erfordert bisweilen höchste Drahtseilakrobatik. Folgende Punkte sind dabei zu beachten:

- **Überblick behalten:** Gerade für Projektverantwortliche ist eine Übersicht über alle laufenden Projekte essenziell. Dadurch kann der jeweilige Projektstatus jederzeit kontrolliert werden und Fortschritte sowie Probleme erkannt werden. Um dieses zu gewährleisten, bedarf es eines Systems, in dem alle Daten zentralisiert zusammenlaufen. Dadurch sind die Informationen schnell verfügbar und müssen nicht aus verschiedenen Quellen zusammengesucht werden. Zusätzlich ist eine Visualisierung des Projektstatus mittels Ampeln sehr hilfreich.
- **Kommunikation und Stakeholder:** Viele Projekte erhöhen die Anforderungen an Kommunikation und Stakeholder Management drastisch. Oft sind Mitarbeiter aus verschiedenen Abteilungen oder sogar aus anderen Unternehmen beteiligt. Dadurch kann die Kommunikation zwischen den Stakeholdern schnell zur Mammutaufgabe werden, aber die Kommunikation ist zusammen mit guter Planung und effizienter Umsetzung maßgeblich für den Erfolg verantwortlich. Am wichtigsten ist, dass Probleme und Verspätungen frühzeitig bekannt gegeben werden, damit rechtzeitig Maßnahmen ergriffen werden können. Für eine effiziente Gestaltung der Kommunikation sind langwierige und häufige Meetings eine hohe Belastung für alle Stakeholder. Viele Mitarbeiter beklagen sich dann darüber, dass sie gar nicht mehr zur laufenden Arbeit kommen, weil sie viel zu viel Zeit in Meetings verbringen, und ich weiß aus eigener Erfahrung, dass diese Sorge berechtigt ist. Eine digitale Lösung, in der alle Projektinformationen festgehalten werden, erhöht die Effizienz enorm. Dazu sollten regelmäßige Statusberichten für einzelne Maßnahmen und eine Übersicht zu Projektmeilensteinen und Effekten eingesetzt werden, mit denen sich Projektteilnehmer dezentral über die Entwicklungen und den aktuellen Zustand aller Projektbereich informieren können, ohne dafür regelmäßig auf Meetings, Flurfunk, Emails und Telefonate zurückgreifen zu müssen. Das alles bremst nämlich den Projekterfolg erheblich aus. Speziell für die Testautomatisierung sollte unbedingt ein Verantwortlicher für das Konfigurationsmanagement der Skripte im Unternehmen definiert sein, wenn man die Testautomatisierung in mehreren Projekten anwenden möchte.
- **Projektübergreifende Standards:** Schon bei einem Projekt sind eine ausführliche Planung und Strukturierung des Projekts empfehlenswert. Bei mehreren Projekten ist diese eine absolute Notwendigkeit. Dazu gehört die Strukturierung der Projekte nach einem einheitlichen Schema, die quantitative Messung des Projekterfolgs, heruntergebrochen

auf einzelne Meilensteine, und ein wiederkehrender Zyklus für Reporting und Analyse. Auf die Testautomatisierung übertragen bedeutet das am Beispiel von 4 Projekten A bis D: wie viele Testfälle sind in Projekt A-D zur Testautomatisierung geplant, wie viele sind in Projekt A-D umgesetzt, wie viele Fehler weisen Projekte A-D auf, an welcher Stufe steht das einzelne Projekt? Diese Informationen kann man anhand einer Tabelle visualisieren, siehe auch Tab. 18.1.

- **PMO als zentrale Projektverwaltung:** Gerade wenn über einen längeren Zeitraum mehrere Projekte gleichzeitig laufen, kann die Einführung eines **Projektmanagement Office** (PMO) die richtige Wahl sein. Das PMO ist eine zentrale Anlaufstelle für die Projektteilnehmer und ist verantwortlich für die Etablierung und Einhaltung von projektübergreifenden Standards. Dadurch können Systeme aufgebaut und eingeführt werden, die ihr Projektmanagement unternehmensweit verbessern. Zusätzlich kann das Know-how aus Projekten internalisiert und für andere wiederverwendet werden.
- **Multiprojektmanagement Software:** Es sollte von Anfang an eine geeignete Multiprojektmanagement Software eingesetzt werden, anstatt erhebliche Zeit zu verwenden, um ein eigenes System zusammenzubasteln, um mehrere Projekte zu verwalten. Die Wahrscheinlichkeit, dass dabei wichtige Informationen verloren gehen, Fehler entstehen und Chaos resultiert, ist jedoch sehr hoch. Problematisch ist dabei, dass Excel, eine Software, die das viele Vorteile hat und für Tabellenkalkulationen und Berechnungen ein sehr mächtiges Tool ist, ohne jemals dafür ausgelegt zu sein, zum meistverwendeten Projektmanagement-Tool zweckentfremdet worden ist. Das Tool kommt bei der Steuerung mehrerer Projekte sehr schnell an seine Grenzen, komplexe oder parallellaufende Projekte sind mit Excel kaum zu bewältigen. Informationen müssen immer wieder neu einzeln beschafft, zusammengesucht und interpretiert werden. Somit ist es nicht verwunderlich, dass Excel im Projektmanagement bei den beteiligten Personen schnell für Verwirrung sorgt und man den Überblick komplett verliert. Bei Excel fehlt u. a. ein Rechte-Management, eine Multiuser-Fähigkeit ist nicht gegeben und der Austausch von Informationen und redundante Datenerfassung erzeugen erhebliche Aufwände und hohe versteckte Kosten. Wenn z. B. zwischen den Projektleitern nicht effektiv kommuniziert wird, kann es mit Excel als Verwaltungsinstrument auch zum unbemerkten mehrfachen Verplanen einer Person kommen. Für Kollegen, die an mehr als einem Projekt arbeiten, bedeutet das händische Erstellen einer To Do-Liste in der Datei des entsprechenden Projektes außerdem, dass sie mehrere dieser Listen an verschiedenen Speicherorten pflegen müssen. Ein unnötiger und zeitfressender Aufwand, wenn eine geeignete Lösung eine projektübergreifende Auflistung aller anstehenden Aufgaben sowie ihrer Dringlichkeit wäre.

Tab. 18.1   Überblick zur Testautomatisierung mehrerer Projekte

Projekt	Anzahl zur Automatisierung geplante Testfälle	Anzahl automatisierte Testfälle	Anzahl automatisiert durchgeführte Testfälle	Bei der Automatisierung aufgetretene Fehler	Status des Projekts
A					Rollout
B					Systemtest
C					Implementierung
D					Anforderungsanalyse

18.2   Bewertung und Vergleich mehrerer Projekte

Zum Vergleich der Kennzahlen mehrerer Projekte empfiehlt sich die Erstellung einer tabellarischen Übersicht:

In dieser Tabelle sieht man vier Projekte A bis D, die sich in unterschiedlichen Phasen befinden. Projekt A ist kurz vor Fertigstellung, Projekt D steht noch ganz am Anfang.

Der Projektumfang ist unterschiedlich.

Dadurch ist auch der Projektfortschritt (etwa die Anzahl automatisierter Testfälle oder die Anzahl der bereits durchgeführten automatisierten Testfälle) unterschiedlich. Dass bei der Automatisierung auch in absoluten wie in relativen Zahlen unterschiedlich viele Fehler aufgetreten sind, ist daher ebenfalls plausibel; die Testabdeckung ist in Projekt A am höchsten.

Man kann die Auswertung erweitern und bei Projekten, die in einer ähnlichen Stufe sind, anhand von **Indexwerten** aus vorhandenen Projektmetriken Vergleiche durchführen und besonders neuralgische Teilbereiche und Projekte identifizieren. Dazu müssen allerdings die Metriken übergreifend definiert sein und die erhobenen Werte nach denselben Kriterien ermittelt werden, da man sonst keine einheitliche Bewertungsgrundlage hat und Äpfel mit Birnen vergleicht. Besondere Einflussfaktoren können in einzelnen Projekten erhebliche Abweichungen verursachen. Ziel muss also sein, diese negativen Einflüsse zu erkennen und künftig proaktiv von Anfang an zu verhindern. Bei einem Vergleich sollten diese Faktoren ebenfalls berücksichtigt werden, um ein vollständiges Bild zu erhalten. Ziel ist, dass man sich an den Projekten orientiert, welche die besten Werte aufweisen, damit mittelfristig auch andere Projekte und somit das gesamte Unternehmen profitiert.

Der optimale Tooleinsatz ist bei einer Automatisierung in mehreren Projekten ebenfalls zu prüfen: nicht jedes Tool ist für jede Anforderung optimal geeignet, sodass man einerseits den Tooleinsatz unternehmensweit fördern sollte und Tools allen Projekten zur Verfügung stellen sollte, aber andererseits genügend Flexibilität erlauben, auch den Einsatz eines anderen Werkzeugs für spezielle Anforderungen einzelner Projekte zuzulassen.

Neue, geänderte Versionen oder Updates eines Tools sollten die Automatisierung bestehender Skripte nicht negativ beeinflussen. Es empfiehlt sich dennoch, den Einsatz neuer

Versionen nur projektweise durchzuführen, um neue Möglichkeiten, aber auch neue Probleme, erst an einem Projekt zu testen und nicht gleich unternehmensweit auszurollen. Zu bedenken ist auch, dass das Update von Tools einen gewissen Zusatzaufwand bedeutet, der von den einzelnen Projekten in der Regel zu Projektbeginn nicht eingeplant war.

Eine generische, bereichsübergreifende Organisation sollte den einzelnen Projekten den Rücken freihalten und Voraussetzungen zur optimalen Projektdurchführung schaffen. Leider erlebt man immer wieder, dass übergreifende Arbeiten das Projektgeschäft eher behindern als es zu fördern. So ist beispielsweise die Einhaltung von Standards bei der Programmierung der Skripte sicherlich sinnvoll und sollte projektübergreifend geklärt sein, der Aufwand muss aber so eingeplant werden, dass er nicht die Umsetzung laufender Projekte, die häufig ohnehin unter Termin- und Ressourcenproblemen leiden, gefährdet. Auch die konsequente Erhebung geeigneter Daten ist durchaus sinnvoll und notwendig, muss dann aber so gestaltet sein, dass durch zusätzliche redundante Datenerfassung und extra Meetings keine Bürokratie und dadurch für den Testmanager nur Zusatzaufwand entsteht, der in der Folge die Umsetzung in Projekten erheblich verlangsamt.

18.3 Vereinheitlichung bestehender Automatisierungslösungen

Eine besondere Herausforderung besteht, wenn es bereits mehrere Projekte gibt, die Lösungen zur Testautomatisierung einsetzen und diese Lösungen mithilfe eines generischen Ansatzes vereinheitlicht werden sollen. Gerade in größeren Organisationseinheiten haben sich die einzelnen Abteilungen oft Eigenlösungen geschaffen, um überhaupt Testautomatisierung durchführen zu können, weil keine unternehmensweite Lösung vorhanden war und man keine Zeit hatte, einen komplexen Evaluations- und Auswahlprozess für ein Tool zu durchlaufen. Wenn man danach Tools ändern will, weil es dem gesamten Unternehmen dadurch nützlich ist, man Synergien im Unternehmen fördern und einen Wildwuchs unterschiedlicher Lösungen vermeiden will, kann das bedeuten, dass ein einzelnes Projekt oder eine einzelne Abteilung trotzdem beim bestehenden Tool bleiben möchte („never touch a running system") und man dadurch Widerstände in der Organisation auslöst. Man muss immer bedenken, dass Aufwände einem bestimmten Kostenträger zugeschlagen werden müssen und dass auch ein Wartungsprojekt wenig Verständnis dafür zeigt, wenn bereits existierende Abläufe optimiert werden sollen („nichts ist so beständig wie ein Provisorium"). Zu bedenken ist auch, dass man dabei immer das Wissen einiger weniger Experten anzapfen muss, die meist ohnehin schon überlastet sind. Gegenüber laufenden Produktentwicklungen, die vereinbarte Lieferfristen haben und schneller einen Return On Invest versprechen, gerät man dabei leicht ins Hintertreffen. Vereinheitlichte Lösungen müssen möglichst viele unterschiedliche Anforderungen erfüllen, sonst bleiben sie ein Papiertiger auf der grünen Wiese.

Literatur

https://www.nordantech.com/de/blog/project-management/mehrere-projekte-gleichzeitig-ver
walten, zugegriffen am 26.06.22

Releasemanagement und Testautomatisierung

Zusammenfassung

Neue Software-Versionen und Releasezyklen bedeuten eine permanente Weiterentwicklung der Software, eine Erweiterung des Testumfangs und eine höhere Bedeutung von Regressionstests, die mit Hilfe von Testautomatisierung durchgeführt werden können. Für die Wiederverwendung der Testskripte ist die Beachtung einer Reihe von Richtlinien für wartungsfreundliche Testverfahren erforderlich.

Software wird inkrementell entwickelt. Gerade im agilen Vorgehen werden Features nach und nach entwickelt und dabei sukzessive in Produktion eingesetzt. Häufig sind Entwicklungsreleases vorgesehen. **Releasemanagement** bezeichnet einen Prozess, der sich ursprünglich aus den Erfahrungen des Produktmanagements der Software-Industrie ableitete, welcher die Bündelung von Konfigurations-Änderungen zu einem Release oder Versionspaket und deren ordnungsgemäße Eingliederung in der Infrastruktur sicherstellt. Releasemanagement gewährleistet, dass eine erwartete Anforderung an eine Veränderung in einem Prozess mit einem vertretbaren Risiko in der geforderten Zeit erfolgreich umgesetzt werden kann. Anpassungen im Geschäftsbereich auf sich ständig verändernde äußere Anforderungen erfordern permanente Neukonfigurationen der Systeme, die die zugrunde liegenden Prozesse steuern. Gleichzeitig erhöht in einer komplexen Umgebung dieser evolutive Prozess der dauerhaften Neukonfiguration von Systemen das Risiko, lebenswichtige Geschäftsprozesse durch Fehlkonfiguration zu stören, unvorhergesehen zu beeinflussen oder ganz zum Stillstand zu bringen.

F. Witte, *Konzeption und Umsetzung automatisierter Softwaretests*,
https://doi.org/10.1007/978-3-658-42661-3_19

19.1   Automatisierung für unterschiedliche Releases

Die Qualitätskontrolle eines Releases ist eines der wichtigsten Elemente der Sicherstellung der **Change Objectives**, also der Frage

- was will man ursprünglich mit der Änderung einer Konfiguration aus der Geschäftsperspektive erreichen und
- stimmt das Ergebnis auch mit den Anforderungen überein?

Realisiert wird dies durch entsprechende Testpläne, durch Simulationen und Entwicklung und Test der Strategien zu Notfallsituationen.

Releasezyklen und neue Software-Versionen, auch sog. „Zwischenversionen", kommen bei inkrementeller Entwicklung häufiger vor als bei klassischen Entwicklungsprojekten, denen das V-Modell zugrunde liegt. Das bedeutet aber auch, dass auf diesen Aspekt gerade in agilen Umgebungen immer stärker Rechnung zu tragen ist.

Da der Funktionsumfang einer Software von Release zu Release permanent weiterentwickelt wird, aber auch die Skripte der Testautomatisierung stetig erweitert und ergänzt werden, ist eine enge Abstimmung zwischen beiden Aktivitäten erforderlich. Wenn eine Anforderung in einem neuen Release anders als bisher umgesetzt wurde, sind auch die Testskripten zu ändern. Dabei ist es erforderlich, dass Testskripte in unterschiedlichen Versionen vorgehalten werden – die Skript-Versionen und die Software-Versionen müssen zusammenpassen und in beiden Versionen archiviert werden.

Falls während eines automatisierten Testlaufs mit einem neuen Release neue Fehler bemerkt werden, ist ebenfalls das Skript zu ändern aber auch zu prüfen, ob eine geänderte oder erweiterte Anforderung den Fehler im Skript verursacht hat. Dann sollte weiterhin untersucht werden, warum der Fehler erst während des automatisierten Testlaufs aufgefallen ist. Das bedeutet nämlich im Umkehrschluss, dass der gesamte Testprozess an dieser bestimmten Stelle Schwächen aufweist.

Das folgende Bild (Abb. 19.1) zeigt den **Release-Management-Zyklus** in einem agilen Projekt:

Der Release-Management-Zyklus enthält demnach eine eigene Phase für den Test [AMOE2022].

Die Testautomatisierung sollte bereits im Zyklus der **Releaseplanung** involviert werden. Während der Phase des Software Builds ist parallel die Überarbeitung der Testskripte aufgrund der Anforderungen des neuen Release vorzunehmen. Der Review-Zyklus wird bei der Softwareentwicklung und der Skriptentwicklung ebenfalls parallel durchgeführt, sodass zusammen mit der Fertigstellung der Entwicklungsarbeiten für das Release auch die überarbeiteten Testskripte zur Verfügung stehen und die neuen oder geänderten Funktionalitäten getestet werden können.

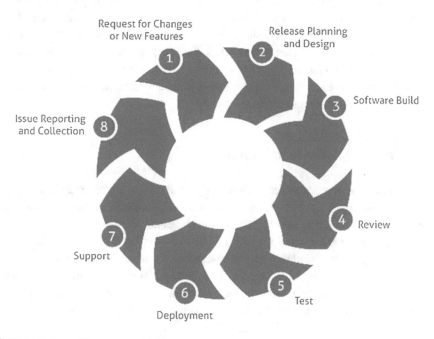

Abb. 19.1 Release-Management-Zyklus

19.2 Fehlerbehebung in neuen Releases

Eine besondere Aufmerksamkeit ist der Behebung von Fehlern in einem neuen Release zuzuwenden. Ein behobener Fehler kann andere Fehler und Seiteneffekte auf andere Teile der Anwendung nach sich ziehen. Es kann auch vorkommen, dass ein behobener Fehler bisher andere Fehler maskiert hat, also Fehler nach einer Fehlerbehebung auftreten, die vorher gar nicht bemerkt werden konnten. Daher ist Testautomatisierung gerade in Wartungsprojekten enorm von Vorteil. Und weil der Anteil der Wartungsprojekte mit zunehmender IT-Durchdringung immer umfangreicher wird, steigt auch dadurch die Notwendigkeit von Testautomatisierung.

Bei einem neuen Release sollte grundsätzlich der gesamte Testumfang neu getestet werden. Man kann zwar Risikoabschätzungen treffen und sich auf bestimmte Testfälle beschränken, hat aber immer ein Qualitätsrisiko. Mit einer hohen Automatisierungsrate lässt sich die Dauer für die notwendigen Regressionstests enorm verkürzen und die Qualität erheblich steigern. Dazu kommt, dass die Testdurchführung wirklich reproduzierbar ist und keine neuen Fehler wegen manueller Testdurchführung und Missverständnis bei

der Interpretation der Testspezifikation zur Durchführung des Regressionstests auftreten
können. Gerade bei Regressionstests oder Wartungsreleases, die in längeren zeitlichen
Abständen ausgeliefert werden, kommt es oft vor, dass die Testdurchführung beim Regressionstest von einem anderen Mitarbeiter vorgenommen wurde als beim ersten Release
oder vorigen Releases der Anwendung. Bei manueller Testdurchführung ist vor allem
dann, wenn ein erfahrener Tester vorher selbst die Testspezifikation erstellt hat, folgendes
Phänomen zu beobachten: Es treten neue bisher unbekannte Fehler auf, weil implizite
Annahmen des erfahrenen Testers vom neuen Mitarbeiter nicht beachtet werden konnten,
eben weil sie gar nicht dokumentiert waren.

19.3   Wartung von Testskripten

Erfolgreiches Releasemanagement hängt eng mit der Wiederverwendung bestehender
Testskripte zusammen. Bei einem neuen Release oder Softwareerweiterungen sollte daher
darauf Wert gelegt werden, dass Skripte wiederverwendet werden können.

Dafür sollten die Richtlinien für wartungsfreundliche Testverfahren beachtet werden.
Durch das sorgfältige Entwerfen und Entwickeln modularer Verfahren kann die War-
tung der Testskripts vereinfacht werden. Die Zeit, die für Einrichtung und Pflege der
Tests benötigt wird, kann minimiert werden, wenn man ein gut durchdachtes Design ver-
wendet und gegenseitige Abhängigkeiten zwischen den Testverfahren versteht. In diesem
Zusammenhang sind folgende Kriterien zu berücksichtigen:

- Beachtung von Standards zur **Formatierung:** Solche Standards legen das äußere
  Erscheinungsbild des Quelltextes der Testprogramme fest. Dazu gehören u. a. Fort-
  setzungszeichen, Einzüge, Zeilenabschlüsse.
- Dokumentation von **Testskripten:** Die Dokumentation erhöht den Wert des Skripts
  in einer Bibliothek wiederverwendbarer Komponenten. Solche Dokumentationen sind
  auch besonders für diejenigen Stakeholder nützlich, die sich mit dem Testskript befassen und es nachvollziehen müssen, jedoch nicht über die Programmierkenntnisse
  verfügen, um die Skriptsprache verstehen zu können.
- Berücksichtigung der **Synchronisierung:** Ein wesentlicher Faktor bei der Synchronisierung ist das verwendete Kommunikationsprotokoll, das die Kommunikation
  zwischen Server und Arbeitsplatzrechner zur Verfügung stellt. Bei der Ausführung
  von Testskripts müssen Wartezyklen in das Skript eingefügt werden, damit das Skript
  angehalten werden kann, bis ein bestimmtes Ereignis eintritt. Bei umfangreichen
  Datenbankabfragen müssen ebenfalls Wartezeiten bei der Testausführung berücksichtigt werden; das Skript muss mit der Antwort der Anwendung synchron bleiben, da
  das Skript sonst scheitert.
- Verwendung eines **Testverfahrensindex:** Mit einem Testverfahrensindex wird der
  Zweck und Wirkungsbereich der einzelnen Skripte dokumentiert. Manchmal muss

das Testteam Testfälle für eine bestimmte Funktionalität der Anwendung oder Tests, die zu einer bestimmten Art von Test oder einer speziellen Funktionalität gehören, durchführen. Ein Testverfahrensindex erleichtert das Auffinden dazu geeigneter Skripte erheblich.

- Nutzung einer **Fehlerbehandlung:** Funktionalitäten zur Fehlerbehandlung an den Stellen im Skript, an denen mit hoher Wahrscheinlichkeit Fehler auftreten werden, erhöhen die Wartungsfreundlichkeit und Stabilität des Testskripts.

- Befolgung von **Namenskonventionen:** Namenskonventionen sind Festlegungen, Vorschriften bzw. Empfehlungen zur Benennung von Bezeichnern (Namen) für Objekte im Quelltext von Software. Durch ihre Anwendung sollen die Namen dieser Objekte – im Rahmen der Syntaxbestimmungen der Programmiersprache und auch programmübergreifend – nach einheitlichen Regeln gebildet werden, wodurch die Änderbarkeit und Wartbarkeit durch einfacheres Verstehen des Programmtextes unterstützt wird. Die Standardisierung von Namen hat mehrere Vorteile:
  - Die Standardisierung ist nützlich bei der Entschlüsselung der Struktur und der Logik von Skripten.
  - Variablen sind in Bezug auf die von ihnen dargestellten Daten selbstdokumentierend.
  - Variablen sind sowohl innerhalb einer Anwendung als auch anwendungsübergreifend einheitlich.
  - Das so entstehende Skript ist präzise, vollständig, lesbar, einprägsam und eindeutig.
  - Die Standards stellen sicher, dass die Skripts den Konventionen der Programmiersprache entsprechen.

- Erstellung von **Modularitätsskripts:** Modulare Skripte erhöhen die Wartungsfreundlichkeit. Modulare Testskripte haben eine Reihe von Vorteilen:
  - Ein kürzeres Testskript ist leichter zu verstehen, Fehler können schneller gefunden und behoben werden.
  - Modulare Skripte können Shell-Prozeduren kombinieren, von Shell-Prozeduren aufgerufen oder in diese hineinkopiert werden.
  - Modulare Testskripte können einfach angepasst werden, wenn die Entwickler absichtliche Veränderungen an der zu testenden Anwendung vornehmen.
  - Anpassungen müssen nur an einer Stelle vorgenommen werden, wodurch der Kaskadeneffekt vermieden wird.
  - Wartung und Pflege der modularen Skripts sind einfacher.
  - Beim Aufzeichnen eines Testskripts erlauben es die meisten automatisierten Testwerkzeuge, früher aufgezeichnete Skripte aufzurufen. Durch die Wiederverwendung der Funktionalität vorhandener Skripts kann es der Tester vermeiden, wiederholte Aktivitäten in einem Testskript zu erfassen.
  - Automatisierte Tests sollen so gestaltet sein, dass sie unabhängig sind, d. h. die Ausgabe des einen Tests sollte nicht als Eingabe des nächsten oder eines nachfolgenden Tests dienen. Bei einer solchen Teststrategie können gemeinsame Skripts

in jedem Testverfahren in beliebiger Reihenfolge verwendet werden. Ein Daten-
bankinitialisierungsskript ist ein solches gemeinsames Skript, das die Datenbank in
einen definierten Ausgangszustand (Baseline) zurücksetzt. Um diese Anforderung
umzusetzen, ist der Einsatz von Modularitätsskripts vorzusehen.

- Nutzung von **Schleifenkonstrukten:** Schleifenkonstrukte sind wiederholende Anweisungen und gehören zu den Kontrollstrukturen. Sie sind wesentliche Bestandteile jedes
  Programms. Das Schleifenkonstrukt lässt ein Befehlssignal eine festgelegte Anzahl die
  gleichen Befehlsblöcke durchlaufen. Schleifen unterstützen die Modularität und die
  Wartungsfreundlichkeit von Testskripten. Des Weiteren können Schleifenkonstrukte
  in Testskripts Verwendung finden, die mit erwarteten Änderungen am Zustand eines
  Datensatzes umgehen müssen. Der Zustand eines Datensatzes könnte etwas erwar-
  tungsgemäß von „in Bearbeitung" zu „Bearbeitung abgeschlossen" wechseln. Um die
  Zeit zu erfassen, die ein Datensatz für diesen Zustandswechsel benötigt, könnte der entsprechende Status in eine Schleife eingefügt und die Zeit gemessen werden, bis sich
  der Zustand des Datensatzes verändert. Eine solche Änderung am Testverfahren ermöglicht die unbeaufsichtigte Wiedergabe des Skripts, die Messung der Funktionalität und
  die Wiederholbarkeit des Testskripts.

- Verwendung von **Verzweigungskonstrukten:** Eine Verzweigung legt fest, welcher
  von zwei oder mehreren Programmabschnitten, abhängig von einer oder mehreren Bedingungen, ausgeführt wird. Verzweigungskonstrukte fördern die Modularität,
  Wartungsfreundlichkeit und Wiederverwendbarkeit von Testskripten. Mithilfe von
  Verzweigungskonstrukten kann weiterhin ermittelt werden, ob eine spezielle Datei vorhanden ist. Bevor ein Skript eine Datei beispielsweise zum Einlesen von Daten öffnet,
  muss es die Existenz der Datei verifizieren. Wenn die Datei nicht vorhanden ist, muss
  dem Benutzer eine Fehlermeldung angezeigt werden. Diese Fehlermeldung kann auch
  ins Testprotokoll geschrieben werden und das Skript danach beendet werden.

- **Kontextunabhängigkeit:** Es müssen Richtlinien in Kraft sein, dass die zu testende
  Anwendung sich am richtigen Startpunkt befindet und die Tests in der richtigen Reihenfolge ausgeführt werden. Man kann dafür einen manuellen Ansatz wählen, was
  aber den Nutzen der Testautomatisierung minimiert. Eine bessere Methode ist es, Testskripte modular zu erstellen, also dort, wo ein Skript aufhört, ein anderes beginnen
  zu lassen und dadurch die einzelnen Testskripts miteinander zu verbinden und in einer
  definierten Reihenfolge ablaufen zu lassen. Damit wird ein kontinuierlicher Prozess für
  die Wiedergabe der Skripte und ein fortlaufender Betrieb der zu testenden Anwendung
  sichergestellt.

- Verwendung **globaler Dateien:** Automatisierte Testverfahren können durch das Hinzufügen globaler Dateien vereinfacht werden. So enthalten beispielsweise Header-
  Dateien die notwendigen Prozedurdeklarationen und globale Variablen, auf die man
  sich in den Skriptdateien der Testverfahren bezieht. Die global deklarierten Prozeduren können von allen Testskripten aufgerufen werden, eine notwendige Überarbeitung
  muss somit nur an einer einzigen Stelle durchgeführt werden. Häufig wird dieses

Verfahren im Rahmen der Anmeldung benutzt, indem das Testskript die Werte für Benutzerkennung und Password an die Anwendung übergibt [SOAT2001].

Literatur

[SOAT2001] Dustin, Rashka, Paul: Software automatisch testen, Springer-Verlag Berlin Heidelberg 2001

[AMOE2022] https://amoeboids.com/blog/release-management/, zugegriffen am 11.03.2023

Metriken für die Testautomatisierung

Zusammenfassung

Für den Erfolg einer Maßnahme ist es entscheidend, messbare Zahlen und KPIs zu generieren. Für die Messung der Testautomatisierung gibt es eine Reihe sinnvoller Metriken, die sich in Fortschrittsmetriken und Qualitätsmetriken unterteilen lassen. Für die Ableitung der richtigen Schlüsse muss jede Metrik korrekt interpretiert werden und die Zahlen müssen im Zusammenhang betrachtet werden. Damit kann der Projekterfolg und die Softwarequalität der gesamten Organisationseinheit gezielt optimiert werden.

Eine **Metrik** (Zählung, Messung) bezeichnet im Allgemeinen ein Verfahren zur Messung einer quantifizierbaren Größe, anhand der Unternehmen den Erfolg oder Misserfolg ihrer Geschäftsprozesse überwachen und bewerten. Die „quantifizierbare Größe" im Softwaretest kann z. B. die Testbarkeit der Software oder die Komplexität oder Qualität der Testfälle darstellen. Metriken wandeln den Softwaretest zu einer messbaren Technologie. Metriken werden dafür eingesetzt, um den Testprozess zu steuern und finden beim Vergleich von Systemen und Prozessen Anwendung. Eine **Testmetrik** ist die messbare Eigenschaft eines Testfalls oder Testlaufs mit Angabe der zugehörigen Messvorschrift.

Metriken werden oft mit **Key Performance Indicators** (KPIs) gleichgesetzt. Aber die Begriffe unterscheiden sich voneinander. Jeder KPI ist eine Metrik, aber nicht jede Metrik ist ein KPI.

Metriken verfolgen und liefern Daten zu standardmäßigen Prozessen im Unternehmen. Sie bilden die Grundlage für KPIs, die sich auf strategische Ziele des Unternehmens beziehen. KPIs bestehen aus einer oder mehreren Metriken und bilden ab, inwiefern das Unternehmen mit seinen wichtigsten Zielen vorankommt.

In Bezug auf die Testautomatisierung sollten mindestens nachfolgende Metriken erhoben werden. Diese Metriken sollten bereits zu Anfang des Automatisierungsprozesses

F. Witte, *Konzeption und Umsetzung automatisierter Softwaretests*,
https://doi.org/10.1007/978-3-658-42661-3_20

definiert werden. Eine nachträgliche Einführung von Testmetriken ist in der Regel mit Mehraufwand verbunden, vor allem dann, wenn man Werte aus der Historie rekonstruieren muss. Wenn man Metriken während des Projektablaufs erst definiert und ab einem bestimmten Punkt einsetzt, hat man nicht die Entwicklung im Projektverlauf vollständig aufgezeigt.

20.1 Fortschrittsmetriken

Fortschrittsmetriken betreffen den Fortschritt der Erstellung automatisierter Testskripte und den Fortschritt der Testdurchführung.

Dazu gehört der **Testautomatisierungsgrad** = zu automatisierenden Testfälle/ automatisierte Testfälle. Bei Beginn der Aktivitäten zur Testautomatisierung sollten Planwerte festgelegt werden und im Laufe der Skripterstellung Istwerte erhoben werden.

Diese Metrik kann abgewandelt auch dafür verwendet werden, den Fortschritt bei der Automatisierung der Erstellung von Testfallbeschreibungen und der Erstellung der automatisierten Testskripte zu messen. Einige weiteren sinnvollen Metriken zur Betrachtung des Fortschritts der Automatisierung sind:

- **Testproduktivität** = Testfälle/Testzeit (Stunden)
- **Testüberdeckung** = getestete Features/alle Features
- **Testvollständigkeit** = Testfälle/Features
- **Testfortschritt** = getestete Testfälle/alle Testfälle

Falls diese Metriken bereits vor Beginn der Automatisierungsaktivitäten erhoben wurden, lässt sich der Status auch gut mit dem Zustand vor der Automatisierung vergleichen.

Die Testproduktivität steigt mit der Automatisierung erheblich, da in kürzerer Zeit mehr Testfälle durchgeführt werden können. Auch wenn sich die Testautomatisierung auf die Erstellung von Testspezifikationen bezieht, steigt hier im Allgemeinen die Testproduktivität erheblich im Vergleich zu einer Phase rein manuellen Testens.

Die Testüberdeckung kann dadurch ebenfalls gesteigert werden, da ja jetzt mehr Zeit für die Durchführung von Tests zur Verfügung steht. Allerdings muss man bedenken, dass die Zeit, bis eine erhöhte Testüberdeckung vorhanden ist, die Erstellung weiterer Skripts erfordert – dass also der positive Effekt bei der Testüberdeckung erst zeitverzögert einsetzt. Für die Testvollständigkeit und den Testfortschritt gelten diese Aussagen analog.

Gerade die Testproduktivität und die Testüberdeckung erhöhen sich mithilfe automatisierter Testfälle erheblich. Der Testfortschritt ist in viel kürzerer Zeit zu erreichen. Je nach Fortschritt der reinen Umsetzungsaktivitäten im Rahmen der Testautomatisierung erhöht sich auch die Testvollständigkeit und – bei richtiger Umsetzung – auch die Testeffektivität.

Weil die Automatisierung Ressourcen freisetzt, um die Kreativität der Tester zu fördern und den Testern mehr Zeit gibt, Aufgaben zu übernehmen, zu denen sie vor der Automatisierung gar nicht gekommen sind, kann auch die Testeffektivität gesteigert werden. Hier kann also die Umsetzung von Testautomatisierung auch positive Einflüsse auf Bereiche ausüben, die gar nicht direkt mit der Testautomatisierung zu tun haben.

Aus den erhobenen Daten kann man verschiedene **Indexwerte(Key Performance Indicators)** errechnen, um Vergleichbarkeit zwischen unterschiedlichen Projekten herzustellen und die Entwicklung im Zeitverlauf zu dokumentieren.

Um den Fortschritt der Automatisierung zu dokumentieren, empfiehlt sich, mittels mehreren Metriken die Werte vor und nach der Umsetzung der Automatisierung zu erheben.

Da die Umsetzung der Testautomatisierung normalerweise einen längeren Zeitraum umfasst, sollte die Darstellung der Entwicklung im Zeitverlauf mehrmals (z. B. monats- oder quartalsweise) durchgeführt werden. Die Argumentation mit messbaren Werten zeigt den ROI der Testautomatisierung deutlich auf. Bei einer Automatisierung unterschiedlicher Projekte kann man die Einflussfaktoren besonders wirksamer Umsetzungen prüfen und sie als positives „Lessons Learned" anderen Projekten zur Verfügung stellen.

Anbei ein Beispiel für die Bestimmung der Testproduktivität (siehe Tab. 20.1, in Abb. 20.1 in graphischer Form):

Tab. 20.1   Testproduktivität

	Anzahl Testfälle	Testzeit in Stunden	Testproduktivität
Vor Umsetzung der Testautomatisierung	100	40	2,5
Nach Umsetzung der Testautomatisierung	150	10	15

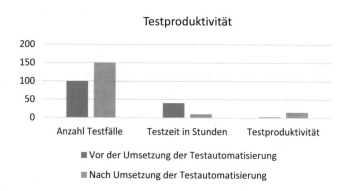

Abb. 20.1   Testproduktivität

Eine Besonderheit der Fortschrittsmetriken im Zusammenhang mit der Testautomatisierung stellt eine **Testautomatisierungsmetrik** dar. Dabei wird eine Metrik angewendet, die den Grad der Automatisierung angibt. Das Testteam kann dann die zum Entwickeln und Durchführen der Testskripte aufgewendete Zeit messen und mit den Ergebnissen vergleichen, die das Skript erbracht hat. Das Team kann dabei zum Beispiel die für Entwicklung und Durchführung der Testverfahren benötigte Stundenzahl mit der Anzahl der dadurch entdeckten Fehler vergleichen, die durch manuelles Testen vermutlich nicht bemerkt worden wären.

Manchmal ist es schwierig, den Nutzen der Automatisierung nachzuweisen oder zu messen. Automatisierte Testwerkzeuge können möglicherweise Fehler aufdecken, die bei manueller Testdurchführung nicht bemerkt worden wären. Teilweise ist es sogar faktisch unmöglich, Nachweise manuell durchzuführen: Bei einem Belastungstest können beispielsweise 1000 Benutzer gleichzeitig eine bestimmte Funktionalität ausführen und ein System dadurch zum Absturz bringen. Es wäre aber organisatorisch gar nicht möglich, 1000 Testingenieure einzusetzen, um diesen Test zeitgleich durchzuführen. Ein automatisiertes Testwerkzeug kann auch für die Dateneingabe oder die Einrichtung der Datensätze verwendet werden. In diesem Fall misst die Metrik die benötigte Zeit zum Einrichten der erforderlichen Datensätze im Vergleich zu der Zeit, die bei der Einrichtung der Datensätze mit einem automatisierten Werkzeug benötigt wird. [SOAT2001].

20.2 Qualitätsmetriken

Qualitätsmetriken bewerten die Anzahl der Fehler, die bei der automatisierten Testdurchführung ermittelt wurden. Dazu gehören u. a. folgende Metriken:

- **Fehlerfindungsrate** = Fehlermeldungen/Testzeit (Stunden)
- **Fehlerkosten** = Fehlermeldungen/Testkosten (EUR)
- Entwicklung der **Fehleranzahl** = Fehleranzahl für unterschiedliche Zeitintervalle oder Release im Vergleich
- **Testeffektivität** = vom Test gemeldete Fehler/alle Fehler

Die Fehlerfindungsrate erhöht sich bei einer automatisierten Testdurchführung gegenüber einem Projekt mit manueller Testdurchführung signifikant. Bei den Fehlerkosten ist in der Regel ebenfalls ein niedrigerer Wert ermittelbar, wenn auch im Allgemeinen nicht so deutlich wie bei der Fehlerfindungsrate, da man bei den Testkosten ja die Tätigkeiten, die mit der Automatisierung der Testfälle verbunden sind, ebenfalls einkalkulieren muss.

Die Testeffektivität sollte sich beim Einsatz von Testautomatisierung ebenfalls verbessern, weil die Testüberdeckung steigt. Mit einer höheren Testabdeckung werden mehr Fehler bereits im Test und nicht erst im produktiven Einsatz der Software gefunden, was eine enorme Steigerung der Qualität und eine erhebliche Kosteneinsparung bedeutet. Je früher in der Prozesskette der Entwicklung Fehler gefunden werden, desto signifikant höher ist die Kosteneinsparung – alle entsprechenden Analysen zeigen immer wieder auf, wie wichtig es ist, diesen Grundsatz bei der Softwareentwicklung zu berücksichtigen.

Auch hier sollten vergleichende Erhebungen der einzelnen Key Performance Indicators vor und nach Umsetzung der Testautomatisierung erhoben werden.

Eine wesentliche Ursache hoher Qualitätskosten besteht auch darin, dass Fehler oft in den frühen Phasen des Entwicklungsprozesses entstehen, bei der Erhebung der Anforderungen, dem Design und der Implementierung. Erhebliche Einsparungen ergeben sich, wenn es einer Organisation gelingt, Fehler immer früher zu erkennen und zu beseitigen. Das wiederum steht mit der Reife der Entwicklungs- und Testprozesse in Zusammenhang. Ein hoher Testautomatisierungsgrad steigert die Reife einer Organisation und wirkt sich somit mittelbar positiv auf die Anzahl der Fehler aus [EBER1996].

20.3   Metriken für Testdaten

Metriken für Testdaten nehmen eine Sonderstellung ein. Sie gehören teilweise zu Fortschritts- und Qualitätsmetriken.

Für Testobjekte vom Typ Datenbank werden mehrere Datenüberdeckungsmaße unterschieden:

- **Satzüberdeckung** ist gegeben, wenn für jede Satzart bzw. jede Tabelle eine Ausprägung erreicht.
- **Attributüberdeckung** ist erreicht, wenn jedes einzelne Attribut mindestens zwei verschiedene Ausprägungen aufweist.
- **Wertüberdeckung** liegt vor, wenn jeder stellvertretende Wert im Wertebereich eines Attributs mindestens einmal vorkommt. In diesem Fall wird es so viele Datensätze geben wie die Anzahl stellvertretender Werte für das Attribut mit den meisten Werten.
- **Zustandsüberdeckung** ist der Fall, wenn alle Kombinationen aller stellvertretender Werte generiert werden. Dafür ist eine Vielzahl von Sätzen erforderlich. Deren Anzahl ist das Produkt der Anzahl der einzelnen Werte pro Attribut. Dieser Überdeckungsgrad ist nur mithilfe von Testautomatisierung zu erreichen.

Für Testobjekte vom Typ Systemschnittstellen sind folgende Überdeckungsmaße vorhanden.

- **Nachrichtenüberdeckung** ist vorhanden, wenn jeder Aufruf einmal stattfindet bzw. jede Botschaft einmal gesendet wird.
- **Parameterüberdeckung** ist gegeben, wenn der Wert eines jeden Parameters einmal variiert wird (man benötigt also zwei Aufrufe pro Parameter).

- **Wertüberdeckung** liegt vor, wenn jeder stellvertretende Wert jeden Parameters einmal vorkommt. Dafür muss es so viele Botschaften geben wie Werte in der längsten Parameterreihe.
- **Zustandsüberdeckung** ist erreicht, wenn jede mögliche Kombination aller stellvertretenden Parameterwerte vorgenommen wurde. Auch dieser Überdeckungsgrad ist nur mithilfe von Testautomatisierung zu erreichen.

Auch für die Ermittlung der Überdeckung von Testobjekten vom Typ Benutzeroberfläche können diese Überdeckungsmaße herangezogen werden.

Für die Messung der Datenqualität von Testdaten werden folgende Kriterien bewertet:

- **Testraumabdeckung:** Ein Testraum ist durch ein Testziel bestimmt, enthält Testszenarien für dieses Testziel und ist die Menge der möglichen Eingaben für das Testziel. Die **Testdatensammlung** bezeichnet die Menge der enthaltenen Szenarien, die enthaltenen Szenarien werden also mit der Menge aller Szenarien des Testraums in Beziehung gesetzt und jeder Datensatz einem Szenario zugeordnet.
- **Referenzdaten** ist die Anzahl von Daten, die für das System unter Test für ein bestimmtes Testziel anzusehen sind. Sie können beispielsweise von Fachexperten bestimmt oder aus Produktivdaten extrahiert und entsprechend der Datenschutzrichtlinien verfremdet werden. Der Indikator zur Testraumabdeckung gibt an, zu welchem Anteil die Szenarien zu einem bestimmten Testziel durch die Szenarien der Testdatensammlung abgedeckt sind und ist daher ein Indexwert zur Quantität der Testdaten. Je höher die Testraumabdeckung ist, desto höher ist die Güte der Testdatensammlung.
- **Realitätsnähe:** Die Realitätsnähe bezeichnet, inwiefern die Testdatensammlung für das Testziel nutzbar ist. Metriken sollten generell in Zahlen oder Indexwerten ausgedrückt werden – das ist bei der Bestimmung der Realitätsnähe allerdings schwierig.
- **Vielfalt** und **Redundanz:** sind erreicht, wenn jedes einzelne Attribut mindestens zwei verschiedene Ausprägungen aufweist. Ein Mehrwert ist gegeben, wenn der Datensatz neue Szenarien in der Testdatensammlung ergänzt oder in der Kombination seiner Szenarien in dieser Art noch nicht durch andere Datensätze abgedeckt ist. Zur Messung der Vielfalt und Redundanz einer Testdatensammlung können Ähnlichkeitsmetriken für Mengen verwendet werden, z. B. der **Jacard-Koeffizient** als Metrik zur Ähnlichkeitsmessung zweier Mengen. Wenn viele Datensätze ähnliche Kombinationen von Szenarien enthalten, so besteht eine gleichförmige Verteilung und die Vielfalt einer Testdatensammlung ist als gering zu bewerten. Eine hohe Redundanz bedeutet, dass mehr gleiche Kombinationen von Szenarien vorhanden sind und dadurch die Vielfalt fehlt.

Einige weitere Metriken sind nur speziell im Umfeld des Testdatenmanagements sinnvoll:

- Größe des Testdatenmanagement-Teams (zur Evaluierung der Nutzung der Testressourcen)
- Anzahl der Anfragen für Testdatenbereitstellungen zur Identifikation datenintensiver Anwendungen
- Anzahl wiederholter Testdatenanfragen; speziell dieser Parameter stellt die Möglichkeiten zur Testautomatisierung dar.
- Realisierungsdauer von Testdatenanforderungen zur Bewertung des Nutzerservice und der Nutzerzufriedenheit
- Anzahl der Testdatenauffrischungen pro Jahr. Auch dieser Parameter steht in Zusammenhang mit der Testautomatisierung, weil er den Automatisierungsbedarf transparent macht.
- Anzahl unbrauchbarer Testdatenanfragen, um unproduktive Testdatenmanagement-Aktivitäten reduzieren zu können.

Richtgrößen für diese Werte anzugeben ist kaum sinnvoll möglich, da sie stark vom individuellen Umfeld abhängen. Darüber hinaus sind folgende Indexwerte von Interesse:

- Komplexität der Testdatenanfrage: Testdaten können sehr komplex werden, und eine hohe Komplexität führt zu einem hohen Aufwand bei der Datenerstellung. Für den Systemintegrationstest trifft das in besonderem Maße zu, wenn Testdaten auch in Nachbarsystemen anzulegen sind.
- Anzahl Fehler in bereitgestellten Testdaten: Analog zu den durch die Testfälle aufgedeckten Fehler in der Software werden Fehler in den bereitgestellten Testdaten notiert. Fehlerhafte Testdaten verzögern die Testdurchführung oder führen zu falsch negativen oder falsch positiven Testergebnissen und damit zu unberechtigt gemeldeten Softwarefehlern, was den gesamten Entwicklungsprozess erheblich verlangsamen kann.
- Volumen der bereitgestellten Testdaten/Anzahl Datensätze: Das Volumen der angefragten Testdaten bestimmt wesentlich den Aufwand zur Testdatenerstellung (z. B. bei Massentests).
- Anzahl und Komplexität der Testdatenanfragen für manuell und automatisiert zu erstellende Testdaten: Mit diesen Zahlen lässt sich der Bedarf für weitere Testautomatisierung oder weiteres Personal verdeutlichen. Da gerade in der Erstellung der Testdaten ein hoher Aufwand liegt, zeigt dieser Parameter den Nutzen von Automatisierungsaktivitäten auf [ZOEL2018].

20.4   Interpretation von Metriken

Man sollte von vornherein Zielwerte festlegen, zu denen man mithilfe von Automatisierung gelangen möchte. Dazu wäre es aber erforderlich, die Parameter im Istzustand zu kennen, ein realistisches Szenario zu entwerfen und Aufwand und Nutzen abzuwägen.

Es scheitert aber bereits an der Erhebung der Parameter im Istzustand: Welche Testproduktivität ist denn gegeben, was bedeutet überhaupt „Testzeit", also was zählt da wirklich dazu? Wie sollen Zeiten für Meetings oder interne Abstimmungen bewertet werden, sollen sie in die Bewertung mit einfließen oder nicht? Beide Extreme sind wahrscheinlich nicht zielführend, also empfiehlt sich ein gewisser Faktor, zu dem dieser Aufwand in die Bewertung der Testzeit mit einfließt, aber wie hoch ist dieser Faktor anzusetzen?

Zur Auswahl, welche Metriken zur jeweiligen Bewertung sinnvoll angewendet werden sollten, empfiehlt sich die **Goal Question Metric(GQM).** GQM ist eine systematische Vorgehensweise zur Erstellung spezifischer Qualitätsmodelle im Bereich der Softwareentwicklung. Diese lässt sich als Baumstruktur darstellen. Als Wurzel steht das Ziel (Goal), das über die Knoten (Questions) zu den Blättern (Metric) verfeinert wird. Auf diesem Weg werden Fragen und Softwaremaße abgeleitet. Auf dem Weg von den Blättern zur Wurzel werden die gemessenen Werte interpretiert.

Geeignete Metriken lassen sich in der Softwaremetrie über die Beantwortung der folgenden Fragen identifizieren:

- Welches Ziel soll durch die Messung erreicht werden? (Goal)
- Was soll gemessen werden bzw. welche Fragen soll die Messung beantworten? (Question)
- Welche Metrik ist/welche Metriken sind in der Lage, die notwendigen Eigenschaften zu beschreiben? (Metric)

Zur Analyse, welche Metriken zu erheben sind, kann das **Goal-Question-Metric-Model** angewendet werden, das die Verfahrensweise zur Erstellung eines Qualitätsmodells beschreibt, wobei sich das Modell in sechs Schritte unterteilen lässt:

- Charakterisierung des Unternehmens- und Projektumfeldes, Erfassung des Mission Statement, Definition von Messzielen
- Formulieren von Fragen zur genaueren Definition der Ziele
- Messziele identifizieren und Metriken ableiten
- Entwicklung von Mechanismen zur Datensammlung
- Daten sammeln, analysieren und interpretieren
- Erfahrungen zusammenfassen und anwenden

Die Interpretation der einzelnen Werte erfordert eine genaue „Cross Check-Analyse" des Testmanagers und gewisse Erfahrungswerte: Wenn in einer Software mehr Fehler als früher gefunden werden, hat sich dann die Qualität der Entwicklung verschlechtert oder hat man besser getestet, sodass die Qualität der Entwicklung immer schon so war wie heute, nur dass man die Fehler gar nicht bemerkt hat? Wenn weniger Testfälle getestet werden konnten, liegt es also daran, dass das Team zu faul war oder dass man mit einer Neuentwicklung beschäftigt war, die viel Zeit in Anspruch genommen hat? Ein sehr triviales Problem entsteht zum Beispiel, wenn in einer Woche am Donnerstag ein Feiertag ist und der Freitag ein Brückentag – die Produktivität oder der Fortschritt lässt sich dann nicht sinnvoll mit der Vorwoche mit 5 Arbeitstagen vergleichen.

Wenn man in gewissen Werten grobe Abweichungen vom Sollwert feststellt, ist also eine genaue Ursachenforschung erforderlich. Das ist aber schwierig, wenn man zumindest zum Anfang eines Projekts noch gar nicht über genügend Vergleichswerte und Erfahrungswerte verfügt, oder aber die Rahmenbedingungen völlig neuartig sind und dadurch eine sinnvolle Vergleichbarkeit zu etablierten Abläufen noch gar nicht gegeben ist. Viele Werte werden gar nicht erhoben oder sind schwer auffindbar und gar nicht ohne weiteres für eine detaillierte Analyse des aktuellen Status der Bewertung der Prozessreife zugänglich. Oft liegen Statistiken in unterschiedlichen Systemen und Laufwerken verstreut und müssen dafür mühsam manuell zusammengesucht werden. Hier zeigt sich wieder einmal, dass Testprozesse in der Praxis weitestgehend noch unzureichend zu Ende gedacht und umgesetzt sind.

Es ist weiterhin wichtig, die einzelnen Statistiken miteinander in Beziehung zu setzen. Es empfiehlt sich einzelne Key Performance Index Parameter erst einzeln und dann in Kombination mit anderen zu bewerten. Dadurch kann sich durch die Vielzahl an Kombinationen von Einzelwerten aber hoher Aufwand ergeben. Dennoch ist zu empfehlen, diese Bewertung durchzuführen – am besten durch einen neutralen Mitarbeiter, der nicht Stakeholder im Projekt ist und dadurch nicht von Interna vorbelastet ist – zumal man dadurch interessante Schlussfolgerungen für das Projekt oder die gesamte Organisation ableiten kann, mit der nachhaltige Optimierungsschritte möglich sind.

Literatur

[SOAT2001] Dustin, Rashka, Paul: Software automatisch testen, Springer-Verlag Berlin Heidelberg 2001
[ZOEL2018] Zölch: Testdaten und Testdatenmanagement, dpunkt Verlag Heidelberg 2018
[EBER1996] Ebert, Dumke: Software-Metriken in der Praxis, Springer-Verlag Berlin Heidelberg 1996

Prozessreifemodelle und Reifegrad der Testautomatisierung (TMAP)

21

Zusammenfassung

Prozessreifemodelle bewerten den digitalen Reifegrad der Testautomatisierung. Das TMAP-Modell analysiert dazu mehrere Kernbereiche der Testprozesse. Indem man die Reife der einzelnen Kernbereiche gezielt optimiert, gewinnt man eine bessere Strukturierung der Testprozesse und verbessert die Abstimmung mit den gesamten Softwareentwicklungsprozessen im Unternehmen.

Das **Reifegradmodell** im Prozessmanagement ist ausschlaggebend für die Entwicklung der betrieblichen Abläufe. Die Optimierung eines Prozesses ist dabei entscheidend: Einen hohen Reifegrad weisen Modelle auf, die einen hohen Kundennutzen, stabile Ergebnisse und leichte Durchführung durch Mitarbeiter aufweisen. Prozesse, die bereits dokumentiert, in eine Reihenfolge gebracht, in eine Prozesslandkarte und in ein größeres Netz eingebunden sind, können in ein Reifegradmodell gebracht werden [AXSC2122]. Auch im Rahmen von Testmanagement und Testautomatisierung kommen daher Reifegrade zur Anwendung.

21.1 Digitaler Reifegrad

Der **digitale Reifegrad** beschreibt, wie digital ein Unternehmen in wesentlichen Handlungsfeldern der Digitalisierung ist; dies wird im Rahmen einer digitalen Reifegradmessung (Synonyme: Digital Maturity Assessment, Digital Maturity Check, Digital Readiness Assessment) bestimmt. Dabei handelt es sich um eine Analyse des digitalen Ist-Zustands

© Der/die Autor(en), exklusiv lizenziert an Springer Fachmedien Wiesbaden GmbH, ein Teil von Springer Nature 2023
F. Witte, *Konzeption und Umsetzung automatisierter Softwaretests,*
https://doi.org/10.1007/978-3-658-42661-3_21

(des digitalen Reifegrades) und die Ableitung von zielgerichteten Digitalisierungsmaß-
nahmen zur Verbesserung der digitalen Fähigkeiten des Unternehmens. Eine Analyse des
digitalen Reifegrades beurteilt folgende Kriterien:

- Wie digital ist das Unternehmen?
- Wie hoch ist der Digitalisierungsgrad in Prozessen und Abläufen?
- Wie digital ist der Umgang mit Kunden und Partnern?
- Welche Stärken und Schwächen bei der Digitalisierung liegen vor?
- Was sind die wesentlichen Handlungsfelder, um den digitalen Reifegrad zu verbessern?
  [ISDR2122]

Der Reifegrad wird in der Form eines Faktors ausgewiesen. Dabei werden unterschiedliche Methoden (je nach Hochschule, Digitalisierungsexperte usw.) zur Bestimmung
angewandt.

Ein einheitliches Modell für die Messung des Reifegrads lässt sich nicht identifizieren.
Im Folgenden soll das Modell der **Digital Maturity Matrix** (siehe Abb. 21.1) des MIT
Center for Digital Business Capgemini Consulting näher beleuchtet werden, weil dieses
Modell am meisten verbreitet ist.

Die Matrix unterscheidet zwei Dimensionen für den digitalen Reifegrad: Die Fähigkeiten in Bezug auf die Anwendung digitaler Technologien (Digital Capabilities) sowie die
Fähigkeiten hinsichtlich der Führung in der digitalen Transformation (Leadership Capabilities). Entlang dieser beiden Dimensionen lassen sich Unternehmen in vier Quadranten

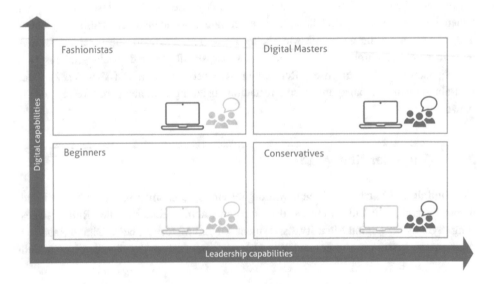

Abb. 21.1 Digital Maturity Matrix

segmentieren, die als „Beginners", „Conservatives", „Fashionistas" und „Digital Masters" bezeichnet werden.

Das Konstrukt „Digital Capabilities" umfasst technologiebasierte Initiativen zur Förderung der Customer Experience, die Optimierung interner Prozesse und die Weiterentwicklung des eigenen Geschäftsmodells. Daher zeigt diese Dimension auf, was in Bezug auf digitale Technologien zu tun ist. Bei den „Leadership Capabilities" steht die Art und Weise der Steuerung der digitalen Transformation im Vordergrund. Das Topmanagement gibt dazu Richtung und Impulse vor und überwacht den Fortschritt. Dabei geht es nicht um Detailplanung, sondern darum, eine Vision zu vermitteln, initiativ zu handeln und die Mitarbeiter einzubeziehen. Entsprechend fokussiert sich diese Dimension auf die Frage, wie der digitale Wandel unternehmensintern umgesetzt wird.

Auf der Grundlage der Digital Maturity Matrix haben sich unterschiedliche Modelle mit einem stärkeren Differenzierungsgrad entwickelt. Ein Modell mit acht Dimensionen, vier Items pro Dimension und fünf Skalenstufen hat das Research Lab for Digital Business der Hochschule Reutlingen in Kooperation mit Neuland Consulting und der „Wirtschaftswoche" entwickelt. Bei dem daraus entwickelten **Digital Transformation Maturity Index** (siehe Abb. 21.2) differenziert die beiden abstrakten Dimensionen in jeweils vier weitere Konstrukte. Für das Konzept des „Digital Capabilities" werden die Konstrukte Strategie, Produkte und Dienstleistungen, Operations sowie Technologie definiert. Die „Leadership Capabilities" lassen sich in die Konstrukte Führung, Kultur, Mitarbeiter und Governance operationalisieren [RESG2122].

Die einzelnen Dimensionen werden durch jeweils vier Items konkretisiert. Für jedes der vier Items in einer Dimension liegen konkret beschriebene Ausprägungen entlang einer fünfstufigen **Likert-Skala** mit den Stufen unbewusst, konzipiert, definiert, integriert und transformiert vor. Dabei wird erfasst, ob sich ein Unternehmen auf strategischer Ebene bewusst mit der digitalen Transformation auseinandersetzt, konkrete Konzepte für die Gestaltung des digitalen Wandels konzipiert und definiert oder ob diese Konzepte bereits in Strukturen, Prozesse und in die Kultur der Organisation integriert sind. Bereits heute liegen fundierte Konzepte zur Definition der relevanten Dimensionen für Reifegradmodelle vor. In der Zukunft müssen sich diese Modelle stärker auf eine standardisierte Anwendung in der Praxis ausrichten. Dies umfasst auch eine stärkere Integration konzeptioneller Überlegungen zum digitalen Reifegrad in das Controlling von Unternehmen [RESG2122].

Ein weiteres Modell, das gerade für Unternehmen der Prozessindustrie gut geeignet ist, ist der **Industrie 4.0 Maturity Index** (Abb. 21.3). Wegen der umfassenden Reifegraduntersuchung, der individuellen, unternehmensspezifischen Handlungsempfehlungen und der externen Beratungsexpertise wird dieser Index der umfangreichen Reifegraduntersuchung zugeordnet. Mithilfe dieser Bewertung kann ein Benchmarking verschiedener Standorte, ein Vergleich mit anderen Unternehmen oder das Zusammenführen verschiedener Digitalisierungsprojekte unterschiedlicher Standorte erzielt werden. Damit ist es möglich, den eigenen Reifegrad mit der Verbesserung bei der Umsetzung gewisser Kriterien gezielt zu verbessern [DIGE2122].

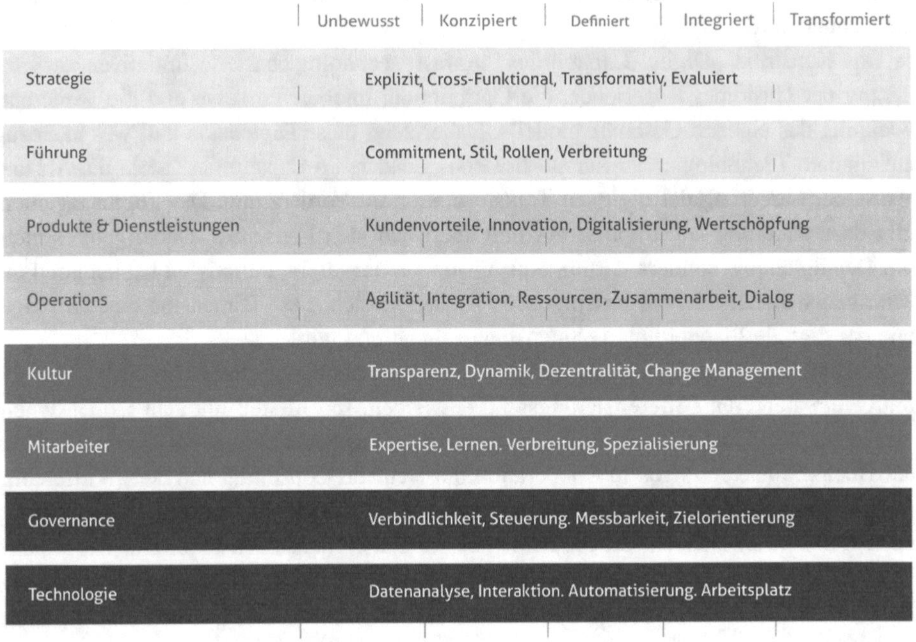

Unbewusst
Konzipiert
Definiert
Integriert
Transformiert
Strategie
Explizit, Cross-Funktional, Transformativ, Evaluiert
Führung
Commitment, Stil, Rollen, Verbreitung
Produkte & Dienstleistungen
Kundenvorteile, Innovation, Digitalisierung, Wertschöpfung
Operations
Agilität, Integration, Ressourcen, Zusammenarbeit, Dialog
Kultur
Transparenz, Dynamik, Dezentralität, Change Management
Mitarbeiter
Expertise, Lernen. Verbreitung, Spezialisierung
Governance
Verbindlichkeit, Steuerung. Messbarkeit, Zielorientierung
Technologie
Datenanalyse, Interaktion. Automatisierung. Arbeitsplatz

Abb. 21.2 Digital Transformation Maturity Matrix

Digitalisierung
Industrie 4.0
Rentabilität für das Unternehmen
Ziele
Level
Repetitive manuelle Aufgaben automatisieren
Durchgängige Integration von Geschäftsprozessen und IT
Datenbasierte Entscheidungen treffen
Komplexe Wechselwirkungen erfassen
Auf zukünftige Situationen vorbereiten
Kontrolle den Systemen überlassen
Computerisierung
Konnektivität
Sichtbarkeit
Transparenz
Prognosefähigkeit
Adaptierbarkeit
1
2
3
4
5
6

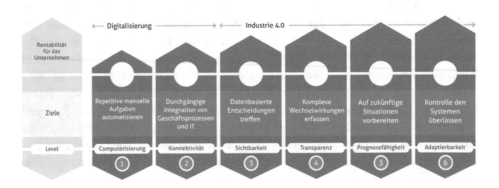

Abb. 21.3 Beschreibung der Reifegradstufen nach dem Industrie 4.0 Maturity Index

21.2 Reifegrad der Testautomatisierung

Zur Reifegradbestimmung der Testautomatisierung kommt es erheblich darauf an, ob Prozesse und Strukturen in Entwicklung und Qualitätssicherung eine gewisse Reife erzielen.

Als eine der häufigsten Methoden zur Messung der Reife von Testprozessen findet das **TMAP-Modell** Anwendung.

Im TMAP-Modell existieren mehrere Kernbereiche zur Betrachtung der Reife der Testprozesse (siehe Tab. 21.1):

Dabei kann jeder Testprozess in einen bestimmten Reifegrad eingestuft werden. Beginnend beim Reifegrad „Initial" kann sich ein Testprozess über die Reifegrade.

„Kontrolliert" über „Effizient" bis hin zu „Optimierend", dem höchsten Reifegrad, entwickeln. Mit Erreichen eines höheren Grades nimmt die Reife des Testprozesses zu und der geschäftliche Mehrwert steigt.

Die Kriterien für die Erreichung sind wie folgt:

- **Initial:** Der Testprozess besteht aus Ad-hoc-Aktivitäten.
- **Kontrolliert:** Alle wichtigen Aktivitäten des Testprozesses werden geplant und durchgeführt.
- **Effizient:** Die Aktivitäten des Testprozesses werden so aufeinander abgestimmt, dass es zu einem günstigeren Kosten-Nutzen-Verhältnis kommt.
- **Optimierend:** Der erreichte Zustand des Testprozesses wird gepflegt, analysiert und sich ändernden Erfordernissen stetig angepasst.

Das Reifemodell nach CMM bezeichnet die Reifestufe „Kontrolliert" als „Definiert" und hat statt der Stufe „Effizient" die Reifestufen, „integriert" und „organisiert". Dementsprechend zeigt Abb. 21.4 die Abhängigkeit der Reife des Testprozesses angelehnt an CMM mit dem zu erwartenden Nutzen für die Testautomatisierung.

Je weiter die Reife der Testprozesse vorangeschritten ist, desto besser kann man ein durchgängiges Testmanagement erzielen und die Prozesse nachhaltig verbessern. Das wirkt sich auch auf den Fortschritt bei der Testautomatisierung aus. Im betrieblichen Alltag ist immer noch die Reifestufe der Testprozesse in vielen Organisationen nicht sonderlich gut ausgeprägt. Es bleibt die Herausforderung, sowohl die Reife der Testprozesse als auch die Testautomatisierung auf ein höheres Level zu heben, wobei sich Fortschritte in beiden Bereichen gegenseitig positiv beeinflussen können: die Automatisierung wird umso effizienter, je höher die Reife der Testprozesse ist, und ein höherer Automatisierungsgrad optimiert die Reife der Testprozesse.

21.3 Analyse der Reife der Testautomatisierung in einzelnen Kernbereichen

Testautomatisierung ist vor allem in den Kernbereichen Testwaremanagement (K11), Testfalldesign (K14) und den Testwerkzeugen (K15) des TMAP-Modells verortet. Die Reife der Testumgebung (K16) beeinflusst die Reife der Testautomatisierung ebenfalls, dient im Falle von Automatisierung aber eher eine Voraussetzung für die anderen Kernbereiche.

Tab. 21.1 Kernbereiche im TMAP-Modell

ID	Kernbereich	Kategorie	Bedeutung
K01	Engagement der Stakeholder	SB	Engagierte, aktive Stakeholder schaffen gute Voraussetzungen für effiziente Kommunikation und Zusammenarbeit. Das Engagement der beteiligten Personen ist eine wichtige Voraussetzung für einen reibungslosen Ablauf des Testprozesses
K02	Grad der Beteiligung	SB	Ein hoher Einbindungsgrad des Testens in das Projekt unterstützt die Verbesserung der Produktqualität von Anfang an und hilft dabei, die Testaktivitäten vom kritischen Pfad des Projekts fernzuhalten
K03	Teststrategie	SB	Die Teststrategie führt den Testprozess zu einem optimalen Einsatz von Aufwand und Ressourcen. Die Teststrategie definiert die Verteilung des Testaufwands und der Testabdeckung über die zu testenden Teile oder Aspekte des Testobjekts. Ziel der Teststrategie ist es, die wichtigsten Fehler so früh und kostengünstig wie möglich zu finden
K04	Testorganisation	SB	Die Testorganisation stellt den Projekten die benötigten Testressourcen, Testprodukte und Testdienstleistungen zur Verfügung
K05	Kommunikation	SB	Eine eindeutige Kommunikation schafft ein gemeinsames Verständnis und aufeinander abgestimmte Erwartungen der beteiligten Parteien
K06	Berichterstattung	SB	Die Berichterstattung versorgt die Stakeholder mit Informationen zur Entscheidungsfindung und Überwachung der Testprojekte

(Fortsetzung)

Tab. 21.1 (Fortsetzung)

ID	Kernbereich	Kategorie	Bedeutung
K07	Testprozessmanagement	TM	Das Testprozessmanagement optimiert die Ausführung des Testauftrags im Rahmen der festgelegten Zeit, Kosten und der geforderten Ergebnisse. Durch das Testprozessmanagement werden die Ressourcen, die Einbindung der Stakeholder, die Infrastruktur, die Techniken sowie der Zyklus aus Planung, Vorbereitung, Aktionen und Kontrollen überwacht und aufeinander abgestimmt. Ein sachgemäßes Testmanagement stellt einen effektiven und effizienten Testprozess sicher
K08	Kostenschätzung und Planung	TM	Der richtige Einsatz geeigneter Techniken ermöglicht eine realistische und verlässliche Kostenschätzung und Planung des Testprozesses. Kostenschätzung und Planung des Testprozesses zeigen auf, welche Aktivitäten ausgeführt werden müssen, welcher Arbeitseinsatz erforderlich ist und wann er benötigt wird
K09	Metriken	TM	Metriken ermöglichen Objektivität durch die Quantifizierung von Beobachtungen Metriken sind quantifizierte, objektive Beobachtungen der Merkmale eines Produkts oder eines Prozesses. Sie werden eingesetzt, um den Testprozess zu steuern, untermauern die Testberatung und finden beim Vergleich von Systemen und/oder Prozessen Anwendung
K10	Fehlermanagement	TM	Das Fehlermanagement behandelt sowohl den einzelnen Fehler als auch Fehlergruppen, Es werden Grundursachen analysiert und Empfehlungen geliefert. Eine gute Fehlerverwaltung kann den Lebenszyklus eines Fehlers überwachen und verschiedene statistische Übersichten und Berichte wie z. B. Qualitätsempfehlungen liefern

(Fortsetzung)

Tab. 21.1 (Fortsetzung)

ID	Kernbereich	Kategorie	Bedeutung
K11	Testwaremanagement	TM	Das Testwaremanagement gewährleistet die Stimmigkeit zwischen den einzelnen Testprodukten sowie zwischen den Testprodukten und den zugehörigen Entwurfsdokumenten
K12	Methodisches Vorgehen	TK	Eine beschriebene Testmethode lenkt und unterstützt die Testprojekte. Für jede Testaktivität oder jeden Testprozess wird eine bestimmte Arbeitsmethode verwendet, die u. a. aus Aktionen, Vorgängen, Regelungen und Verfahren besteht
K13	Professionalität der Tester	TK	Zur Professionalität der Tester gehört die geeignete Mischung aus verschiedenen Fähigkeiten, Kompetenzen, Fachgebieten und Kenntnissen, die notwendig sind, um die Testaktivitäten auf dem geforderten Niveau durchzuführen
K14	Testfalldesign	TK	Das Testfalldesign steuert die Testdurchführung mit dem Ziel, die Fehlersuche nach der Teststrategie auszurichten
K15	Testwerkzeuge	TK	Testwerkzeuge ermöglichen oder beschleunigen testspezifische Aktivitäten. Testwerkzeuge sind automatisierte Hilfsmittel für den Testprozess. Ihre Stärke liegt in der systematischen Ausführung sich wiederholender Vorgänge, unabhängig von Komplexität und Volumen
K16	Testumgebung	TK	Die Testumgebung ist in Entwurf, Implementierung und Wartung auf die Ziele der jeweiligen Teststufe abgestimmt. Die Testumgebung besteht aus den Hauptkomponenten Testarbeitsplatz, Netzwerk, Speicher, (Enterprise) Server, Middleware und Testdaten

Reifemodell für den Testprozess angelehnt an CMM

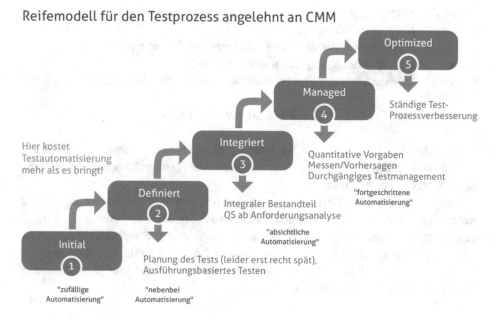

Abb. 21.4   Reifemodell für den Testprozess angelehnt an CMM [CICE2103]

Testautomatisierung steigert die Reproduzierbarkeit von Testergebnissen, weil das Ergebnis der Testdurchführung deterministisch ist, wenn der Testdurchführung bei jedem Wiederholungslauf definierte Testskripts zugrunde gelegt werden. Für den Kernbereich **Testwaremanagement** auf dem Reifegrad „Effizient" wird bei der Durchführung von Regressionstests ein klarer Überblick darüber benötigt, welche Testergebnisse zu welcher Version des Testobjekts gehören. Wenn Tests automatisiert durchgeführt werden, müssen mehrere Versionen der werkzeugspezifischen Testskripte mit den Testfällen, die sie implementieren, und mit den Versionen des Testobjekts, zu dem sie gehören, synchronisiert werden.

Durch die Rückverfolgbarkeit von den Testfällen zu den Anforderungen und durch die Überprüfung der Anforderungsabdeckung können inakzeptable Lücken aufgedeckt werden, bei denen nicht alle Risiken durch geeignete Testfälle abgedeckt sind. Außerdem kann eine schnelle Analyse der Auswirkungen auf das Testdesign durchgeführt werden, falls die Testbasis geändert wird.

Für den Kernbereich **Testfalldesign** ist es von zentraler Bedeutung, dass die Beschreibung von Testfällen strukturiert und standardisiert erfolgt. Beides verbessert die Testdurchführung im Regressionstest oder bei Erweiterungen und Änderungen des Testobjekts und ist darüber hinaus Voraussetzung für eine Umsetzung der Testautomatisierung. Ein Testfall enthält in der Regel

- den Testzweck
- spezielle Hardwareanforderungen
- spezielle Softwareanforderungen (z. B. ein spezielles Testwerkzeug)
- spezifische Setup- oder Konfigurationsanforderungen
- eine Beschreibung, wie der Test durchgeführt werden soll (Testschritte in Testprozeduren für die Eingaben)
- die erwarteten Ergebnisse oder Erfolgskriterien für den Test

Der Kernbereich **Testwerkzeuge** wird häufig als wichtigste Maßnahme zur Kosteneinsparung betrachtet. Allerdings setzt automatisierte Testdurchführung ein sehr gut
durchdachtes Testdesign voraus.

Neben den Kosten für Werkzeuglizenzen, Support und die Anwenderschulungen entstehen Kosten durch die Erstellung und Wartung von Skripten. Die Wartung von Skripten
ist erforderlich, wenn bestehende Skripte auf neue Versionen des Testobjekts angewendet werden, was üblicherweise bei Regressionstests der Fall ist, also in dem Szenario,
bei dem sich die anfallenden Kosten durch eine regelmäßige und häufige automatisierte
Testdurchführung bezahlt machen können.

21.4   Schritte zur reiferen Testautomatisierung

Die Umsetzung der reiferen Testautomatisierung im Rahmen des Software Development Life Cycle empfiehlt sich in mehreren Etappen, damit man vom Anfänger in der
Testautomatisierung zum Experten wird. Dazu sind folgende Schritte empfehlenswert:

- **Komponententests** und **Smoke-Tests:** Man erhält nach dem Einchecken der Tests
  sofort ein Feedback zum entstandenen Fehler und kann mit einem kleinen Satz Testfällen beginnen, um die Software zwar nur oberflächlich zu testen, aber besonders
  gravierende Probleme der Lauffähigkeit in kurzer Zeit zu erkennen. Kleine Tests
  bieten die Grundlage für die Automatisierungspraxis. Das schafft Vertrauen in die
  Automatisierung und spart auf lange Sicht auch Zeit.
- **Funktionale Testpyramide** beachten: Wenn zum Beispiel in einer Anwendung sowohl
  das User Interface überprüft als auch integrierte Tests durchgeführt werden müssen,
  kann man beginnen, mehrere Schichten parallel laufen zu lassen, um die Zeit zu
  verkürzen, um Ergebnisse und Rückmeldungen über die Qualität der Anwendung zu
  erhalten. So wie die automatisierten Smoke-Tests wachsen, so reifen auch automatisierte Regressionstests Stück für Stück, bis eine komfortable Testabdeckung erreicht ist
  und man mit der Optimierung beginnen kann. Um die automatisierten Regressionstests
  zu ergänzen, sollte das Testteam sowohl manuelle Tests als auch kontinuierliche manuelle explorative Tests priorisieren. Je höher die Prozentzahl der Regressionstests ist, die
  automatisiert werden können, desto mehr Zeit kann für explorative Tests aufgewendet

werden und die Abdeckung der Randfälle erhöht werden, in denen sich interessante Fehler normalerweise verstecken.

Die wichtigste Kompetenz dieser Zwischenstufe ist der Aufbau eines **Testfallmanagementsystems** und einer **Berichtsstruktur**. Es ist der Schlüssel, um sicherzustellen, dass alle Ergebnisse an einen einzigen Ort gehen, um von einer einzigen Ansicht aus gesehen zu werden. Auf diese Weise bekommt man eine konsistente Sicht auf eventuelle Ausfälle und kann bequem entscheiden, ob diese Ergebnisse du diese einsetzen möchtest oder nicht. Ein Testfallmanagementsystem versetzt das Team in die Lage, an einem Ort die Kontrolle über alle Testergebnisse, Probleme und Fixes zu behalten. Das Berichtswesen muss definiert sein, um die entscheidenden Informationen adressatengerecht aufzubereiten und die entscheidenden Informationen transparent und deutlich zu präsentieren.

* **Quality Gates** als Expertenstufe für Testautomatisierung: Der größte Unterschied zwischen der Zwischenstufe und der Expertenstufe ist die Implementierung von Quality Gates. Dies passt zum Bedarf für ein Testfallmanagementsystem, da Quality Gates es ermöglichen, alle Builds abzulehnen, bevor weitere Tests durchgeführt werden. Auch hier ist es das Ziel, dem Entwicklungsteam schnelles und frühzeitiges Feedback zu geben, damit es rechtzeitig eine Ursachenanalyse durchführen kann. Auf diese Weise wird sichergestellt, dass kritische Fehler nicht weiter in die Entwicklung einfließen, wodurch kostspielige und zeitkritische Fehlerbehebungen vermieden werden. Der Schlüssel dazu ist, in jeder Phase gerade genug zu testen, bevor die Tests erweitert und weiter aufgefächert werden. In der betrieblichen Praxis stellt gerade an diesem Punkt die zielgerechte Umsetzung eine große Herausforderung dar. An jedem Quality Gate sollte geprüft werden, welche weiteren Maßnahmen zur Automatisierung sinnvoll und notwendig sind. Es ist zu beachten, dass die Optimierung oft langsamere Fortschritte zeigt als zu Beginn der Umsetzung, weil die permanente Pflege der Testskripte einen wachsenden Aufwand verursacht. In dieser Phase ist daher die Motivation des Testteams und die Kommunikation mit dem Management besonders wichtig.

Literatur

[AXSC2122] https://axel-schroeder.de/reifegradmodell-von-prozessen-prozessmanagement-ist-
            wie-kochen-teil-5/, zugegriffen am 11.03.2123

[ISRD2122] https://isr.de/themen/prozess-digitalisierung/digitalereifegradmessung,   zugegriffen
            am 11.03.2123

[RESG2122] https://www.researchgate.net/publication/334509326_Digitale_Reifegradmodelle_t
            heoretische_Grundlagen_und_praktische_Anwendung, zugegriffen am 11.03.2123

[DIGE2122] https://www.digital-engineering-magazin.de/digitaler-reifegrad-der-weg-zur-sma
            rten-prozessfertigung, zugegriffen am 11.03.2123

[APPL2122] https://www.applause.com/de/blog/drei-schritte-reifere-testautomatisierung,
            zugegriffen am 11.03.2123

[CICE2103] LSZ-Konferenz „Softwaretesting und Qualitätskontrolle", Cicero Consulting, am
            13.11.2103 in Wien

Automatisierungsframeworks

22

Zusammenfassung

Test-Frameworks dienen der testgetriebenen Entwicklung. Bei Frameworks wird der Test für alle entwickelten Funktionen berücksichtigt. Ein Automatisierungsframework soll Abhängigkeiten zwischen Testfall, Werkzeug und dem Testobjekt vermeiden. Zur technischen Umsetzung eines Automatisierungswerkzeugs bestehen unterschiedliche Ansätze.

Ein **Framework** (englisch für Rahmenstruktur) ist ein Programmiergerüst, das in der Softwaretechnik, insbesondere im Rahmen der objektorientierten Softwareentwicklung sowie bei komponentenbasierten Entwicklungsansätzen, verwendet wird. Im allgemeineren Sinne bezeichnet man mit Framework auch einen Ordnungsrahmen.

Ein Framework selbst ist noch kein fertiges Programm, sondern stellt den Rahmen zur Verfügung, innerhalb dessen der Programmierer eine Anwendung erstellt, wobei u. a. durch die in dem Framework verwendeten Entwurfsmuster auch die Struktur der individuellen Anwendung beeinflusst wird. Ein wesentlicher Vorteil von Frameworks besteht darin, dass wiederkehrende Aufgaben schon "vorprogrammiert" sind und beliebig oft wiederverwendet werden können.

Ein Framework gibt somit in der Regel die Anwendungsarchitektur vor. Dabei findet eine Umkehrung der Steuerung (**Inversion of Control**) statt: Der Programmierer registriert konkrete Implementierungen, die im Anschluss durch das Framework gesteuert und benutzt werden, statt –wie bei einer Klassenbibliothek – lediglich Klassen und Funktionen zu benutzen.

Eine Art von Frameworks stellen **Test Frameworks** dar, die zur Ausführung von (automatisierten) Softwaretests dienen, besonders im Rahmen der testgetriebenen Entwicklung.

F. Witte, *Konzeption und Umsetzung automatisierter Softwaretests,*
https://doi.org/10.1007/978-3-658-42661-3_22

Populäre Beispiele für Test Frameworks sind JUnit für Modultests oder Selenium zum Testen von Webanwendungen.

22.1 Vorgehensweise bei der Umsetzung von Frameworks

Die Vorgehensweise bei der Umsetzung lässt sich exemplarisch an **JUnit** erklären: JUnit ist ein Framework zum Testen von Java-Programmen, das besonders für automatisierte Unit-Tests einzelner Units (Klassen oder Methoden) geeignet ist.

Dabei schreibt ein Programmierer zuerst einen automatisch wiederholbaren (JUnit-) Test und danach den zu testenden Code. Der Test ist selbst ein Stück Software und wird ebenso wie der zu testende Code programmiert. Wenn zu einem späteren Zeitpunkt ein anderer Programmierer den so entstandenen Code ändern möchte, so ruft er zuerst alle JUnit-Tests auf, um sich zu vergewissern, dass der Code vor seiner Änderung fehlerfrei ist. Dann führt er die Änderung durch und ruft die JUnit-Tests erneut auf. Misslingen diese, so weiß er, dass er selbst einen Fehler eingebaut hat, und muss ihn korrigieren. Dieser Zyklus wiederholt sich so lange, bis alle JUnit-Tests wieder fehlerfrei durchlaufen.

Dieses Verfahren wird auch **„testgetriebene Entwicklung"** (englisch test-driven software development) genannt und zählt zu den agilen Methoden. Die Idee dabei ist, fehlerarmen Code zu erzeugen, indem nichts implementiert wird, was nicht auch getestet wird. Werden Testfälle erst nach dem Code entwickelt, so ist die Wahrscheinlichkeit höher, wichtige Testfälle zu übersehen.

Erweiterungen zu JUnit erweitern JUnit für den Einsatz in bestimmten Bereichen (beispielsweise „HTTPUnit" für Webentwicklung, „DBUnit" für Datenbankentwicklung). Darüber hinaus gibt es noch Plugins für Entwicklungsumgebungen, die den Einsatz von JUnit innerhalb der Entwicklungsumgebung ermöglichen beziehungsweise erweitern (beispielsweise „Infinitest" für kontinuierliches Testen oder „DJUnit" für Berechnung der Code-Abdeckung, englisch Code Coverage, der Tests).

22.2 Struktur und Design von Frameworks

Die meisten Automatisierungswerkzeuge bieten die Möglichkeit, programmatische Inhalte zu erstellen. Wenn diese Möglichkeit in Form eines Frameworks genutzt wird, sollte man Design und Architektur des Frameworks prüfen. Sollte es nicht möglich sein, mit dem vorhandenen Tool ein Framework zu erstellen, sollte man dennoch die zentralen Konzepte von Modularisierung und Entkopplung umsetzen, weil damit die Wartbarkeit und die Effizienz der Testfälle verbessert wird.

Zu Beginn eines Automatisierungsvorhabens müssen zunächst die Anforderungen an die Automatisierungsumgebung definiert werden:

- In welcher Form werden automatisierte Testfälle formalisiert?
- Welche Systeme müssen angesteuert werden?
- In welcher Form soll die Testdurchführung angesteuert und protokolliert werden?

In manchen Fällen erfüllt kein einzelnes bestehendes Werkzeug diese Anforderungen, sodass die Umsetzung eines **Automatisierungsframeworks** erforderlich ist. [BEWI2022] Dazu empfiehlt sich eine mehrschichtige Struktur. Dazu vermeidet das Automatisierungssystem unmittelbare Abhängigkeiten zwischen Testfall, Werkzeug und dem getesteten System. Abb. 22.1 illustriert den Aufbau eines **Testautomatisierungsframeworks**.
Das Modell besteht aus mehreren Schichten:

- Die oberste Schicht bilden Testdaten und Testabläufe, die zu Testfällen kombiniert werden. Diese Informationen sind üblicherweise in einer fachlich spezifischen, durch die nächste Schicht automatisiert verarbeitbaren „Testfallsprache" gehalten. Änderungen des Testobjekts wirken sich auf dieser Ebene ähnlich aus wie Spezifikationen manueller Testfälle: Ändern sich die Anforderungen an das Testobjekt, müssen betroffene Testfälle angepasst werden.

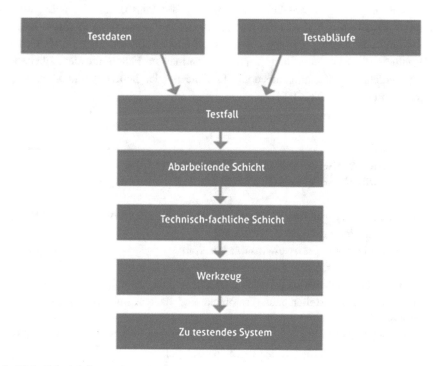

Abb. 22.1 Prinzipieller Aufbau eines Testautomatisierungsframeworks [BATE2015]

- Bei der abarbeitenden Schicht werden von der fachlich logischen Abstraktionsschicht verarbeitet und in einzelne, vom Werkzeug auszuführende Schritte übersetzt. Ein solches Konzept ist in vielen Werkzeugen in Form von Features zur Schlüsselwortunterstützung oder Wizards für das datengetriebene Testen (oder auch „Data Driven Testing" genannt) bereits vorhanden. Selbst wenn kein Werkzeug mit diesen Features verwendet wird, ist diese Schicht notwendig, um Testfälle abarbeiten zu können und somit zumindest rudimentär vorhanden, indem sie die von Testfällen genutzte Testfallsprache zur Verfügung stellt. Die abarbeitende Schicht ist also dafür zuständig, formalisierte Testdaten und Testabläufe einzulesen und in konkrete, fachliche Schritte zu zerlegen. Wenn sich Testfälle oder der Testablauf ändern, muss diese Schicht nicht angepasst werden; die entstehenden Aufrufe werden automatisch generiert. Solange sich nicht die Struktur von Testdaten oder Testfällen ändert, bleibt diese Schicht stabil.
- Die technisch-fachliche Schicht dient der Bereitstellung von technischer Funktionalität für die einzelnen fachlichen Ausführungsschritte, die in der tatsächlichen Umsetzung recht komplex sein können und bietet damit die eigentliche Zuordnung von fachlichen zu technisch auf dem Testobjekt oder anderen Systemen durchzuführenden Aktionen. Dadurch können unterschiedliche Werkzeuge und Befehlsbibliotheken miteinander kombiniert werden, ohne die abarbeitende Schicht und bestehende Testfälle anpassen zu müssen. Diese Schicht dient auch der Wartbarkeit des automatisierten Tests: Ändert sich das Testobjekt technisch oder nur geringfügig fachlich (beispielsweise durch die Umstellung eines Buttons auf eine Dropdown-Liste im GUI oder die Umstellung einer Fehlermeldung), muss in den meisten Fällen nur diese Ebene angepasst werden, um die automatisierten Testfälle wieder lauffähig und aussagekräftig werden zu lassen [BATE2015].

22.3 Ansätze zur technischen Umsetzung eines Automatisierungsframeworks

Die Umsetzung eines Automatisierungsframeworks ist ein Entwicklungsvorhaben, das eine strukturierte Herangehensweise erfordert.

Dazu stehen in der Regel zwei Ansätze zur Wahl.

- Bottom-up: Die Entwicklung startet im Schichtendiagramm und von unten, beginnt also mit den Schnittstellen zum Testobjekt und danach mit den darüber liegenden Schichten.
- Top-down: Die Entwicklung startet mit der Haltung und Verarbeitung von Testabläufen und Testdaten, und damit mit der abarbeitenden Schicht.

Je nach den verfügbaren Schnittstellen und Werkzeugfunktionalität können beide Ansätze sinnvoll sein. Auch für eine Parallelisierung der Entwicklungsarbeiten bieten diese zwei Ansätze einen guten Ansatzpunkt: Ein Teil des Automatisierungsteams setzt sich mit den Schnittstellen zum Testobjekt auseinander, der andere Teil beginnt mit den Komponenten zur Verarbeitung von Testfällen. Die Ergebnisse beider Teile werden in der technisch-fachlichen Schicht integriert.

Die umgesetzten Testfälle für Schnittstellen und Datenbereitstellung sind in vielen Fällen gleichzeitig Testfälle für die verwendeten Elemente.

Dabei ist in jedem Fall eine Qualitätssicherung des Kernframeworks erforderlich, um falsche Ergebnisse oder gar irreführende Fehlersituationen im Vorfeld zu vermeiden. Die Strukturierung nach Applikationen und Testdatenprovidern ermöglicht eine organisatorische Einbettung dieser Architektur. Die einzelnen Elemente können in eigene Pakete ausgelagert und entsprechend in Verantwortlichkeiten aufgeteilt werden.

Anbei ein Beispiel einer möglichen Verteilung in einer größeren Organisation:

- **Paket Automation Core:** betreut durch ein Kernteam entwicklungsnaher Automatisierer
- **Paket Clients:** betreut durch das Kernteam und/oder Spezialisten für die jeweilige Technologie
- **Testdatenprovider:** betreut durch Experten für die jeweiligen Testdaten; in der Regel durch die Automatisierer der für einen Datentyp führenden Applikationen
- **Applikationen, Schnittstellen und Schlüsselworte:** durch die Automatisierer der jeweiligen Applikationen

Der häufige Einsatz loser Kopplung und auf mehrere Systeme verteilte Arbeitsabläufe machen in vielen Umfeldern einen isolierten Systemtest nahezu unmöglich. Das bedeutet oft, dass die automatisierten Testfälle für jedes Produkt nicht nur die zu testende Applikation ansteuern, sondern auch die umliegenden Systeme. Wenn die Automatisierung für jede Applikation isoliert passiert, werden Schnittstellen mehrfach automatisiert, was zu überflüssigem Aufwand führt.

Wenn die Anbindung der Systeme durch das Team umgesetzt wird, das die jeweilige Applikation betreut, und diese Anbindung anderen Applikationen als Teil des Lieferobjekts zur Verfügung gestellt wird, können diese Redundanzen vermieden werden. Für das Team entsteht in diesem Fall nur geringer Mehraufwand. Dadurch stehen Möglichkeiten der Anbindungen an mehrere Ebenen und der automatischen Testdatengenerierung allen Applikationsautomatisierern zur Verfügung. Wenn dann noch das Konfigurationsmanagement und die Umgebungen zur Systemintegration erfolgreich umgesetzt werden (auch das sind erfahrungsgemäß im betrieblichen Umfeld zwei äußerst schwierige Bereiche!), können auch End-to-End-Prozesse automatisiert werden.

Literatur

[BEWI2022]   https://www.betriebswirtschaft-lernen.net/erklaerung/testautomatisierungs-framew
              ork/, zugegriffen am 11.03.2023
[BATE2015]   Bucsics, Baumgartner, Seidl, Gwihs: Basiswissen Testautomatisierung, dpunkt Verlag
              Heidelberg 2015

Testautomatisierung und Anforderungsmanagement

Zusammenfassung

Testautomatisierung ist im Zusammenhang mit dem gesamten Testprozess zu betrachten. Dadurch bestehen bei einer Änderung der Anforderungen teilweise erhebliche Wechselwirkungen zwischen Anforderungsmanagement und Testautomatisierung. Die Testautomatisierung macht die Notwendigkeit einer wirksamen Umsetzung der Kernbereiche des Anforderungsmanagements deutlich. Dafür sind mehrere Kriterien zu beachten.

Die Automatisierung von Testfällen setzt eindeutige Anforderungen voraus. Oft sind aber Anforderungen zu abstrakt, zu generisch und zu global formuliert, als dass sich daraus eindeutig ein Testfall ableiten lässt. In der betrieblichen Praxis ist diese Tatsache aus meiner Beobachtung sogar eines der zentralen Probleme für den gesamten Testprozess. Wenn schon die Grundlagen des Tests nicht ausreichend beschrieben und interpretierbar sind, kann der Test diese Defizite nicht heilen. Dieses Problem pflanzt sich entlang der Prozesskette in der Automatisierung fort.

Eine Testautomatisierung zwingt aber in besonderem Maße dazu, Testfälle genauer als bisher zu beschreiben, weil der Computer als ausführende Einheit ein eindeutiges Skript benötigt.

© Der/die Autor(en), exklusiv lizenziert an Springer Fachmedien Wiesbaden GmbH, ein Teil von Springer Nature 2023
F. Witte, *Konzeption und Umsetzung automatisierter Softwaretests*,
https://doi.org/10.1007/978-3-658-42661-3_23

23.1   Grundlagen des Anforderungsmanagements

Anforderungsmanagement (englisch **requirements management**) umfasst Maßnahmen zur Steuerung, Kontrolle und Verwaltung von Anforderungen: **Risikomanagement**, **Änderungsmanagement** und **Umsetzungsmanagement**. Das Risikomanagement übernimmt das Management von Unternehmensrisiken durch deren Risikoidentifikation, Risikoanalyse, Risikoquantifizierung, Risikoaggregation, Risikobeurteilung, Risikobewertung, Risikokommunikation und abschließende Risikobewältigung. Änderungsmanagement – auch als **Change Management** bezeichnet – definiert ein Vorgehen zur Erfassung, Bewertung, Entscheidung, Umsetzung und Nachverfolgung von Änderungen. Umsetzungsmanagement ist in der betrieblichen Praxis das konkrete Umsetzen dieser Aktivitäten, sodass Dokumente entstehen, in denen die Anforderungen an die Systeme und Prozesse konkret beschrieben sind.

Es dient der effizienten und fehlerarmen Entwicklung komplizierter Systeme, an denen arbeitsteilig gearbeitet wird.

Ziel des Anforderungsmanagements ist es, ein gemeinsames Verständnis über ein zu entwickelndes System zwischen Auftragnehmer und Auftraggeber zu erreichen. Dieses gemeinsame Verständnis kann durch die Einführung und Umsetzung von Anforderungsmanagementmethoden gefördert werden. In der Praxis sollten hierzu Workshops veranstaltet werden, was leider aus Zeitgründen häufig unterbleibt. Aber nur wenn ein gemeinsames Verständnis von Anfang an besteht, ist auch eine zielgerechte Umsetzung bis zur Testautomatisierung überhaupt möglich.

Unvollständige, inkonsistente oder unzureichend abgestimmte Anforderungen sind mitverantwortlich für das Scheitern vieler Projekte. Obwohl diese Erkenntnis nicht neu ist, wird dem Requirements Engineering in der Praxis immer noch viel zu wenig Aufmerksamkeit geschenkt.

Gründe für mangelhaftes Requirements Engineering sind das Streben nach einer schnellen Umsetzung und der Versuch Geld zu sparen. Auch wird irrtümlich angenommen, dass die Ziele ohnehin klar sind. Das geht aber regelmäßig nach hinten los: Gutes Requirements Engineering spart viel Zeit, Geld und nicht zuletzt Nerven.

Nach dem International Requirements Engineering Board (IREB) besteht das Anforderungsmanagement aus den folgenden vier Haupttätigkeiten:

- Anforderungsermittlung
- Anforderungsdokumentation
- Anforderungsprüfung und -abstimmung
- Anforderungsverwaltung

Im Laufe eines Projekts werden diese Tätigkeiten iterativ durchgeführt [SOLV2022].

Zur Ermittlung der Anforderungen werden geeignete Quellen (Dokumente, bereits in System befindliche Systeme, Aussagen von Stakeholdern) herangezogen. Diese Anforderungen werden kategorisiert und in unterschiedliche Cluster eingeteilt. Daraus werden geeignete Use Cases und Geschäftsprozesse modelliert. Die Anforderungen werden dokumentiert und in geeigneten Tools verwaltet.

23.2 Kriterien für erfolgreiches Anforderungsmanagement

Eine gute Anforderung muss folgende **Kriterien** erfüllen:

- **Abgestimmt** (für alle Stakeholder korrekt): Alle Stakeholder sollten sich über das Ergebnis einig sein. Deshalb müssen Sie sowohl den Qualitätssicherungs-Prozess als auch die einzelnen Prüfkriterien und verwendeten Methoden vorab definieren und gemeinsam abstimmen. Kommt es dennoch zu einer Unvereinbarkeit von Anforderungen oder Konflikten zwischen Stakeholdern, gilt es, diese zu erkennen, auszudiskutieren und das Ergebnis zu dokumentieren.
- **Eindeutig:** Eine Anforderung soll klar und unmissverständlich beschreiben soll, was im Rahmen der Produktentwicklung schließlich umgesetzt wird. Das klingt eigentlich trivial; in der Praxis stößt aber gerade dieser Punkt in der Umsetzung auf erhebliche Schwierigkeiten. Das gilt vor allem für die Verwendung von Begriffen wie „Jeder", „Alle", „Immer". „Jeder" umfasst dann eigentlich gar nicht so viele Leute. „Immer" findet in Wirklichkeit allzu oft nur zu bestimmten Zeitpunkten statt. Besonders deutlich wird das an der Formulierung „Alle Daten sollen angezeigt werden". Es ist aber nicht damit getan, nur Universalquantoren zu vermeiden, denn es gibt eine Unzahl anderer Begriffe, unter denen jeder etwas anderes verstehen kann. Was ist zum Beispiel mit dem „Neustart des Systems" gemeint: Dafür muss zunächst klar sein, was denn eigentlich das „System" ist. Handelt es sich ums Betriebssystem, um eine Desktop-Anwendung oder um einen Server-Dienst? Aber selbst wenn das geklärt ist, wissen wir noch nicht automatisch, worum es sich bei einem Neustart handelt. Reicht es einen Benutzer ab- und wieder anzumelden? Oder muss ein vollständiger Reboot durchgeführt werden? Und selbst ein solcher kann sich verschieden gestalten. So gibt es etwa bei Windows die Option, einen „gesicherten Neustart" auszuführen. Wird bei einem Windows Neustart das System denn wirklich heruntergefahren oder nicht doch nur in einen Ruhezustand versetzt? Schon allein aus Gründen der Lesbarkeit kann jedoch oft nicht auf solche Begriffe verzichtet werden. Daher stellt ein Glossar ein wichtiges Werkzeug für den Requirements Engineer dar. Darin legen alle Stakeholder gemeinsam fest, was bestimmte Begriffe im Rahmen der Anforderungen bedeuten, sodass im Streitfall darauf zurückgegriffen werden kann.

- **Notwendig:** Es muss eine Übereinkunft bestehen, dass die Umsetzung der entsprechenden Anforderungen wirklich für das aktuelle Projekt relevant und gültig ist.
- **Konsistent:** Die Anforderung muss in sich und in Zusammenhang mit anderen Anforderungen widerspruchsfrei sein. Gerade hier liegt eine enorme Herausforderung, da man ja dadurch jede Anforderung mit allen bereits bestehenden Anforderungen vergleichen muss und Widersprüche erkennen muss. Das bedeutet in der Folge, dass die Anforderungen klar strukturiert und logisch zusammengefasst sein müssen, damit diese Aufgabe nicht uferlos wird. Trotzdem liegt hier ein großer Zeitbedarf, der nicht zu unterschätzen ist, da eine automatisierte Prüfung mittels Tools kaum möglich ist.
- **Prüfbar:** Ein Test oder ein Dokument ermöglicht die Prüfung der Anforderung. Die einzelnen Parameter und Wertebereiche müssen daher exakt definiert sein. Es gibt definierte Messverfahren und Messwerkzeuge, um die Anforderung nachzuweisen.
- **Realisierbar:** Die Umsetzung der Anforderung muss unter realistischen Bedingungen (Zeit, Kosten, Aufwand) realisierbar sein und darf die Kapazitäten des Projekts nicht sprengen. Realisierbarkeit ist in den Aspekten organisatorisch, rechtlich, technisch und finanziell zu bewerten. Diese Anforderung hilft, pragmatisch vorzugehen und nicht alles zu fordern, was theoretisch denkbar ist, sondern in überschaubarer Zeit eine funktionsfähige Anwendung fertigstellen zu können (Pareto-Prinzip oder 80:20-Regel – 80 % des Effekts werden mit 20 % des Aufwands erreicht und umgekehrt).
- **Verfolgbar:** Die Basis der Anforderung, der eigentliche Grund warum die Anforderung erhoben wird, muss klar sein und referenziert werden. Es ist dabei nicht ausreichend, eine gesamte Norm zu referenzieren (wie das in vielen Anforderungsdokumenten leider gemacht wird), sondern die einzelne Textpassage die für die entsprechende Funktionalität relevant ist. Dabei muss man beachten, dass man das Quelldokument mit Version und Kapitelname und Kapitelüberschrift benennt. Dieses Kriterium erscheint eher unscheinbar, ist aber sehr wichtig. Es ist unbedingt erforderlich zu wissen, warum diese Anforderung sinnvoll ist bzw. wo sie herkommt, weil im Laufe des Projektes der Grund für eine Anforderung durchaus mal vergessen wird. Das gilt vor allem dann, wenn sich das Projektteam ändert und neu in die Anforderungen einarbeiten muss.
- **Vollständig:** Die Anforderung darf keinen Raum für Interpretationslücken lassen. Es muss in den Anforderungen der einzelne Aspekt genau beschrieben sein. Der Aspekt der Vollständigkeit hängt stark mit der Eindeutigkeit der Anforderungen zusammen.
- **Verständlich:** Die Verständlichkeit muss für alle Stakeholder gegeben sein. Es ist daher entscheidend, Workshops im Vorfeld zur Bewertung der Anforderungen einzuberufen und das gemeinsame Verständnis zu klären. Man muss dabei als Testmanager teilweise mit Widerständen rechnen, weil dann große Teile des Projektteams viel Zeit gebunden sind. Wenn man hier aber nachlässig arbeitet, hat man später einen erheblichen Mehraufwand. Es obliegt daher dem Testmanager, für diese Workshops

im Vorfeld eine gute Aufklärungsarbeit zu leisten und sich Rückendeckung vom Projektmanagement einzuholen. [SOON2020, EASN2022].

Das bedeutet nicht zwingend, dass eine Anforderung, die diese Kriterien nicht zur Gänze erfüllt, keine relevante Anforderung ist. Es bedeutet nur, dass es mitunter im Nachgang eine größere Herausforderung wird, damit zu arbeiten.

23.3　Wechselwirkungen zwischen Testautomatisierung und Anforderungsmanagement

Wenn Testfälle sich ändern, ist die Testautomatisierung anzupassen. Die bisher verwendeten Skripte sind zu versionieren und zu archivieren.

Das bedeutet also, dass die kausale Kette

- Anforderungsbeschreibung Version 1.0 -> Testfallbeschreibung Version 1.0 -> Skript Version 1.0
- Anforderungsbeschreibung Version 2.0 -> Testfallbeschreibung Version 2.0 -> Skript Version 2.0

immer nachvollziehbar sein muss und mit Verweis des entsprechenden Gültigkeitsintervalls archiviert werden muss.

Fehlerbehebungen einzelner Skripte sind dabei ebenfalls zu beachten und zu versionieren. Beispiel: Das Skript zum Testfall lief in der Version 2.0 über mehrere Tage und erzeugte Testergebnisse in mehreren automatischen Testläufen, bevor ein Fehler im Skript bemerkt wurde. Der Fehler wird behoben, das Skript angepasst auf die Version 2.1, ohne dass sich die Anforderungsbeschreibung oder die Testfallbeschreibung geändert hat. Dann weiß man zumindest im Nachhinein, dass die Testdurchführung der Testläufe mit dem ursprünglichen Skript nicht aussagefähig war.

Bei der **Archivierung** der Skripte sollte man unbedingt beachten, dass ein revisionssicheres System dafür verwendet wird. „Revisionssichere Archivierung" bedeutet grundsätzlich, dass die abgelegten Daten vor einer nachträglichen Abänderung geschützt sind und es zu keiner Manipulation im Archiv kommt. Der Begriff orientiert sich am Verständnis der Revision aus wirtschaftlicher Sicht und betrifft aufbewahrungspflichtige oder aufbewahrungswürdige Informationen und Dokumente.

In Deutschland müssen elektronische Archivsysteme den Anforderungen des Handelsgesetzbuches (§§ 239, 257 HGB), der Abgabenordnung (§§ 146, 147 AO), den „Grundsätzen zur ordnungsmäßigen Führung und Aufbewahrung von Büchern, Aufzeichnungen und Unterlagen in elektronischer Form sowie zum Datenzugriff (GoBD)" und weiteren steuerrechtlichen und handelsrechtlichen Vorgaben entsprechen.

Der Begriff **„revisionssichere Archivierung"** wurde 1992 von Ulrich Kampff-meyer geprägt und vom Fachverband der Dokumentenmanagementbranche, Verband Organisations- und Informationssysteme (VOI) in einem „Code of Practice" im Jahr 1996 allgemeingültig veröffentlicht. Revisionssicherheit bezieht sich rückblickend auf die Prüfbarkeit des eingesetzten Verfahrens der Aufbewahrung und somit nicht nur auf technische Komponenten, sondern auf die gesamte Lösung. Revisionssicherheit schließt sichere Abläufe, die Organisation des Anwenderunternehmens, die ordnungsgemäße Nutzung, den sicheren Betrieb und den Nachweis in einer Verfahrensdokumentation ein. Wesentliches Merkmal revisionssicherer Archivsysteme ist, dass die Informationen wieder auffindbar, nachvollziehbar, unveränderbar und verfälschungssicher archiviert sind. Revisionssichere Archivierung ist ein wesentlicher Bestandteil für die **Compliance** von Informationssystemen.

Änderungen der Testfälle kommen aufgrund von Change Requests gegenüber den früheren Anforderungen. Dabei ist zu differenzieren, ob neue, zusätzliche Features hinzukommen (die Testspezifikation also erweitert wird) oder Änderungen am bisherigen Funktionsumfang vorgenommen werden, sich also bestehende Testfälle aufgrund neuer Anforderungen geändert haben und damit auch die entsprechenden automatisierten Testskripte anzupassen sind. Da es vorkommen kann, dass der neue Funktionsumfang noch nicht komplett ausgerollt ist, im alten Release aber Fehler auftreten und automatisiert nachgetestet werden müssen, sind in diesem Fall die früheren und die angepassten Testskripte zu archivieren und dem entsprechenden Testfall und der dem Testfall basierenden Anforderung eindeutig zuzuordnen. Es reicht in diesem Fall ausdrücklich nicht aus, Change Requests dem Anforderungsumfang hinzuzufügen, ohne bestehende Testfälle zu prüfen und zu ändern.

Literatur

[SOLV2022] https://www.solvistas.com/blog/requirements-engineering-der-weg-zu-klaren-anford erungen/, zugegriffen am 11.03.2023
[SOON2020] https://www.softwareone.com/de-de/blog/artikel/2020/03/11/requirements-engine ering-dokumentation, zugegriffen am 11.03.2023
[EASN2022] https://www.easyname.at/blog/digitales-business-2/requirements-engineering-anford erungen-von-anforderungen/, zugegriffen am 11.03.2023

Quantität und Qualität automatisierter Testfälle (Testeffektivität und Testeffizienz)

24

Zusammenfassung

Testautomatisierung soll die Effizienz des Testens und die Softwarequalität erhöhen. Um dieses Ziel zu erreichen, sind die erwarteten Fehler zu ermitteln, die sinnvolle Testabdeckung zu bestimmen und dabei eine Risikoabschätzung vorzunehmen. In diesem Zusammenhang ist die sinnvolle Anzahl der durchzuführenden Testfälle zu ermitteln.

Eine der Gründe zur Einführung der Testautomatisierung ist die Erhöhung der Testabdeckung, die mehr Testfälle mit sich bringt. Die Frage ist aber, ob dadurch am Ende nur die Anzahl der Testfälle aufgebläht wird und nur mehr Testergebnisse generiert werden, die auch mit geringerer Testabdeckung hätten gefunden werden können, oder ob die zusätzlichen Testfälle wirklich zu einer Steigerung der Qualität beitragen.

24.1 Bestimmung von Testeffektivität und Testeffizienz

Die Bewertung der Testeffektivität wird mithilfe von **Testproduktivitätsmetriken** erhoben.

Die Testeffektivität kann in einem Projekt erst im Nachhinein (also nach Einführung der Software) ermittelt werden:

Testeffektivität = (gefundene Fehler x Testüberdeckung) / alle Fehler

Durch eine höhere **Testabdeckung** steigt also ceteris paribus die Testeffektivität. Außerdem wird durch die zusätzlichen Testfälle in der Regel auch mehr Fehler gefunden als beim manuellen Testen, sodass die Testeffektivität dadurch steigt. Die Größe „alle Fehler" bezieht sich auf alle bekannten Fehler, also auch Fehler, die erst im Produktiveinsatz bemerkt werden. Für eine nachhaltige Erhöhung der Softwarequalität ist also eine

F. Witte, *Konzeption und Umsetzung automatisierter Softwaretests*,
https://doi.org/10.1007/978-3-658-42661-3_24

Erhöhung der Testüberdeckung auf jeden Fall sinnvoll, weil man ja auch die Kosten pro Fehler ins Kalkül ziehen muss: ein Fehler, der in Produktion erst auftritt, ist in etwa um den Faktor 10 teurer als ein Fehler, der im Test auftritt.

Das Problem dieser Metrik ist aber, dass die Anzahl aller Fehler zu Beginn unbekannt ist. Daher empfiehlt es sich, sie aufgrund der Erfahrungswerte der Fehlerdichte zu schätzen. Die **Fehlerdichte** in Fehler pro 1.000 Codezeilen oder einer definierten Anzahl **Function Points** wird mit den Kilo-Source-Codezeilen bzw. den Kilo-Source-Function Points multipliziert. Das kann aber nur einen groben Anhaltspunkt darstellen.

Die Testeffektivität ist in hohem Maße vom Wissen und der Motivation der Tester abhängig. Für die Bewertung des Wissens sind sowohl die theoretischen Hintergründe (etwa ein Informatikstudium oder ein ISTQB-Zertifikat), als auch die praktische Erfahrung aus ähnlich gelagerten Testprojekten und spezifische Gegebenheiten aus dem Umfeld der Branche oder des Unternehmens heranzuziehen. Die Motivation der Tester ist eine der entscheidenden Faktoren für die Testeffektivität, aber letztlich sehr schwer messbar.

Die Kenngrößen Testeffektivität und Testeffizienz sind auch dafür relevant, um ein sinnvolles Ende des Testprozesses zu bestimmen. In einer Fehler-Zeit-Statistik wird dazu die gefundene Fehleranzahl pro Zeiteinheit über einer Zeitachse eingetragen. Aufgrund dieses Diagramms kann man feststellen, wann die Effizienz des Testens erschöpft ist, nämlich wenn der Extremwert überschritten ist (siehe Abb. 24.1). Voraussetzung für diese Vorgehensweise ist ein Fehler-Erfassungssystem und ein Testfallentwurf, der eine Kombination der verschiedenen Testmethoden berücksichtigt (WALL2011). Meist ist in der Praxis die Testdauer ohnehin durch Projektvorgaben beschränkt und die Frage, ob man evtl. zu viel und zu lange testet, stellt sich erst gar nicht; man ist meist froh, überhaupt das gesetzte Ziel erreichen zu können. Man sollte aber dennoch diese Problematik grundsätzlich bedenken.

Da die Zeit der Testdurchführung mit Einsatz von Testautomatisierung deutlich verkürzt werden kann, steigert eine Testautomatisierung auch die Testeffizienz – auch wenn nur ein Teil der Testfälle automatisiert werden kann.

24.2   Anzahl und Qualität der Testfälle

Eine hohe Anzahl automatisierter Testfälle wirkt auf den ersten Blick beeindruckend. Man muss aber genau hinsehen, ob die zusätzlichen Testfälle wirklich notwendig und zielführend waren, also ob der Erkenntnisgewinn wirklich gegeben war oder nur die Statistik aufgebläht wurde.

Man kann mithilfe automatisierter Tests viele Parameter hinzufügen und vor allem dann, wenn auch die Testfallbeschreibungen automatisiert erstellt werden, in Kürze die Anzahl von Testfällen deutlich erhöhen. Ob deswegen aber mehr Fehler gefunden werden, also die Effizienz des Testens wirklich gesteigert wird, ist nicht automatisch gesagt. Beim manuellen Testen schafft man durch Grenzwertanalyse und Äquivalenzklassenbildung die

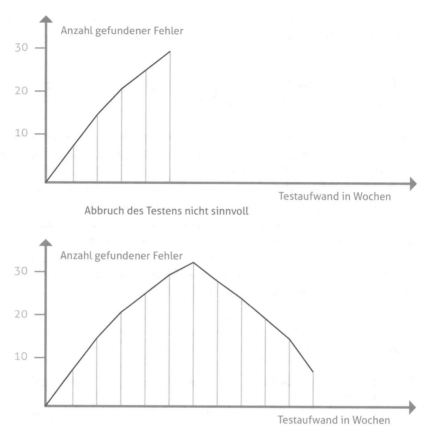

Abb. 24.1 Testeffizienz

Wertebereiche exakt abzugrenzen, um nicht zu viele Werte zu testen. Diese Methoden sollten auch bei der automatisierten Testdurchführung angewendet werden.

In diesem Zusammenhang ist eine **Risikoabschätzung** im Rahmen der Teststrategie vorzunehmen. Man identifiziert die Teile eines Projekts, die das größte Gefahrenpotenzial besitzen sowie die Funktionalität, die wahrscheinlich Probleme bereiten wird. Der Tester entwickelt in diesem Fall zuerst die Teste für diese Teile. Testziele umfassen normalerweise Betrachtungen zur Minimierung des Fehlerrisikos, wobei „Fehler" als Überschreitung des Budgets, des Zeitplans sowie hinsichtlich kritischer Softwarefehler zu verstehen sind. Das Testteam muss deshalb das Risiko abwägen, dass die Systemanforderungen nicht erfolgreich unterstützt werden können.

Diese Risikoabschätzung sollte eine Festlegung der Wahrscheinlichkeit des Auftretens eines definierten Risikos einschließen, wie auch eine Folgeabschätzung bei Eintreten des potenziellen Problems. Strategien zur Risikominderung sollten für die Systemanforderungen definiert werden, die als am kritischsten eingestuft sind [SOAT2001].

24.3   Werkzeuge zur Analyse der Codeabdeckung und zur Instrumentalisierung von Code

Messungen der strukturellen Abdeckung vermitteln dem Entwicklungsteam einen Einblick in die Effektivität von Tests und Testpaketen. Es gibt Werkzeuge, die die Komplexität des Designs quantifizieren und dabei messen, wie viele Integrationstests zum Qualifizieren des Designs notwendig sind. Dabei können auch die gewünschten Integrationstest erstellt werden und messen, wie viele Integrationstests noch nicht durchgeführt wurden. Das ist ein mathematischer Ansatz der sich eher für Integrationstests als für Systemtests eignet; man kann jedoch damit immerhin eine sinnvolle Testabdeckung ermitteln.

Andere Werkzeuge messen die Testabdeckung auf mehreren Ebenen, z. B. auf Segment-, Verzweigungs- und Bedingungsebene. Welche Ebene angemessen ist, hängt von der Bedeutung der jeweiligen Anwendung ab [SOAT2001].

Literatur

[SOAT2001] Dustin, Rashka, Paul: Software automatisch testen, Springer-Verlag Berlin Heidelberg 2001
[WALL2011] Wallmüller: Software Quality Engineering, Carl-Hanser-Verlag München 2011

Keywords-Driven Testing und Testautomatisierung

25

Zusammenfassung

Keyword-Driven Testing eignet sich gut für Testautomatisierung. Dabei ist die geeignete Syntax der Anweisungen zu beachten. Schlüsselwortgetriebenes Testen eignet sich vor allem für Webapplikationen und agile Projekte. Es gibt unterschiedliche Methoden zur Implementierung schlüsselwortgetriebener Tests. Eine geeignete Architektur der Testautomatisierung senkt den für die Automatisierung notwendigen Aufwand zur Umsetzung.

Keyword-Driven Testing (auch **Table-Driven Testing**, **Action-Word Testing**) ist eine Technik des automatischen Software-Testens. Man kann es zwar auch für manuelles Testen verwenden, es ist jedoch vor allem für das automatische Testen geeignet. Die hohe Abstraktionsebene von solchen schlüsselwort-gesteuerten Tests verbessert die Wiederverwendbarkeit und die Wartbarkeit automatischer Tests.

25.1 Schlüsselwortgetriebene Testfalldarstellung

Datengetriebene Testfallerstellung erlaubt dem Tester, zu fixen Abläufen verschiedene Datenkonstellationen zu erarbeiten. Wenn der Test aber eine Vielzahl an verschiedenen Abläufen abdecken soll, ist zu prüfen, aus welchen Schritten („Schlüsselwörter" oder auch „Keywords") die umzusetzenden Testfälle bestehen. Wenn die Testfälle aus einer methodischen Testfallerstellung stammen (z. B. mittels zustandsbasiertem Testen), kann dies in vielen Fällen bereits vorgegeben sein.

Die einzelnen Schritte werden danach automatisiert und dem Tester in Form eines Baukastensystems zur Verfügung gestellt. Einige Werkzeuge unterstützen diese Methode,

F. Witte, *Konzeption und Umsetzung automatisierter Softwaretests*,
https://doi.org/10.1007/978-3-658-42661-3_25

in anderen Werkzeugen muss sich der Automatisierer ein geeignetes Framework dafür schaffen.

Ziel ist, die Abläufe in Schritte zu zerlegen, die einerseits klein genug sind, um ein flexibles Testfalldesign zu ermöglichen, und andererseits groß genug, um einen fachlichen Fokus zu besitzen, der für den Tester nachvollziehbar und für den Testautomatisierer wartbar ist.

Jedes der verwendeten Schlüsselwörter wird dabei durch ein kleines Skript implementiert. Dadurch kann der Tester aus den bestehenden Schlüsselwörtern beliebige Testfälle kombinieren. Auch kleinere Änderungen an der zu testenden Applikation können in dieser Variante leicht nachvollzogen werden: es müssen nur einzelne Schlüsselwort-Implementierungen gewartet werden, solange nicht die Testfälle selbst durch eine Änderung an der Applikation obsolet werden.

Oft wird zur reinen Aneinanderreihung von Schlüsselwörtern noch die Möglichkeit gegeben, von der Applikation bereitgestellte Werte wiederzuverwenden. Das ist häufig notwendig und sollte auch umgesetzt werden.

Bei der **schlüsselwortgetriebenen Automatisierung** ist aber zu beachten, dass durch Parameterübergaben und Variantenbildung der Schlüsselwörter nicht ein undurchschaubares und unwartbares Geflecht von Testskripten entsteht. Wenn die einzelnen Schlüsselwörter bzw. die entsprechenden Implementierungen nicht wiederverwendbar bleiben, schafft man sich erst recht wieder ein großes Wartungsproblem. Es ist daher darauf zu achten, die notwendige Verarbeitungslogik in den Schlüsselwörtern zu positionieren und Testfälle klar lesbar und linear bzw. sequenziell zu halten.

In der schlüsselwortgetriebenen Automatisierung ist die Versuchung groß, dem Tester viele Möglichkeiten zur Umsetzung seiner Skripte zu geben, was rasch in spezialisierte Entwicklungsumgebungen ausarten kann. Es ist zu empfehlen, die Testfallsyntax einfach zu halten, da sonst die entstehenden Testfälle schnell unübersichtlich werden.

Folgendes Beispiel zeigt einen Testfall für eine ungeeignete und unnötig komplizierte Syntax:

```
if (notLoggedIn („bestellUser"))
     loginWithUserNameAndPassword („bestellUser", „testPassword")
end if
if (IsErrorMessageDisplayed())
   failTestCase ("Login Failed")
end if
  products = new Array („Produkt1", „Produkt2", „Produkt3")
for (product in products)
   orderProduct(product)
   if (isErrorMessageDisplayed ())
   failTestCase („Produkt konnte nicht bestellt werden:" + product)
   end if
end for
```

```
markTestCaesAsSuccesful ()
```

Erheblich einfacher ist der gleiche Testfall, wenn er vom Tester auf folgende Weise verfasst wird:

```
loginUser („bestellUser")
orderProduct („Produkt1")
orderProduct („Produkt2")
orderProduct („Produkt3")
```

In diesem Framework stellt das Framework dem Tester die Möglichkeit zur Verfügung, einen Test-User anzugeben, ohne dessen Passwort zu spezifizieren. Dieses kann z. B. nach einem standardisierten Schema vergeben sein oder aus Konfigurationsparametern gelesen werden. Dies hat zum Ziel, dass Passwörter nicht mehr in Testfällen gewartet werden müssen.

Außerdem sind die einzelnen Aufrufe selbst dafür zuständig, über Erfolg oder Misserfolg der Aktionen zu berichten. Auch die Erfolgsmeldung des gesamten Testfalls übernimmt das Framework: Ist ein Testfall nicht fehlgeschlagen, so wird er als erfolgreich markiert.

Diese Faktoren können dazu beitragen, die automatisierten Testfälle klar, kompakt und wartbar zu gestalten. Diese Methode kann auch gut mit Methoden für das Testdesign kombiniert werden: Zustands- oder anwendungsfallbasierte Testfälle können in vielen Fällen mit geringem Aufwand in schlüsselwortbasierte Testfälle übersetzt oder sogar direkt als solche aus dem Werkzeug generiert werden. Auch für die Dokumentation von Testdurchführungen und Reproduktionsschritten bieten Schlüsselwörter häufig einen guten Detaillierungsgrad und eignen sich daher für die Umsetzung der Programmierung [BATE2015].

25.2 Test von Webapplikationen mithilfe von Schlüsselwörtern

Eine Besonderheit schlüsselwortgetriebener Tests ist der **Test von Internetpräsentationen** und **Webapplikationen.** Das ist vor allem besonders wichtig, wenn die Internetpräsentation in verschiedenen Sprachen vorhanden ist oder verschiedene Tochterfirmen eines Unternehmens mit unterschiedlichem Design involviert sind. Dadurch sind einige Testfälle nur für einige Regionen oder Bereiche relevant, während der überwiegende Teil der Testfälle für alle Regionen gültig sein soll.

In der Testautomatisierung ist es nicht möglich, mit ein und demselben Schlüsselwort z. B. ein Login für jede Region durchzuführen, da hierfür die Unterschiede in Handhabung und Gestaltung zu groß sind. Wenn man eine eigene Logik in die Schlüsselwörter einpflegen würde, die die Region der getesteten Applikationsvariante erkennt und darauf entsprechend reagiert, würde ebenfalls zu einer zu großen Komplexität bei der Implementierung der Schlüsselwörter führen.

Daher ist es in einer solchen Situation meist sinnvoll, für die Auswahl von Schlüsselwörtern einen Konfigurationsparameter zu verwenden: Schlüsselwörter werden dabei mit der Information versehen, für welche Regionen sie einsetzbar sind. So kann ein Schlüsselwort für „Login" beispielsweise für Deutschland, Österreich und Frankreich gelten, während für Belgien und Großbritannien eigene Implementierungen dieses Schlüsselworts vorhanden sind. Gemeinsam ist allen Varianten von „Login" ihr Set an Parametern: „Username" und „Password".

Das Automatisierungsframework erhält beim Start die Informationen, auf welcher Region ein Testfall durchgeführt werden soll, und entscheidet anhand dieser Informationen, welche konkrete Ausprägung eines Schlüsselwortes für die Testdurchführung heranzuziehen ist [BATE2015].

25.3   Methoden im Keyword-Driven Testing

Beim Keyword-Driven Testing findet die Testerstellung in zwei Etappen statt.

Zunächst werden die zu testenden Aktionen oder Operationen in der Anwendung (oder in den Anforderungen für die Anwendung) analysiert. Wiederkehrende Aktionen und Abläufe werden in Keywords (Schlüsselwörtern) gekapselt, siehe auch Tab. 24.1 und 24.2.

- Ein einfaches Keyword (eine Aktion auf einem Objekt), z. B. Eingabe von einem Benutzernamen in ein Textfeld.
- Ein komplexeres Keyword (aus anderen Keywords zusammengestellt), z. B. Einloggen

Die Implementierung unterscheidet sich je nachdem, welches Tool oder Framework eingesetzt wird. Häufig müssen Testentwickler ein Framework implementieren, um Keywords

Tab. 24.1 Einfaches Keyword beim Keyword-Driven Testing

Objekt	Aktion	Daten
Textfeld (Benutzername)	Text eingeben	<Benutzername>

Tab. 24.2 Komplexeres Keyword beim Keyword-Driven Testing

Objekt	Aktion	Daten
Textfeld (Domäne)	Text eingeben	<Domäne>
Textfeld (Benutzername)	Text eingeben	<Benutzername>
Textfeld (Password)	Text eingeben	<Passwort>
Button (einloggen)	Klicken	Einmal Klicken mit der linken Maustaste

wie „Prüfen" oder „Eingeben" bereitzustellen. Ein Tester ohne Programmierkenntnisse kann darauf aufbauend Testfälle gemäß der Planung anhand dieser fertig codierten Keywords erstellen. Der daraus entstehende Test wird von einem Roboter ausgeführt. Der Roboter liest die Keywords ein und führt die entsprechenden Codezeilen aus.

Andere Ansätze trennen das Testdesign und die Implementierung der Keywords nicht. Hier gibt es nur einen Schritt zur Implementierung – das Testdesign ist gleichzeitig die Testautomatisierung. Keywords wie „Prüfen" oder „Eingeben" werden anhand fertiger Bausteine erstellt, in denen der notwendige Code für die einzelnen Keywords bereits vorhanden ist. Dadurch entfällt der Bedarf an zusätzlichen technischen Fachkräften zur Programmierung im Testprozess. Manche Testwerkzeuge stellen diesen Ansatz zur Verfügung. Teilweise ist es möglich, fertige Keywords für das Testen von Webanwendungen zur Verfügung zu stellen, die in HTML-Tabellen zu Testfällen kombiniert werden können. Damit wird die Zusammensetzung einzelner „Commands" zu parametrierbaren Testbausteinen ermöglicht.

Beim Keyword-Driven Testing erscheint der Aufwand zu Beginn höher als bei aufgenommenen Skripten. Jedoch machen sich sorgfältige Planung und klare Definitionen bei der folgenden Testerstellung und -wartung bezahlt. So fördert Keyword-Driven Testing eine stabile und übersichtliche Struktur der Testfälle. Je abstrakter die Keywords, desto einfacher sind sie wiederzuverwenden. Dadurch wird der Aufwand für Wartungsarbeiten gesenkt. Die modulare Struktur eines Keyword-Driven Tests erlaubt außerdem die bequeme Erstellung neuer Tests anhand schon vorhandener Keywords.

Ein weiterer Vorteil liegt darin, dass keine technischen Kenntnisse vorausgesetzt werden. Dadurch können Tests sogar ganz ohne Programmierkenntnisse automatisiert werden.

25.4 Testautomatisierungs-Architekturen

Im Zusammenhang mit Keyword-Driven Testing stehen die **Testautomatisierungs-Architekturen**.

Eine geeignete Struktur der Testskripte hilft, den zur Erstellung und Wartung automatisierter Tests nötigen Aufwand zu reduzieren. Außerdem unterstützt gute Strukturierung die Arbeitsteilung zwischen Testautomatisierern und fachlichen Testern. Dafür gibt es verschiedene Ansätze:

- **Datengetriebener Test:** Bei einem Test soll ein bestimmtes Testskript mit vielen verschiedenen Testdatensätzen wiederholt werden. Ein offensichtlicher Schritt zur Strukturierung und Aufwandsminimierung besteht darin, Testdaten und Testskript voneinander zu trennen. Üblicherweise werden hierzu die Testdatensätze in ein Tabellenkalkulationsblatt ausgelagert. Dieses Blatt beinhaltet auch die Speicherung der

Test-Sollergebnisse. Das Testskript liest eine Testdatenzeile ein, führt die Testprozedur mit dem Datensatz aus und wiederholt das Ganze mit der nächsten Testdatenzeile. Werden zusätzliche Testfälle benötigt, sind die Testdatentabellen zu ergänzen. Das Testskript bleibt unverändert. Auch Tester ohne Programmierkenntnisse können solche Tests erweitern und in gewissem Rahmen pflegen. Dieser Ansatz wird als datengetriebenes Testen **(data-driven test)** bezeichnet. Die einzelnen Testsets enthalten typischerweise Werte mit Grenz- oder Teilwerten. Dabei werden mehrere Methoden verwendet, um Daten zu speichern oder externe Daten für Daten getriebene Tests zu benutzen, z. B. Datenbanken, Excel-Dateien, CSV-Dateien, Property Files oder Sprachpakete.

- **Kommandogetriebener Test:** Bei umfangreichen Testautomatisierungen entsteht der weiter gehende Wunsch, bestimmte Testabläufe mehrfach zu verwenden. Wenn beispielsweise dasselbe Testvorgehen bei verschiedenen Geschäftsvorfällen Anwendung finden soll, dann ist es sinnvoll, wenn das zugrunde liegende Skript unverändert in beiden Testszenarien verwendet werden kann. Die entsprechenden Testschritte werden deshalb zu einer Prozedur gekapselt. Diese Prozedur kann anschließend über ihre Bezeichnung aufgerufen und in beliebigen anderen Testsequenzen unverändert wiederverwendet werden. Bei richtig gewählter Granularität und mit entsprechender Wahl der Prozedurnamen kann erreicht werden, dass jede dem Systemanwender zugängliche Bediensequenz durch eine solche Prozedur bzw. ein Kommando dargestellt wird. Damit auch Tester ohne Programmier-Know-How solche Testprozeduren nutzen können, müssen die Prozeduren aus den Tabellenkalkulationsblättern heraus aufrufbar sein. Der (Fach-) Tester arbeitet dann (analog zum datengetriebenen Test) nur mit Kommando- und Datentabellen. Die eigentliche Programmierung der Kommandos übernehmen spezialisierte Testprogrammierer. Dieser Ansatz wird als kommando- oder schlüsselwortgetriebenes Testen **(keyword-/actionword-driven test)** bezeichnet. Der kommandogetriebene Ansatz skaliert nur bedingt. Bei großen Keyword-Listen und umfangreichen Testabläufen werden die Tabellen schnell unübersichtlich. Abhängigkeiten zwischen Kommandos oder Beziehungen zwischen Kommandos und ihren Parametern sind schwer verfolgbar; der Aufwand zur Pflege der Tabellen steigt überproportional an.

- **Interaktionsgetriebene Tests:** Mehrere Testwerkzeuge bieten eine datenbankgestützte, objektorientierte Testbausteinverwaltung. Dabei können Testbausteine (sog. Interaktionen) aus dem Datenbank-Repository genommen und zu neuen Testsequenzen zusammengestellt werden. Die nötigen Testdaten (auch komplexe Datenstrukturen) werden dabei „automatisch mitgenommen". Wird ein Baustein geändert, sind sofort alle betroffenen Tests, in denen dieser Baustein verwendet wird, selektierbar. Das minimiert den Wartungsaufwand deutlich, womit auch sehr große Repositories effizient und übersichtlich nutzbar sind.

Literatur

[BATE2015] Bucsics, Baumgartner, Seidl, Gwihs: Basiswissen Testautomatisierung, dpunkt Verlag Heidelberg 2015

Testumgebungsmanagement und Testautomatisierung

26

Zusammenfassung

Für die Testautomatisierung muss eine eigene Testumgebung zur Verfügung stehen und vom Testumgebungsmanagement überwacht werden. Die Vorbereitung, Einrichtung und Betriebsführung dieser Testumgebung beinhaltet mehrere Schritte und Aufgaben.

Klassischerweise existieren in größeren Unternehmen verschiedene Systemumgebungen. Eine für die Produktion, möglicherweise eine Parallelumgebung zur Sicherstellung der Produktion, eine oder mehrere Umgebungen für die Geschäftsbereiche und meist mehrere für die IT. Normalerweise ist es Aufgabe des IT-Projektleiters, für ein Projekt die benötigten Systemumgebungen zur richtigen Zeit und in richtiger Güte zur Verfügung zu stellen. In der Praxis zeigt sich jedoch, dass diese Aufgabe oftmals nur unzureichend wahrgenommen wird und für den Testmanager somit ein erhebliches Risiko besteht, ob er seine Tests zu den geplanten Zeitpunkten in den geplanten Umgebungen durchführen kann. Das liegt oft an Kommunikationsproblemen und an der Überlastung des IT-Projektleiters. Je nach Projektgröße empfiehlt sich hier zur Unterstützung der Einsatz eines Testumgebungsmanagers, der als Bindeglied zwischen dem IT-Projekt und dem Testmanager fungiert. Je nach Projektgröße wird diese Aufgabe auch oft vom Testmanager durchgeführt [DROS2019].

26.1 Notwendigkeit einer eigenen Testumgebung

Um Kosten und Aufwand zu sparen, wird gelegentlich der Fehler begangen, den Systemtest in der Produktivumgebung des Kunden, statt in einer separaten **Testumgebung** durchzuführen. Aus mehreren Gründen ist davon dringend abzuraten:

F. Witte, *Konzeption und Umsetzung automatisierter Softwaretests,*
https://doi.org/10.1007/978-3-658-42661-3_26

- Im Systemtest werden Fehlerwirkungen auftreten. Dabei besteht immer die Gefahr, dass durch Nutzung der Produktivumgebung für die Testausführung ein unkalkulierbares Risiko für die Produktion entsteht und die Produktivumgebung des Kunden beeinträchtigt wird. Teure Systemausfälle und Datenverluste im produktiven Kundensystem können die Folge sein.
- Fehler im Testobjekt können sich auf produktive Systeme oder Daten auswirken, sodass sie nicht mehr als vertrauenswürdig betrachtet werden können. Ein weiteres Risiko für die Nutzung der Produktivumgebung besteht darin, dass ein Absturz des Testsystems die Nutzung des Produktivsystems in der gleichen Umgebung verhindern könnte und somit zu Verlusten durch entgangene Geschäfte oder Verzögerungen in der Produktion führt, also zum Beispiel Produktionsausfälle und dadurch Sachfolgeschäden entstehen können.
- Die Tester haben keine oder nur geringe Kontrolle über Parameter und Konfiguration der Produktivumgebung. Durch den gleichzeitig zum Test weiterlaufenden Betrieb der andern Kundensysteme werden die Testbedingungen unter Umständen schleichend verändert. Die durchgeführten Systemtests sind schwer oder nicht mehr reproduzierbar.

Inzwischen reift aber weitestgehend die Erkenntnis, dass eine eigene Testumgebung unbedingt erforderlich ist, um die Qualitätsansprüche aus dem Softwaretest zu erfüllen.

Die Testumgebung soll aber der späteren **Produktivumgebung** möglichst nahekommen. Statt Testtreibern und Platzhaltern sollen also auf allen Ebenen möglichst die später tatsächlich zum Einsatz kommenden Hard- und Softwareprodukte in der Testumgebung installiert sein. Das betrifft u. a. die Hardwareausstattung, die Systemsoftware, die Treibersoftware, Datengetriebene Testfallerstellung erlaubt dem Tester, zu fixen Abläufen verschiedene Datenkonstellationen zu erarbeiten.

Grundsätzlich sollte die Testumgebung umso produktionsähnlicher werden, je näher die Teststufe an der produktiven Nutzung ist. Für Komponententests auf Entwicklerebene sind häufig die Entwicklungscomputer oder Emulatoren der Zielsysteme als Testumgebung ausreichend. Demgegenüber sollte für den Abnahmetest eine Testumgebung zur Verfügung stehen, welche mit der Produktionsumgebung vergleichbar ist. Ein exaktes Abbild ist dann notwendig, wenn beispielsweise Datenmigrationen in Produktivsystemen (Fusionen) zu testen oder Last- und Performancetests durchzuführen sind.

Der Aufwand für einen hinreichenden Systemtest ist auch wegen der komplexen Testumgebung nicht zu unterschätzen. Bei Beginn des Systemtests sind erfahrungsgemäß erst die Hälfte der gesamt erforderlichen Test- und Qualitätssicherungsarbeiten absolviert, insbesondere dann, wenn es sich um ein Client-/Server-System handelt [SPIL2005].

Die Testumgebung beschreibt die Gesamtheit der Soft- und Hardwarebestandteile, die dem Test von Anwendungen, Webseiten oder Applikationen dienen. Daher beinhaltet die Testumgebung sowohl physische Komponenten wie Client und Server als auch virtuelle Bestandteile wie Betriebssystem und Software.

Für einen reifen Testprozess muss die Testumgebung ist in Entwurf, Implementierung und Wartung auf die Ziele der jeweiligen Teststufe abgestimmt sein. Die Testumgebung besteht dabei aus den folgenden Hauptkomponenten:

- Testarbeitsplatz
- Netzwerk
- Speicher
- (Enterprise) Server
- Middleware
- Testdaten

Die Zusammenstellung und der Aufbau der Testumgebung sollen die Testziele widerspiegeln. Die Testumgebung hat einen bedeutenden Einfluss auf die Qualität, die Durchlaufzeit und die Kosten des Testprozesses. Wichtige Aspekte der Testumgebung sind Verantwortlichkeiten, Management, rechtzeitige und ausreichende Verfügbarkeit, Repräsentativität und Flexibilität [TPIN2011].

26.2 Vorbereitung und Einrichtung der Testumgebung

Die Testumgebung sollte so eingerichtet sein, dass ein optimales Testen gewährleistet ist. Die Umgebung beeinflusst in erheblichem Maße die Qualität, Durchlaufzeiten und die Kosten des Testprozesses. Wichtige Aspekte bei der Umgebung sind Zuständigkeiten, Kontrolle, rechtzeitige und ausreichende Verfügbarkeit, Vergleichbarkeit mit der Produktionsumgebung sowie Flexibilität [WALL2011].

Die **Einrichtung der geeigneten Testumgebung** sollte erfolgen, sobald die Pläne für die Softwareentwicklung, Migration, Verwaltung der Systementwicklung und Projektverwaltung zur Verfügung stehen. Zur Planung und Vorbereitung sollten daher folgende Schritte durchlaufen werden, um das Design der Testumgebung von Anfang an geeignet an den Testanforderungen auszurichten:

- Einholen von Informationen über die Architektur der technischen Umgebung des Kunden einschließlich einer Liste der Rechnerhardware und der Betriebssysteme
- Ermittlung der Netzwerkcharakteristika der technischen Umgebung des Kunden, z. B. Standleitungen, Internet-Verbindungen, verwendete Netzwerkprotokolle
- Beschaffung einer Liste der kommerziellen Fertigprodukte, die mit der Systemlösung integriert werden sollen
- Ermittlung der Anzahl der Software-Lizenzen der für das Testteam benötigten automatisierten Testwerkzeuge
- Definition, welche Programme für Entwicklungsumgebungen auf jedem Rechnerarbeitsplatz der Testumgebung vorhanden sein müssen

- Bereitstellung der für die Sicherung und Wiederherstellung in der Testumgebung erforderlichen Hardwareausrüstung
- Sicherstellung, dass die Testumgebung für alle Testmitarbeiter ausreichend dimensioniert ist
- Prüfung der Anforderungen für Systemleistungstests, um herauszufinden, welche Elemente der Testumgebung für entsprechende Tests erforderlich sind
- Festlegung der Sicherheitsanforderungen für die Testumgebung

Im Anschluss an diese vorbereitenden Tätigkeiten entwickelt das Testteam einen Entwurf für die Testumgebung, erstellt eine grafische Darstellung der Architektur und eine Liste der dafür erforderlichen Komponenten. Die daraus entstehende Einkaufsliste für die Testausrüstung enthält die benötigen Mengen, Informationen über Einzelpreise und Kosten für Wartung und Unterstützung der benötigten Komponenten. Der zeitliche Rahmen für die Beschaffung der Ausrüstung sowie die Installations- und Einrichtungsaktivitäten muss ebenfalls ermittelt werden. Es ist von Vorteil, wenn zumindest ein Mitglied des Testteams über Fähigkeiten im Bereich Netzwerk, Datenbanken, Systemadministration und Systemintegration verfügt, die insbesondere bei der Einrichtung der Testumgebung wertvoll sind.

Die termingerechte Lieferung der Komponenten muss sorgfältig überwacht werden, um sicherzustellen, dass Verzögerungen bei der Beschaffung von Hard- und Software keine Auswirkungen auf den Zeitplan für das Testprogramm haben. Auch die Lieferung von Ersatzkomponenten ist in diesem Zusammenhang zu berücksichtigen.

Die Testumgebung sollte grundsätzlich rund um die Uhr verfügbar sein, da ein entscheidender Vorteil automatisierter Tests ja gerade darin besteht, Tests nachts oder am Wochenende automatisiert ablaufen zu lassen.

Die Konfiguration der Software einschließlich der automatisierten Testwerkzeuge gehört ebenfalls zu den Arbeiten, die im Rahmen der Einrichtung der Testumgebung durchzuführen sind. Neben Installation und Integration müssen Administrationstätigkeiten durchgeführt werden, die sicherstellen, dass da Testteam Zugriff auf die erforderlichen Systeme, Programme, Netzwerke, Datenbanken und Werkzeuge bekommt, damit die Tests in der Testumgebung durchgeführt werden können [SOAT2001].

26.3 Überprüfen der Testumgebung

Nach Einrichtung der Testumgebung muss die Einsatzbereitschaft der Umgebung vom Testteam geprüft werden. Dazu gehören folgende Aktivitäten:

- Prüfung der **Automatisierungsinfrastruktur** der Organisation und der Bibliothek wieder verwendbarer Komponenten, um festzustellen, ob vorhandene Testprogramme für dieses Projekt verwendet werden können
- Kontrolle des Status der Softwarefunktionalität der Testumgebung, die zu ihrer Testentwicklungsaufgabe gehört und Sicherstellung der Stabilität des Testobjekts. Bei einer permanenten Veränderung des Testobjekts, z. B. bei der Entwicklung automatisierter GUI-Tests, sind Bemühungen zur Automatisierung möglicherweise vergeblich. Mit der Automatisierung sollte man am besten erst dann beginnen, wenn wenigstens Teile der zu testenden Anwendung einigermaßen stabil sind, sich die Funktionalität also nicht mit jeder neuen Version verändert.
- Anwendung einer schrittweisen Entwicklung, z. B. mithilfe von **ATML (Automatic Test Markup Language).** ATML (Automatic Test Markup Language) ist eine Sammlung von XML-Schemas, die es automatischen Testsystemen (ATS) ermöglicht, Testinformationen in einem gemeinsamen Format auszutauschen, das dem XML-Standard entspricht. Der Zweck von ATML besteht darin, die Interoperabilität von Testprogrammen, Testobjekten und **UUTs (Unit Under Test)** in einer automatischen Testumgebung zu unterstützen. ATML erreicht dies durch ein Standardmedium für den Austausch von UUT-, Test- und Diagnoseinformationen zwischen den verschiedenen Komponenten des Testsystems. Diese schrittweise Methode, die zyklisch entwickelt, programmiert und testet wird auf jeden Build angewendet. Bevor das Testteam die Testverfahren durchführt, muss dabei verifiziert werden, dass die richtige Version der zu testenden Anwendung installiert ist.

Vor dem Beginn der Entwicklung von Tests muss das Testteam feststellen, welche Möglichkeiten zur Wiederverwendung vorhandener Testverfahren und Testskripts innerhalb der Automatisierungsinfrastruktur (der Bibliothek wieder verwendbarer Komponenten) bestehen. Beim Entwurf des Testdesigns wird festgelegt, welche Testverfahren manuell durchgeführt und welche automatisiert ablaufen sollen. Für jedes Testverfahren mit einem automatisierten Testwerkzeug wird anschließend mithilfe der Automatisierungsinfrastruktur festgestellt, inwieweit bereits vorhandenen Testverfahren wiederverwendet werden können.

26.4 Management der Testumgebung im Testbetrieb

Beim Management der Testumgebung im täglichen Betrieb muss besonderes Augenmerk auf die **Testdaten** gerichtet werden. Die Kenntnisse über die Testdaten und die Verantwortung dafür sind häufig über das gesamte Unternehmen verteilt, sodass sich bei der bestehenden Unternehmensstruktur niemand wirklich für die Qualität der Testdaten verantwortlich fühlt [TPIN2011].

Wenn die Testumgebung für Last- und Performancetests genutzt werden soll, ist im Besonderen zu prüfen, ob auch andere Programme oder Dienste auf den Servern der Testumgebung laufen, wie z. B. E-Mail, Logfile Rotation, Backup-Jobs, automatische Updates. Man muss ggf. auch für diese Dienste künstliche Last generieren, um eine realistische Aussage über das Laufzeitverhalten machen zu können; dazu ist die Analyse der Batch/Cron-Jobs auf den Servern ein passendes Hilfsmittel.

Lasttests – und **Performancetests** sollen sicherstellen, dass das Gesamtsystem in der Produktionsumgebung zufriedenstellend funktioniert. Gleichzeitig ist es aber oft nicht möglich bzw. sinnvoll machbar, diese systembelastenden Tests auf der Zielplattform durchzuführen. Das ist höchstens bei der Bereitstellung eines neuen Gesamtsystems, bestehend aus Hard- und Software sowie Netzwerkkomponenten möglich. Daher besteht die Herausforderung darin, entweder eine möglichst produktionsnahe Testumgebung zu schaffen bzw. die Relationen zwischen Ziel- und Testumgebung in die Interpretation der Ergebnisse einzubeziehen. Darüber hinaus bieten professionelle Werkzeuge die Möglichkeit, wesentliche Einflussgrößen, wie z. B. Netzwerkbandbreiten, zu simulieren. Der Einsatz von Service-Virtualisierung, insbesondere zur Simulation externer Systemkomponenten, ist ebenfalls ein wichtiger Bestandteil des Testumgebungsmanagements [BATE2015].

Für die notwendigen Tätigkeiten ist ein Verantwortlicher als **Testumgebungsmanager** zu benennen. Die Rolle kann bei kleineren Organisationen auch von einem Tester teilweise wahrgenommen werden. Generell hat ein Testumgebungsmanager folgende Aufgaben:

- Aufbau einer testspezifischen Infrastruktur (Testbibliotheken, Ablaufsteuerungskomponenten, Testdatenbanken, Zugriffs- und Rechtekonzepte sowie notwendige Hilfsmittel
- Konzeption, Planung und Umsetzung eines bedarfsgerechten Automatisierungsframeworks
- Vorbereitung, Wartung und Sicherstellen der Verfügbarkeit der automatisierten Testumgebung unter Einbeziehung weiterer Fachgruppen
- Projektspezifische Erweiterung von physischen und virtuellen Testumgebungen
- Inhaltliche Abstimmung der bereitgestellten Test- und Konfigurationsdaten mit der Testumgebung
- Auswahl, Einrichtung, Anpassung und Einsatz von Testwerkzeugen

- Planung, Steuerung und Skalierung der Testumgebung zur Vermeidung von Konflikten durch Parallelnutzung der Testumgebung verschiedener Abteilungen oder Projekte
- Optimierung der mit der Testumgebung verbundenen Prozesse
- Durchführung von Servicevirtualisierung und Einsatz von Provisionierungstools

Literatur

[DROS2019] Droste, Merz, Testmanagement in der Praxis, Springer Vieweg, Berlin 2019

[SPIL2005] Spillner, Linz: Basiswissen Softwaretest, dpunkt Verlag Heidelberg 2007

[WALL2011] Wallmüller: Software Quality Engineering, Carl-Hanser-Verlag München 2011

[SOAT2001] Dustin, Rashka, Paul: Software automatisch testen, Springer-Verlag Berlin Heidelberg 2001

[BATE2015] Bucsics, Baumgartner, Seidl, Gwihs: Basiswissen Testautomatisierung, dpunkt Verlag Heidelberg 2015

[TPIN2011] Sogeti: TPI NEXT – Geschäftsbasierte Verbesserung des Testprozesses, dpunkt Verlag Heidelberg 2011

Zusammenfassung

In der agilen Softwareentwicklung steigt die Bedeutung der Testautomatisierung. Continuos Delivery und häufige Deployments, eine erhöhte Anzahl an Builds, iterative und inkrementelle Softwareentwicklung erfordern eine stärkere Dynamik in der Softwareentwicklung und beim Test als in klassischen Projekten.

Agile Softwareentwicklung (von lateinisch agilis = „flink, beweglich") bezeichnet Ansätze im Softwareentwicklungsprozess, welche die Transparenz und Veränderungsgeschwindigkeit erhöhen und zu einem schnelleren Einsatz des entwickelten Systems führen sollen, um so Risiken und Fehlentwicklungen im Entwicklungsprozess zu minimieren. Dazu wird versucht, die Entwurfsphase auf ein Mindestmaß zu reduzieren und im Entwicklungsprozess so früh wie möglich zu ausführbarer Software zu gelangen. Diese wird in regelmäßigen, kurzen Abständen mit dem Kunden abgestimmt. So soll es möglich sein, flexibel auf Kundenwünsche einzugehen, um so die Kundenzufriedenheit insgesamt zu erhöhen. Gerade in agilen Software-Projekten, in denen regelmäßig Produktinkremente ausgeliefert werden, bietet die Testautomatisierung große Vorteile. So können durch die Integration in den Deployment-Prozess für jedes Inkrement Tests angestoßen werden, die Auskunft darüber geben, wie sich die Änderung am Programm auf die Nutzer auswirkt. Auf diese Weise werden implementierte Tests automatisch und regelmäßig ausgeführt und Zeitersparnisse gegenüber dem manuellen Testen gewonnen [BLOV2022].

F. Witte, *Konzeption und Umsetzung automatisierter Softwaretests*,
https://doi.org/10.1007/978-3-658-42661-3_27

27.1   Agiles Manifest

Im Jahr 2001 trafen sich erfahrene Softwareentwickler in Utah zu einem Netzwerk-Treffen. Was die Teilnehmer verband, war eine tiefe Frustration über die etablierten Entwicklungsmethoden der 90er Jahre und die Hoffnung auf einen Paradigmenwechsel. Die enorme Zeitspanne zwischen den Kundenwünschen und der Bereitstellung von Technologien, die diesen entsprachen, führte dazu, dass viele Projekte eingestellt wurden. Wie einst Martin Luther formulierten sie Thesen oder genauer vier Werte und zwölf Prinzipien – das **agile Manifest** (der Softwareentwicklung). Heute lassen sich viele von den Erkenntnissen der Softwarebranche inspirieren und hinterfragen die agilen Werte und Prinzipien auf Ihre Gültigkeit auch in anderen Branchen und Bereichen. Folgende zwölf Prinzipien wurden dabei formuliert:

1. Unsere höchste Priorität ist es, den Kunden durch frühe und kontinuierliche Auslieferung wertvoller Software (Produkte) zufrieden zu stellen.
2. Radikale Anforderungsänderungen sind selbst spät in der Entwicklung willkommen. Agile Prozesse nutzen Veränderungen zum Wettbewerbsvorteil des Kunden.
3. Liefere funktionierende Software (Produkte) regelmäßig innerhalb weniger Wochen oder Monate und bevorzuge dabei die kürzere Zeitspanne.
4. Fachexperten und Entwickler müssen während des Projektes täglich zusammenarbeiten.
5. Errichte Projekte rund um motivierte Individuen. Gib ihnen das Umfeld und die Unterstützung, die sie benötigen und vertraue darauf, dass sie die Aufgabe erledigen.
6. Die effizienteste und effektivste Methode, Informationen an und innerhalb eines Entwicklungsteams zu übermitteln, ist im Gespräch von Angesicht zu Angesicht.
7. Funktionierende Software ist das wichtigste Fortschrittsmaß.
8. Agile Prozesse fördern eine nachhaltige Entwicklung. Die Auftraggeber, Entwickler und Benutzer sollten ein gleichmäßiges Tempo auf unbegrenzte Zeit halten können.
9. Ständiges Augenmerk auf technische Exzellenz und gutes Design fördert Agilität.
10. Einfachheit – die Kunst, die Menge nicht getaner Arbeit zu maximieren – ist essenziell.
11. Die besten Architekturen, Anforderungen und Entwürfe entstehen durch selbstorganisierte Teams.
12. In regelmäßigen Abständen reflektiert das Team, wie es effektiver werden kann und passt sein Verhalten entsprechend an [EDUT2022].

Diese Entwicklungsgrundsätze hatten erhebliche Auswirkungen auf Prozesse in Softwareentwicklung und Test. Das **Wasserfallmodell,** das immer noch im Umlauf ist und vor dem agilen Modell das Standardvorgehen in der IT war, geht davon aus, dass die die Anforderungen des Unternehmens, des Kunden und der Stakeholder zu Beginn des Projekts gesammelt werden. Das Wasserfallmodell ist in aufeinander folgenden Projektphasen organisiert ist. Wie bei einem Wasserfall mit mehreren Kaskaden „fallen" die Ergebnisse einer Stufe nach unten in die nächste und sind dort verbindliche Vorgaben.

In einem Wasserfallmodell hat jede Phase vordefinierte Start- und Endpunkte mit eindeutig definierten Ergebnissen. Meist beschreibt das Modell auch einzelne Aktivitäten, die zur Herstellung der Ergebnisse durchzuführen sind. Zu bestimmten Meilensteinen und am jeweiligen Phasenende werden die vorgesehenen Entwicklungsdokumente im Rahmen des Projektmanagements verabschiedet.

Während der Phase des Systemdesigns und der Entwicklung hat man demnach ausreichend Zeit, ein Testkonzept zu erstellen, die Testfälle zu spezifizieren und im Anschluss an die Entwicklungsphase eine Testphase für Integrationstest und Systemtest einzuplanen.

Das **V-Modell** organisiert ähnlich dem Wasserfallmodell den Softwareentwicklungsprozess in Phasen. Zusätzlich zu diesen Entwicklungsphasen definiert das V-Modell auch das Vorgehen zur Qualitätssicherung (Testen), indem den einzelnen Entwicklungsphasen Testphasen gegenübergestellt werden. Vor allem für sehr langwierige Entwicklungen (Raumfahrt, Militär, Infrastruktur, Behörden, Banken) wird auch heute noch das V-Modell eingesetzt.

Ein agiles Vorgehen verlangt eine erheblich höhere Dynamik in den Entwicklungsprozessen und hat dadurch starke Auswirkungen auf die benötigten Testprozesse.

Agile Projekte erfordern daher ein Umdenken im klassischen Testvorgehen: Detailspezifikationen sind erst kurz vor Implementierung verfügbar, Tests sollen gleichzeitig mit der Entwicklung am Ende jeder Iteration abgeschlossen sein. Iterationslängen von wenigen Wochen verursachen beträchtlichen Mehraufwand für den Test, der sich noch dazu auf das Ende jeder Iteration konzentriert, und oft nicht rechtzeitig abgeschlossen werden kann. So ist es zum Beispiel auch entscheidend, die Testfälle richtig zu strukturieren, da das die Stabilität der Automatisierung erhöht [TETA2022].

Testen in agilen Projekten unterscheidet sich vom Testen in klassischen Projekten in erster Linie dadurch, dass dieselben Tests viel häufiger ausgeführt werden müssen. Schließlich wird das System immer wieder geändert (Refactoring) und viel häufiger ausgeliefert.

Eine Automatisierung der Tests lohnt sich in agilen Projekten viel früher als in klassischen Projekten.

Aus dieser essenziellen Bedeutung des Testens in agilen Projekten hat sich eine spezielle Perspektive auf Tests entwickelt: In agilen Projekten werden Tests als ausführbare Spezifikationen verstanden. Wie in klassischen Projekten unterscheidet man in agilen Projekten zwischen der technischen Spezifikation in Form von Unit-Tests und der Spezifikation der Anwendungsdomäne in Form von Akzeptanztests:

- **Unit-Tests:** In agilen Projekten werden Unit-Tests (Komponententests) als wichtiges Mittel zur Qualitätssicherung eingesetzt. Ihr primärer Zweck besteht in der Dokumentation des technischen Verständnisses des Teams. Für den Wissenstransfer des derzeitigen Verständnisses müssen sie vollständig automatisiert sein.

- **Akzeptanztests:** Mit Akzeptanztests wird die Systemfunktionalität aus Sicht der Anwender/Kunden überprüft. Agile Teams halten in Form von automatisierten Akzeptanztests ihr Verständnis über die Anwendungsdomäne fest. Das Team erlangt zusammen mit dem Product Owner ein gemeinsames Verständnis über die Anwendungsdomäne und hälft diese in Form von Akzeptanzkriterien fest. Diese werden parallel zur Entwicklung der Funktionalität automatisiert. Über lange Sicht entsteht so eine ausführbare Dokumentation des Systems.
- **Exploratives Testen:** Massive Testautomatisierung hat ihre Vorteile, wenn es um die frühzeitige Vermeidung von Regressionen geht. Allerdings gibt es trotz massiver Testautomatisierung immer noch Lücken in der Testabdeckung. Diese Lücken können gezielt und auch strukturiert mit explorativen Tests geschlossen werden, bei denen Phantasie und Kreativität der Tester gefordert sind. In agilen Projekten müssen Tester durch die massive Testabdeckung allerdings nicht mehr den einfachsten Fehlern hinterher suchen, sondern können sich gezielt auf die wichtigen und fehleranfälligen Bereiche beschränken [ITAG2022].

27.2 Inkrementelle Softwareentwicklung am Beispiel des Rational Unified Process

Der agile Softwareentwicklungszyklus wird auch als iterative oder inkrementelle Softwareentwicklung bezeichnet. Der **Rational Unified Process (RUP)** ist ein kommerzielles Produkt der Firma Rational Software, die seit 2003 Teil des IBM-Konzerns ist. Es beinhaltet sowohl ein Vorgehensmodell zur Softwareentwicklung als auch die dazugehörigen Softwareentwicklungsprogramme.

Abb. 27.1 veranschaulicht die einzelnen Phasen und Prozess Workflows im Rational Unified Process [RESG2022].

Man unterscheidet bei diesem Prozess 4 Phasen:
- **Inception:** Diese erste Konzeptionsphase dient dem Ausformulieren einer Vision, eines klaren Zieles sowie der Erstellung eines rudimentären Anwendungsfallmodells, das die wesentliche Funktionalität sowie eine provisorische Architektur beschreibt. Darüber hinaus werden die wesentlichsten Risiken identifiziert und die Ausarbeitungsphase geplant. Sie resultiert im „Lifecycle Objective Milestone".
- **Elaboration:** In dieser Phase werden der Architekturprototyp sowie eine detaillierte Beschreibung für etwa 80 % der Anwendungsfälle ausgearbeitet. Hier erfolgt die Planung der Konstruktionsphase. Ergebnis dieser Entwurfsphase ist der „Lifecycle Architecture Milestone".
- **Construction:** Nachdem die Architektur ausgearbeitet wurde, konzentriert sich diese Phase auf die Entwicklung und das Testen des Produktes. Die erste lauffähige

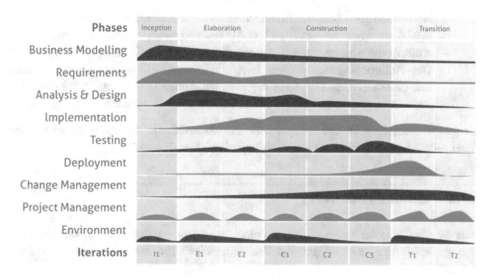

Abb. 27.1 Rational Unified Workflow

Version der Software entsteht und schließt mit dem Initial „Operational Capability Milestone" ab.

- **Transition:** Die Phase „Transition" ist die Übergabephase und Auslieferung der Software an den Kunden. Der Prozess endet mit dem „Product Release Milestone".

Zur zielgerichteten Umsetzung des Rational Unified Process greift man auf in der Praxis bewährte Vorgehensweisen und Erfahrungswerte zurück. Diese werden in den folgenden sechs Best Practices formuliert:

- **Iterative Softwareentwicklung:** Mit iterativer Softwareentwicklung können im Gegensatz zu linearen Vorgehensmodellen (wie etwa dem Wasserfallmodell) sich ändernde Anforderungen auch zu einem späteren Zeitpunkt noch berücksichtigt werden.

- **Projektbegleitendes Qualitätsmanagement:** Das Ziel eines projektbegleitenden anstatt eines nachgelagerten Qualitätsmanagements ist eine frühzeitige Fehlererkennung. Dadurch kann die Qualität in Summe gesteigert werden, da von Anfang an weniger Fehler entstehen und man mehr Zeit für intensivere Test- und Qualitätssicherungsaktivitäten gewinnt.

- **Komponentenbasierte Architektur:** Komponenten werden sowohl isoliert entwickelt als auch getestet und tragen somit zur Wiederverwendbarkeit des Produkts und der Produktivitäts- und Qualitätssteigerung bei.

- **Visuelle Modellierung:** Mit visueller Modellierung kann ein besseres Problemverständnis erreicht werden. Meist wird dafür die standardisierte Modellierungssprache UML eingesetzt. Dadurch wird eine parallele Entwicklung in verschiedenen Fachbereichen ermöglicht.

    – **Kontrolliertes Änderungsmanagement:** Mit definierten Prozessen ist es möglich, Änderungen zu verwalten und Altstände reproduzierbar zu machen.

    – **Anforderungsmanagement:** Anforderungen sind die Grundlage des Systems. Das Anforderungsmanagement hilft, Änderungen zu erkennen, organisieren und durchzuführen. Das dient der besseren Kontrolle über Auswirkungen von Anforderungen, verbesserter Qualität und Kundenzufriedenheit [OPEX2022].

Es gibt weitere, ähnliche und abgewandelte Prozessmodelle in der agilen Entwicklung; deren Grundprinzip ist aber ähnlich dem Rational Unified Process.

27.3   Continuos Delivery

Aus der Abbildung des Rational Unified Process wird deutlich, dass es zahlreiche Iterationen der Softwareentwicklung gibt. Zur Umsetzung dieses Prozesses sind neue Techniken erforderlich.

Continuous Delivery („fortlaufende Auslieferung") bezeichnet eine Sammlung von Techniken, Prozessen und Werkzeugen, die den Software-Auslieferungsprozess verbessern.

Techniken wie **Continuous Integration** (CI), Testautomatisierung und kontinuierliche Installation werden insbesondere in Kombination mit agilen Methoden eingesetzt, um den Entwicklern schnelles Feedback auf Änderungen zu geben und die Software-Qualität während der Weiterentwicklung aufrechtzuerhalten. Software-Build-Jobs auf CI-Servern wie **Jenkins** ermöglichen ein automatisiertes Testen und Erstellen von „Nightly"- oder „Release"-Versionen. Diese Versionen können mithilfe von Continuos Delivery automatisiert auf Entwicklungs-, Test-, Integrations- und Produktivumgebung eingespielt werden.

Die Automatisierung der Integrations- und Auslieferungsprozesse ermöglicht schnelle, zuverlässige und wiederholbare **Deployments.** Erweiterungen oder Fehlerkorrekturen können somit mit geringem Risiko und niedrigem manuellen Aufwand in die Produktivumgebung oder zum Kunden ausgeliefert werden. Continuous Delivery wird primär in Kombination mit agilen Methoden eingesetzt. Für eine Einführung von Continuous Delivery wird häufig eine Umsetzung des **DevOps**-Ansatzes empfohlen. DevOps ist eine Sammlung unterschiedlicher technischer Methoden und eine Kultur zur Zusammenarbeit zwischen Softwareentwicklung und IT-Betrieb. DevOps soll durch gemeinsame Prozesse und Software-Werkzeuge eine effektivere und effizientere Zusammenarbeit der Bereiche Softwareentwicklung (Dev), Systemadministratoren (Ops), Qualitätssicherung und der Nutzerschaft ermöglichen. Mit DevOps sollen die Softwarequalität, die Geschwindigkeit der Entwicklung und der Auslieferung, sowie das Miteinander der beteiligten Teams verbessert werden.

Ein zentraler Begriff bei der Continuos Delivery ist die **Deployment-Pipeline** als **Lean Poka Yoke.** Mit Lean Poka Yoke – einem Begriff aus der japanischen Automobilindustrie – sollen technische Vorkehrungen bzw. Einrichtungen Fehler sofort aufdecken und verhindern. Die Deployment-Pipeline besteht aus einer Menge von Validierungen, die eine Software auf ihrem Weg zur Veröffentlichung bestehen muss. Der Programmcode wird dazu für jede Änderung, die in der Versionsverwaltung gemacht wird, falls nötig auf dem Buildserver übersetzt und danach paketiert. Es wird eine Reihe verschiedener Tests (eventuell auch manuell) ausgeführt, bevor die Software als veröffentlichungsfähig bezeichnet werden kann.

Entwickler, die zu einem Continuos Delivery Prozess wechseln und lange Veröffentlichungszyklen gewohnt sind, müssen ihre Entwicklungstechniken anpassen. Jede Version in der Versionsverwaltung soll zu jeder Zeit lieferbar sein. Entwicklungsmuster wie Featuretoggles helfen dabei, Code früh zu versionieren, auch wenn er noch nicht zur Verwendung durch den Endanwender gedacht ist.

Delivery beinhaltet eine kontinuierliche Integration, die automatisierte Bereitstellung von Testsystemen und die automatisierte Auslieferung auf unterschiedliche Systeme, also Entwicklungs-, Test- und Produktivumgebung.

Ein zentraler Bestandteil von Continuos Delivery ist aber auch eine umfassende Testautomatisierung auf den unterschiedlichen Teststufen, in Komponententest, Systemtest bis hin zum Abnahmetest. Daraus ergeben sich spezifische Anforderungen an die Testautomatisierungswerkzeuge:

- Kann die Testdurchführung in ein **Build-System** (z. B. Maven, Ant…) integriert werden? Ist es also möglich, dass die automatisierten Testfälle bei jedem Build des Systems automatisch durchgeführt werden und abhängig vom Ergebnis der weitere Build-Verlauf beeinflusst werden? Das bedeutet in der Konsequenz, dass der Build bei fehlgeschlagener Testdurchführung abbricht.
- Ist es möglich, die Testergebnisse unterschiedlicher Teststufen einheitlich zu verwalten und darzustellen? Da vor allem in agilen Projekten auch die Testautomatisierung von Komponenten eine wichtige Rolle spielt, ist es essenziell, dass Komponententests auf die gleiche Weise dargestellt und verwaltet werden können wie automatisierte Integrations- bzw. Systemtests.
- Wie lassen sich die automatisierten Testfälle auf unterschiedlichen Umgebungen durchführen? Diese Frage stellt sich speziell dann, wenn die Software tatsächlich kontinuierlich auch auf unterschiedliche Zielsysteme ausgeliefert werden soll. Dies sollte ohne Zusatzaufwand möglich sein – im Optimum lediglich durch die Änderung eines Konfigurationsparameters.

Besonders in agilen Software-Projekten, bei denen regelmäßig Produktinkremente ausgeliefert werden, kann auf Testautomatisierung nicht verzichtet werden. Die meisten Best Practices und guten Erfahrungsberichte von Agile-Experten sind sich einig, dass gerade bei den kürzeren Iterationen automatisierte Tests eine äußerst sinnvolle Ergänzung sind. Somit können Tests auch über Nacht laufen und Tests können auch automatisch nach jedem Code-Check-in inklusive eines automatischen **Build-Prozesses** ablaufen [TEBO2022].

Die Automatisierung des funktionalen Regressionstests ist für agile Projekte zwingend. Dies gilt sowohl für den Ausbau von Komponententests (speziell durch den Einsatz testgetriebener Entwicklung) als auch für die Automatisierung von funktionalen Systemtests und automatisierten oder teilautomatisierten Abnahmetests. Damit dies möglich ist, dürfen auch organisatorische Rahmenbedingungen nicht außer Acht gelassen werden. In agilen Projekten bedeutet das, dass die Automatisierbarkeit bzw. die Testbarkeit, aber auch der Grad der Automatisierung für eine User Story als essenzielle Punkte in die **„Definition of Done"** des Teams aufgenommen werden müssen und wie jede andere Abnahmebedingung zu handhaben ist [BATE2015].

Für agile Projekte ist es besonders wichtig, dass der Test gleichberechtigt zur Entwicklung ist. Viele agile Teams sind in der Transformation zu agilen Prozessen von Entwicklern schon rein zahlenmäßig dominiert. Umso wichtiger ist daher, dass der Tester darauf achtet, dass auch der Testzyklus ausreichend beachtet wird. Da der Test auch innerhalb der Iterationen nachgelagert ist, ist es in besonderer Weise nötig, dass auf eine gute Schätzung der Sprints und klare Zielvereinbarung innerhalb der agilen Teams geachtet wird, damit der Test kein Schattendasein fristet.

Testmanagement ist bei agilen Projekten sogar noch wichtiger als bei klassischen Projekten. Manchmal sieht es auf den ersten Blick so aus, dass die Bedeutung des Testmanagements im agilen Umfeld zurückgegangen ist, da die Aufgaben des klassischen Testmanagements ohnehin im Team verteilt sind. Das liegt aber häufig vor allem daran, dass Tester zu wenig Gewicht in die Waagschale wirft und in vielen agilen Teams kein Gegengewicht auf Augenhöhe mit den Entwicklern herstellen. Der Bedarf an passgenauen Software-Tests steigt jedoch durch die Interaktion und Komplexität der Systeme immer mehr und das Wissen der Testmanager wird weiterhin an Bedeutung gewinnen. Der Testmanager als Begleiter und Coach eines Entwicklungs- und Testteams, das agile Umsetzung unter Beachtung hoher Qualitätsstandards ermöglicht, ist also wichtiger denn je.

In agilen Projekten stellen parallel ablaufende Prozesse und Änderungen der Funktionalität innerhalb eines Zeitfensters das Testmanagement vor neue Herausforderungen: Der Tester muss innerhalb kürzester Zeit auf dem aktuellen Informationsstand sein und sich ergebende Änderungen und deren Auswirkungen in kurzen Reaktionszeiten auf seine Tätigkeit und die Dokumentation umsetzen. Das ist nur über kurze und gut funktionierende Kommunikationswege zu den ausführenden Stellen und zum Projektleiter realisierbar.

Literatur

[BLOV2022]   https://blog.viadee.de/6-schritte-zur-testautomatisierung, zugegriffen am 12.03.2023

[EDUT2022]   https://www.edutrainment-company.com/das-agile-manifest-4-werte-12-prinzipien/, zugegriffen am 12.03.2023

[OPEX2022]   https://www.opex.de/lexikon/rup-rational-unified-process/,   zugegriffen   am 12.03.2023

[RESG2022]   https://www.researchgate.net/figure/The-4-phases-and-9-disciplines-of-the-Rational-Unified-Process_fig1_221036001, zugegriffen am 12.03.2023

[BATE2015]   Bucsics, Baumgartner, Seidl, Gwihs: Basiswissen Testautomatisierung, dpunkt Verlag Heidelberg 2015

[TEBO2022]   https://www.testing-board.com/testautomatisierung/, zugegriffen am 12.03.2023

[TETA2022]   https://webnew.techtalk.at/software-development/agiles-testen/,   zugegriffen   am 12.03.2023

[ITAG2022]   https://www.it-agile.de/agiles-wissen/agile-entwicklung/was-ist-agiles-testen/, zugegriffen am 12.03.2023

Testgetriebene Entwicklung, Testautomatisierung und künstliche Intelligenz

Zusammenfassung

Testgetriebene Entwicklung bedeutet ein Umdenken der Entwicklung; es werden erst Testfälle entwickelt und danach die Software codiert. Testgetriebene Entwicklung erfordert einen hohen Testautomatisierungsgrad und eine detaillierte Planung. Auch neuartige Ansätze der künstlichen Intelligenz (KI) haben Auswirkungen auf die Testautomatisierung.

Testgetriebene Entwicklung soll Synergien zwischen Test und Entwicklung fördern, es geht um die Herbeiführung einer Win–Win-Situation für beide Bereiche. Dabei kann Testautomatisierung wirksam unterstützen.

28.1 Test driven Development

Bei der **testgetriebenen Entwicklung** (engl. **Test-Driven Development**, **TDD**) handelt es sich um ein zyklisches Vorgehen in kleinen Schritten. Tests werden dazu benutzt, um die Softwareentwicklung zu steuern. Der Ablauf dieser Programmierung ist zyklisch:

- Ein Test wird geschrieben, der zunächst fehlschlägt.
- Genau so viel Produktivcode wird implementiert, dass der Test erfolgreich durchläuft.
- Test und Produktivcode werden refaktorisiert.

Die Tests werden typischerweise mit dem XUnit-Framework in der gleichen Sprache wie der Produktivcode implementiert. Tests, die erfolgreich durchlaufen, werden durch einen

© Der/die Autor(en), exklusiv lizenziert an Springer Fachmedien Wiesbaden GmbH, ein Teil von Springer Nature 2023
F. Witte, *Konzeption und Umsetzung automatisierter Softwaretests*,
https://doi.org/10.1007/978-3-658-42661-3_28

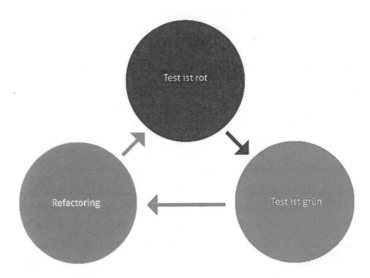

Abb. 28.1 Testgetriebene Entwicklung [AGIW2022]

grünen, nicht erfolgreiche durch einen roten Balken dargestellt. Man spricht daher vom **„Red-Green-Refactor"-Zyklus** (siehe auch Abb. 28.1).

Testgetriebene Entwicklung geht inkrementell vor. Jeder durchlaufene TDD-Zyklus reichert die Software um neue Fähigkeiten an – und das minutiös, denn jeder Zyklusabschnitt sollte nicht länger als ein paar Minuten dauern.

Damit Wiederholungen ohne zusätzlichen Aufwand ausgeführt werden können, sind ein TDD- Tool und ein Framework erforderlich. Entwickler verwenden im Allgemeinen Tools zur Build-Automatisierung, wie z. B. CruiseControl oder Jenkins, mit denen Komponenten kontinuierlich und fehlerfrei in den Quellcode integriert werden können. Andere beliebte Frameworks und Tools für die Java-Entwicklung sind JUnit, Maven und Ant. In der Regel werden Tests immer in derselben Programmiersprache wie der Quellcode geschrieben. Für PHP gibt es unter anderem Ceedling und CMock [EINW2022].

Die Tests noch vor den Komponenten zu schreiben, die dem Test unterzogen werden sollen, ist sehr markant für TDD. Dieses Modell wird auch als **Test-First** bezeichnet und darum ist TDD keine Test-, sondern eine Designstrategie. Denn falls der Test zuerst geschrieben wird, wird die Schnittstelle der zu testenden Komponente bereits benutzt, bevor sie tatsächlich existiert. Der Entwickler bekommt frühestmöglich Feedback, ob das Design auch verwendbar ist. Die Implementierung des produktiven Codes erfolgt erst, wenn ein Test vorliegt, der dies verlangt. Es wird genau so viel Code geschrieben, dass der Test erfolgreich durchläuft. Wird zu viel Produktivcode für einen Test geschrieben, dann entstehen nicht getestete Stellen, die beim Refactoring Probleme bereiten können.

Beim Refactoring werden die Tests und der Produktivcode gleichermaßen aufgeräumt. Ziel hierbei ist es, die Software einfach, redundanzfrei und verständlich zu gestalten. Diese

Phase des TDD-Zyklus geht dem Zyklusanfang unmittelbar voraus: Um einen bestimmten Test zu schreiben, kann es notwendig sein, zuerst ein Refactoring an den anderen Tests oder dem Produktivcode vorwegzunehmen.

Der Zyklus, dem Programmierer bei der testgetriebenen Entwicklung folgen, wird auch als **Rot-Grün-Refaktor** bezeichnet und beschreibt jede der Phasen, die erfüllt werden müssen, um eine höhere Effizienz zu erzielen:

- **Rote Phase** (Phasennetzwerk): In dieser Phase muss der Benutzer in die Fußstapfen dessen treten, der den Code problemlos verwenden möchte. Daher wird ein Test geschrieben, der Komponenten enthält, die noch nicht implementiert wurden. Somit kann man später entscheiden, welche Elemente wirklich erforderlich sind, damit der Code funktioniert.
- **Grüne Phase:** Unter der Annahme, dass der Test fehlschlägt und rot markiert ist, übernimmt der Tester die Rolle des Programmierers und versucht, eine einfache Lösung zu finden. Es ist sehr wichtig, nur die erforderliche Codemenge zu schreiben. Der geschriebene Code wird danach in den Produktionscode integriert, sodass der Test grün markiert ist.
- **Refactoring:** In diesem Schritt wird der Produktivcode bereinigt und seine Struktur perfektioniert. Der Code wird auf eine Weise fertiggestellt und umstrukturiert, die für Entwickler elegant und verständlich ist. Unter anderem werden Duplikate im Code entfernt, sodass die Professionalität des Softwareentwicklungsprozesses steigt.

Der Zyklus ist überschneidungsfrei, jede Aktivität beim testgetriebenen Entwickeln lässt sich einem Abschnitt zuordnen. Es sollten keine Tests in Phase 2 und 3 und kein Produktivcode in Phase 1 und 3 geschrieben werden. Beim Refactoring wird das Verhalten des Codes nicht verändert, also dabei weder bei den Tests (Phase 1) noch im Produktivcode (Phase 2) etwas funktional verändert.

Prinzipien, die TDD vereint, sind die kontinuierliche Designverbesserung, einfaches Design und Test-First. TDD selbst ist eine Kerntechnik von **Extreme Programming** und damit Teil der agilen Softwareentwicklung. Es verspricht Qualitätssoftware und eine deutliche Aufwertung der Softwarearchitektur dank evolutionärem Design.

Vorteile von Test Driven Development sind im Wesentlichen

- wartbare Qualitätssoftware:
  - kein ungetesteter Code
  - sauber strukturierte und gute, verständliche Architektur durch testgetriebene Entwicklung als Designstrategie
  - wenig Redundanzen im Code durch frühzeitiges Refactoring
  - die resultierende Software ist von hoher Qualität und weist weniger Fehler auf
- effektive und effiziente Softwareerstellung:
  - kein unnützer Code auf Vorrat

– Konzentration auf das Wesentliche [AGIW2022]

Die testgetriebene Entwicklung orientiert sich an den Ergebnissen der von den Entwicklern definierten Testfälle. Seine zyklische Struktur stellt sicher, dass Code nur dann an das Produktionssystem übertragen wird, wenn alle Softwareanforderungen erfüllt sind. Mit anderen Worten, die Codeelemente werden so oft wie nötig überarbeitet und erneut getestet, bis der Test nicht mehr fehlschlägt. Diese Strategie ermöglicht es, die Software nach und nach mit neuen Funktionen anzureichern und nach jedem bestandenen Test neuen Quellcode zu schreiben. Aus diesem Grund wird TDD als inkrementelles Modell der Softwareentwicklung angesehen.

Jeder Test dauert in der Regel nicht länger als ein paar Sekunden oder Minuten, sodass die Ergebnisse schnell im Produktionscode angezeigt werden. Damit Wiederholungen ohne zusätzlichen Aufwand ausgeführt werden können, sind ein TDD- Tool und ein Framework erforderlich. Entwickler verwenden im Allgemeinen Tools zur Automatisierung von Builds, wie zum Beispiel CruiseControl oder Jenkins, mit denen Komponenten kontinuierlich und fehlerfrei in den Quellcode integriert werden können. Andere beliebte Frameworks und Tools für die Java-Entwicklung sind JUnit, Maven und Ant. In der Regel werden Tests immer in derselben Programmiersprache wie der Quellcode geschrieben.

28.2   Umsetzung der Testautomatisierung bei der testgetriebenen Entwicklung

Für testgetriebene Entwicklung ist ein hoher **Testautomatisierungsgrad** zwingend.

Die testgetriebene Entwicklung wird auch als „Test-first" Ansatz bezeichnet. Die zugrunde liegende Idee dabei ist, zuerst die Tests zu erstellen und zu automatisieren und erst danach die gewünschte Komponente zu programmieren. Die Testautomatisierung findet also bereits vor der Entwicklung der Komponente statt.

Dieser Absatz ist stark iterativ: Man testet den Programmcode mit den vorhandenen Testfällen und verbessert den Code so lange, bis die Tests fehlerfrei absolviert werden [SPIL2005].

Für die Umsetzung von Testautomatisierung bei testgetriebener Entwicklung ist es wichtig die Programm-Bestandteile, die nach ihrer Entwicklung getestet werden, so klein wie möglich zu halten. Zum einen ist der Debugging-Aufwand deutlich geringer, weil bei der Analyse die Verantwortlichen Fehlerquellen in kleinen Software-Fragmenten schneller finden können als in großen. Zudem sind Testverfahren für kleinere Programm-Pakete einfacher auszuwerten und zu verstehen.

Test Driven Development bedeutet ein Umdenken: In klassischen Projekten wird die geforderte Funktion erst gebaut und danach getestet. Dabei prüft der Entwickler die Funktionen und ggf. deren Integration in vorgesehene Prozessabläufe und leitet seine Anwendung an den Projektverantwortlichen weiter. Dieser prüft die neuen Funktionen ebenfalls noch einmal. Test Driven Development hingegen funktioniert komplett anders:

Zuerst überlegt sich der Entwickler Testfälle, die er für kleinste technische Anwendungsanteile benötigt und mit denen er prüft, ob diese das richtige Ergebnis liefern. Danach werden die Funktionslogiken entwickelt, um die erdachten Tests erfolgreich zu bewältigen. Eine Änderung der benötigten Funktion zieht auch eine Änderung aller dafür vorgesehenen Tests nach sich: Für Entwickler ergibt sich dadurch ein hoher initialer Aufwand, um gut funktionierende Anwendungen zu programmieren. Dennoch lohnt sich die investierte Arbeit in den meisten Fällen, da die nachträgliche Änderung unzureichend getesteter Funktionen in der Regel noch mehr Zeit in Anspruch nimmt.

Verantwortliche sollten einkalkulieren, dass Entwicklungsprojekte mit Test Driven Development gerade am Anfang deutlich mehr Zeit in Anspruch nehmen, als es bei der klassischen Vorgehensweise der Fall ist. Eine gute Konzeption der Anwendung und die Erstellung der Tests führen jedoch zu einer soliden Softwarearchitektur, die später besser gewartet werden kann. Nachträgliche Anpassungen gehen zudem deutlich zügiger vonstatten [ERLE2022]. Gerade hier ist Aufklärungsarbeit des Testmanagers erforderlich. Dabei kann mit einer detaillierten Testplanung, der den zu erwartenden Return On Invest oder auch die Termin- und Qualitätssituation bei unterschiedlichen Szenarien aufzeigt, argumentiert werden.

28.3 Künstliche Intelligenz und Testautomatisierung

Künstliche Intelligenz (KI) bezieht sich auf jedes Verhalten durch eine Maschine oder ein System, das normalerweise menschliche Intelligenz erfordert. In der einfachsten Form der KI sind Computer so programmiert, dass sie menschliches Verhalten nachahmen. Dank KI fahren beispielsweise erste Automobile ohne Fahrer und smarte Sprachassistenten erfüllen uns fast jeden Wunsch. Auch im Bereich der Testautomatisierung verändern KI-Technologien die Softwareentwicklung.

Bislang steht die Nutzung künstlicher Intelligenz noch am Anfang; KI wird erst in wenigen Bereichen eingesetzt, was vor allem auch daran liegt, dass die Produkte für die Automatisierung noch sehr frisch auf dem Markt sind, doch Testautomatisierung wird bald mehr an Bedeutung gewinnen (müssen). Nur dank Testautomatisierung kann der Spagat zwischen Qualität und Geschwindigkeit gemeistert werden. Wer seine Entwicklung durch automatisiertes Testen und KI unterstützt, erhält selbstständige Analysen und generiert an die komplexe IT-Landschaft gut angepasste Skripte und Testfälle. Das spart Zeit und verringert die Fehlerhäufigkeit, denn Fehler werden von den Tools selbstständig erkannt. Es kommt weder zu Ausfällen noch zu Leistungseinbußen, sondern stattdessen zu einer ausgezeichneten Performance für mobile Apps und Webshops. So erhöht sich am Ende sogar die Kundenzufriedenheit und die Wettbewerbsfähigkeit [SMAR2022].

Die modellbasierte Testautomatisierung hat Unternehmen nachweislich bei der Umgestaltung ihrer Testprozesse geholfen. Kontinuierliches Testen ist mehr und mehr zum

Unternehmensalltag geworden. Bis dahin haben Unternehmen viele Jahre und beträchtliche Ressourcen darauf verwendet, sich mit unausgereiften Tests herumzuschlagen, die in den Anfängen der Testautomatisierung (und leider häufig auch heute noch) nur allzu oft anzutreffen sind.

Modellbasierte Testautomatisierung wurde in den letzten Jahren beständig optimiert, einige Anwendungsfälle übersteigen jedoch die Leistungsfähigkeit jeder Testautomatisierungstechnologie, da diese auf der technischen Ebene arbeiten. Zum Beispiel:

- der Test muss in einer frühen Phase des Entwicklungszyklus stattfinden, aber UI-Testautomatisierung erfordert eine fertige (und stabile) UI
- extrem neue/alte/spezialisierte Technologien werden nicht unterstützt oder erfordern umfangreiche Anpassungen
- virtuelle sowie Remote-Anwendungen sind außerhalb der Reichweite des Systems
- selbst hochbelastbare Tests erfordern gelegentliches Monitoring sowie Aktualisierungen
- App-Modernisierung führt zu einer Destabilisierung von Testfällen

Inzwischen gibt es am Markt Lösungen, mit deren Unterstützung Entwicklerteams die Benutzeroberfläche der Anwendung automatisieren können, unabhängig von der zugrunde liegenden Technologie. Dabei werden durch maschinelles Lernen Benutzeroberflächen so gesteuert, dass sie genauso wie ein menschlicher Benutzer arbeiten. Dadurch wird die Automatisierung zukunftssicher und lernfähig. Die Testautomatisierung kann dann sogar aufgrund von Mockups oder Whiteboard-Zeichnungen erstellt werden. Manche Tools sind in der Lage, Elemente auf Textebene zu suchen oder basierend auf Koordinaten in Relation zu einem übergeordneten Objekt zu erkennen. Anschließend stehen dem Tester unterschiedliche Benutzeraktionen zur Verfügung (z. B. Klick, Hover oder Berührung), was beim Test von Charts, Mainframes, PDF-Dateien oder Teilen von SAP-Anwendungen von Nutzen sein kann. Auch eine KI-gestützte optische Zeichenerkennung (OCR), womit in Diagrammen, Karten und Bildern navigiert und deren Inhalt überprüft werden kann, kann die Testdurchführung erheblich beschleunigen und manche Tests überhaupt erst möglich machen. Dadurch wird die Rolle der Tester aufgewertet, denn sie müssen sich nicht mehr mit der Mechanik der technischen Automatisierung befassen. Stattdessen können sie sich auf die herausfordernden analytischen und investigativen Arbeiten konzentrieren, die Tester überhaupt erst für diesen Beruf qualifizieren. Darüber können Risiken reduziert und gleichzeitig die Verfügbarkeit von Anwendungen beschleunigt werden. Letztendlich geht es darum, wichtige Informationen ans Licht zu bringen, damit die Teams schneller innovative Produkte publizieren können [TRIC2022].

Literatur

[AGIW2022]   https://www.it-agile.de/agiles-wissen/agile-entwicklung/was-ist-testgetriebene-ent
             wicklung/, zugegriffen am 12.03.2023

[EINW2022]   https://einwie.com/testgetriebene-entwicklung-wie-diese-methode-funktioniert/,
             zugegriffen am 12.03.2023

 [SPIL2005] Spillner, Linz: Basiswissen Softwaretest, dpunkt Verlag Heidelberg 2007

[ERLE2022]   https://erlebe-software.de/knowhow/test-driven-development/#vorgehensweise-bei-
             test-driven-development, zugegriffen am 12.03.2023

[SMAR2022]   https://blog.t-systems-mms.com/digital-stories/5-gruende-warum-sie-smarte-tes
             tautomatisierung-in-der-software-entwicklung-einsetzen-sollten,   zugegriffen   am
             12.03.2023

 [TRIC2022] https://www.tricentis.com/de/blog/dritte-ara-der-testautomatisierung, zugegriffen am
             12.03.2023

Testdaten und Testdatengetriebene Automatisierung

29

Zusammenfassung

Testdaten haben eine hohe Bedeutung für die Testdurchführung automatisierter Tests und erfordern ein konsequentes Testdatenmanagement. Testdaten lassen sich nach unterschiedlichen Kriterien klassifizieren. Testdaten können automatisch generiert werden. Beim datengetriebenen Test werden Testdaten von den Testschritten getrennt. Durch diese Trennung kann die Testabdeckung erhöht werden und gleichzeitig der Aufwand der Testfallerstellung erheblich reduziert werden.

Testautomatisierung ist vor allem dann sinnvoll, wenn es viele, häufig eng getaktete Testzyklen und in kurzer Abfolge neue Releases geplant sind.

Dafür müssen jeweils große Mengen von Testdaten bereitstehen. Die dabei eingesetzten Datenkonserven sollen ihre Datenhaltbarkeit für die Verarbeitung nicht verlieren. Hierzu werden Mechanismen benötigt, mit denen sich Datenkonserven in der Zeit fortschreiben lassen. Da es vorkommen kann, dass Tests die Daten verändern und die Datenbasis nicht zurückgesetzt werden kann, müssen für zukünftige Tests ungeeignete Daten beseitigt werden.

Dafür ist es nötig, dass die Testdatenbestände regressionsfähig sind [BONG2022].

29.1 Testdatenmanagement

Beim Planen der Testprozesse und der damit verbundenen Testaktivitäten wird oftmals die Bedeutung und Wichtigkeit von **Testdaten** sträflich vernachlässigt. Fehlende oder in nicht ausreichender Menge oder Qualität zur Verfügung stehende Testdaten führen zu Verzögerungen oder im schlimmsten Fall zum Abbruch des Projektes. Allzu oft werden

F. Witte, *Konzeption und Umsetzung automatisierter Softwaretests*,
https://doi.org/10.1007/978-3-658-42661-3_29

sogar produktive Daten ins Testsystem kopiert, wobei der Datenschutz außen vorgelassen wird. Um diesen Herausforderungen gerecht zu werden, hat sich in den letzten Jahren das **Testdatenmanagement** als eigenständige Disziplin – vor allem in komplexen und kritischen Projekten – etabliert [SWIS2022].

40 % der Befragten im World Quality Report nannten die Verfügbarkeit der Testdaten und der Testumgebung als Hindernis für die Testautomatisierung. Damit landeten Testdaten und Testumgebung auf Platz 2 der größten Hindernisse – direkt nach dem Mangel an geeigneten Automatisierungswerkzeugen (wurde von 45 % der Teilnehmer genannt) [ZOEL2018].

Laut einer von IBM im Jahre 2016 durchgeführten Studie verbrachten Testanalysten in der Regel 30–60 % ihrer Arbeitszeit mit der Verwaltung, Pflege und Erstellung von Testdaten. Bis zu 20 % des gesamten Softwareentwicklungszyklus werden mit dem Warten auf geeignete Daten verbracht. Dazu kommt, dass Datenmengen grundsätzlich immer umfangreicher und inhaltlich komplexer werden [SQMA1222].

Beim Testdatenmanagement und den zugehörigen Prozessen geht es um mehrere Aspekte:

- Personen, Rollen und Verantwortlichkeiten,
- Tools, Methoden und Vorgehen,
- definierte Prozesse,
- Aufgaben und nötige Skills,
- technische Herausforderungen,
- Sicherheit, Datenschutz, Gesetze und Regulatorien
- Effizienz und Wirtschaftlichkeit.

Testdatenmanagement ist nicht nur darauf bedacht beim Thema Datenschutz zu unterstützen, es geht auch um die automatisierte Bereitstellung von Testdaten bei Bedarf, das Rücksetzen von Testdaten nach „Verbrauch" wie auch das Tracken der Validität, die „Alterung" und der „Verbrauchsstand" des Datenbestandes. Da Daten durch den Test teilweise verändert werden, muss man sie nach der Testdurchführung auf ihre Anfangswerte zurücksetzen, um beim nächsten Testlauf die exakt gleichen Ausgangsbedingungen für die Testdurchführung wiederherzustellen. Die Datenkonserven sollen ihre Datenhaltbarkeit für die Verarbeitung nicht verlieren, daher werden Mechanismen benötigt, um Datenkonserven in der Zeit fortzuschreiben aber auch durch einen Test veränderte (sogenannte „verbrannte" und für zukünftige Tests ungeeignete) Daten zu beseitigen, also regressionsfähige Testdatenbestände aufzubauen [BONG2022].

29.2 Testdaten

Auch das effiziente und schnelle Bereitstellen von **Testdaten,** insbesondere Massenda-
ten und riesigen Datenvolumen, steht im Fokus von Prozessen im Testdatenmanagement.
Testdaten können in einem System je nach Bedarf auch automatisiert pro Testfall oder
vor einem Testlauf erstellt werden.

Oft haben Testdaten Verknüpfungen und Abhängigkeiten über verschiedene Systeme
hinweg. Auch diese Herausforderung ist Teil der Prozessorganisation im Testdatenmanagement.

Ob synthetische Daten als Testdaten die richtige Wahl sind, eher ein Produktionsdaten-
Abzug mit einer Anonymisierung (Datenverfremdung) oder eine Mischung aus beiden
Verfahren ist völlig abhängig vom dem Softwareentwicklungsprojekt und seinen Teststufen. Genauso ist zu evaluieren, ob es bereits ein Testdatenmanagement-Tool für den
eigenen Bedarf auf dem Markt gibt und ob sich die Investition eher in ein solches Tool
lohnt oder besser in eine eigene Entwicklung investiert wird. Eine Evaluierung gän-
giger Tools ist daher in der Vorbereitungsphase der automatisierten Testdurchführung
erforderlich [TESB2022].

Folgende Ursachen sind häufig dafür verantwortlich, dass es bei der Bereitstellung geeigneter Testdaten zu Verzögerungen kommt und sich dadurch für das Testteam
Mehraufwände und teilweise Leerlaufzeiten ergeben:

- Testteams verfügen über unzureichende und/oder unvollständige Testdaten und haben
  keinen Zugang zu Datenquellen (häufig sind Berechtigungsprobleme dafür eine
  Ursache).
- Testteams erhalten aufgrund anderer Prioritäten nur zeitverzögert Antworten von
  Entwicklungsteams.
- Testteams verfügen bei großen Datenmengen nicht über die geeigneten Tools oder
  Fähigkeiten, um die Menge an Daten zu verwalten.
- Tester verbringen zu viel Zeit für Abstimmungen mit anderen Stakeholdern zur
  Sammlung von nötigen Daten, die ihnen für die Durchführung der eigentlichen Tests
  fehlt.
- Die bereitgestellten Daten sind personenbezogen oder zu sensibel, um für Testzwecke
  verwendet werden zu können und müssen entweder umständlich nachbearbeitet werden
  oder sind dadurch generell für die Testdurchführung unbrauchbar.
- Zu große Datenmengen müssen in einem kurzen Zeitrahmen analysiert werden.

Je weiter man in der Testphase voranschreitet, also je höher man sich in der Testpyra-
mide bewegt, desto schwieriger werden die Zusammenhänge, Abhängigkeiten und die
Stufe der Integration. Dadurch wird die Darstellung von Zusammenhängen auf höheren
Ebenen besonders schwierig und zeitaufwendig. Auch die zunehmende Regulierung von

Echtdaten erschwert die Bereitstellung von Testdaten, wie z. B. die umfangreichen Regelungen der DGSVO die zu einem massiven Aufwand und umfassende Umstellungen in IT-Systemen führte [SQMA1222].

Bei **testdatengetriebener Automatisierung** handelt es sich um einen praktischen Testansatz, wenn man schnell und effizient Testfälle in mehreren Varianten mit unterschiedlichen Sätzen von Eingabedaten und erwarteten Ergebnissen entwerfen muss.

Es gibt mehrere Methoden, Testdaten zu klassifizieren. Reimann unterscheidet drei Kategorien von Testdaten:

- **Testfalldaten:** Eingabedaten, Zustandsdaten, Ergebnisdaten, erwartete Ergebnisdaten
- **Bestandsdaten:/** Historiendaten Stammdaten, Tarifdaten, Ergebnisdaten, historische Daten
- **Umgebungsdaten:** Systemdaten, PLZ-Verzeichnisse, Benutzerkennung und damit im System verbundene Rechte

Eine andere Einteilung wird von Chace vorgenommen.

- **Eingabedaten:** als Bestandteil des Testfalls durch Tester eingegeben
- **Basisdaten:** Ausgangspunkt für die Testausführung, Grundlage für erwartete Ergebnisdaten
- **Umgebungsdaten:** Ausführungskontext der Testfälle, Systemkonfiguration (Betriebssystem, Datenbanken, Applikationsserver, Hardwarekonfigurationen), Benutzerautorisierung, Benutzerauthentifizierung und Berechtigungsnachweise (Benutzerkennungen, Passwörter, Systemzugriffslevel für generische, rollenbasierte oder testspezifische Benutzer), Systemdaten, PLZ-Verzeichnisse, Benutzerkennung und damit im System verbundene Rechte, Konfigurationsmöglichkeiten (Port-Einstellungen der Firewall, Einstellungen der Applikationsserver, Speicherverwaltung)

Jagers schließlich nimmt eine weitere Einteilung der Testdaten in folgende Kategorien vor:

- **Eingabe-** und **Ausgabedaten:** mit Ausführung des Testfalls eingegebene, bearbeitete oder gelöschte Daten
- **Operationsdaten:** ausgewählte Datenmenge, Ausgangspunkt für bestimmten Testfall oder bestimmtes Testszenario
- **Konfigurationsdaten:** Einstellen der Testumgebung, Voraussetzung für Testdurchführung

Testdaten lassen sich auch hinsichtlich ihres Anwendungskontextes in Testdatenbestandstypen aufteilen:

- **Projektübergreifende Steuerungsdaten:** enthalten niemals kundenspezifische Daten, können identisch mit Produktionsdaten sein, nur lesender Zugriff der Anwendung (kein Editieren), bleiben i. d. R. über den Lebenszyklus der Anwendung gleich
- **Testobjektübergreifende Daten:** repräsentativer Umfang an Bestandsdaten, von jeder Funktionalität der Anwendung als Ausgangszustand benötigt, dienen als Kopiervorlage für einzelne Testobjekte
- **Testobjektspezifische Daten = Primärdaten** und **Sekundärdaten:** Primärdaten sind Eingabedaten und Daten, die während des Testlaufs die Eingaben bestimmen. Primärdaten führen in Schnittstellen zur Verarbeitung und sind meist in der Testfallspezifikation enthalten. Sekundärdaten sind Bestandsdaten und Testdaten, die in Datenbanken oder Parameterdateien vorliegen müssen, damit die Verarbeitung möglich ist (z. B. Konfigurationsdaten). Sekundärdaten stellen die Grundlage für den Testablauf dar und werden meist aus der Kopierbasis generiert und lassen sich den Testdatenkategorien Operationsdaten und Umgebungsdaten zuordnen.

Metadaten bezeichnen Daten über Objekte der Informationsverarbeitung, beispielsweise über Daten, Funktionen, Prozesse, Anwendungssysteme oder Komponenten der Infrastruktur. Metadatenmanagement bezeichnet analog zum Datenmanagement alle Aufgaben, die für die adäquate Bereitstellung der Metadaten auf strategischer, taktischer und operativer Ebene wahrzunehmen sind. Fehlende oder unsauber gepflegte Metadaten gehören aus mehreren Gründen zu den häufigsten Problemen mit Testdaten. Metadaten verfolgen mehrere Ziele:

- Eigentumsregelung: Mithilfe von Metadaten kann vermieden werden, dass sich verschiedene Testteams, die sich eine Testumgebung oder eine Datenbasis teilen, beim Testen dadurch stören, dass sie sich gegenseitig Daten „wegnehmen" oder „zerschießen".
- Auswahlkriterium: Metadaten dienen als Kriterium zur Auswahl geeigneter Testdaten für einen bestimmten Testfall, Testlauf oder Testszenario.
- Entscheidungshilfe: Metadaten, die fachliche Informationen über Testdaten enthalten, helfen bei der Entscheidung darüber, ob vorhandene Testdatensätze angepasst werden können oder ob es fachlich sinnvoller ist, einen oder mehrere Testdatensätze neu anzulegen. Die Informationen über den fachlichen Kontext helfen bei der Auswahl der Tests für fachlichen Szenarien.
- Steuerinformation: Metadaten dienen Testern und Testwerkzeugen für Auswertungen oder als Steuerinformationen. So lassen sich beispielsweise Metriken zur Komplexität der Testdatenanfrage oder zur Anzahl der Fehler in den bereitgestellten Testdaten erstellen oder ein Indexwert aus dem Volumen der bereitgestellten Testdaten/ Anzahl Datensätze bestimmen, mit dem der Aufwand bei der Erstellung umfangreicher Lasttests transparent gemacht werden kann.

- Unterstützung der Testautomatisierung: Aus den Metadaten geht hervor, dass sie ausschließlich für bestimmte Testläufe (Smoke-Test, Health Check) verwendet werden [ZOEL2018].

29.3 Automatische Generierung von Testdaten

Bei einer automatisierten Testdurchführung sollten die Testdaten ebenfalls möglichst automatisiert erstellt werden. Ob die Automatisierung der Erstellung von Testdaten möglich ist, hängt vom Testobjekt und den Testdaten ab. Die Anonymisierung eines Produktionsdatenbestands allein kann man nicht unbedingt als Generierung von Testdaten bezeichnen.

Quelle für die Testdatenerstellung können der Sourcecode und die Produktionsdaten sein:

- Entwicklerwerkzeuge, wie z. B. Visual Studio, ermöglichen die Ableitung von Testfällen inklusive der Testdaten direkt aus dem Sourcecode. Das führt zwar zu einer hohen Geschwindigkeit bei der Generierung der Testdaten, hat aber den Nachteil, dass die Testfälle den Quellcode gegen sich selbst testen: Der Entwickler programmiert die Funktionen, die er aus den Anforderungen und Entwurfsdokumenten interpretiert hat. Der Quellcode repräsentiert das „Ist", die Anforderungen das „Soll". Deshalb müssen die aus dem Code abgeleiteten Testdaten in ihren Testfällen gegen die Anforderung geprüft werden. Damit lassen sich technische Defekte wie fehlende Dateninitialisierung, falsche Parameterversorgung oder Endlosschleifen finden. Grundsätzliche Abweichungen von der Spezifikation oder gar nicht erst realisierte Funktionen können damit aber nicht gefunden werden, da kein Quellcode existiert aus dem Testdaten abgeleitet werden können.
- Bei der Verwendung von Produktionsdaten extrahiert man zunächst repräsentative Ausschnitte aus dem Datenvorrat (z. B. Datenbanktabellen, Systemschnittstellen) bzw. erstellt die Daten, indem man Benutzertransaktionen aufzeichnet und erhält Rohdaten. Im nächsten Schritt werden die Rohdaten gefiltert; redundante und überflüssige Ausprägungen werden entfernt. Im Ergebnis liegt eine Auswahl einmalige, repräsentativer und redundanzfreier Daten vor. Sensible Daten werden daraufhin mittels **Scrambling-Algorithmen** unkenntlich gemacht (z. B. Namen von Kontoinhabern oder Bonität von Kunden). Danach werden die Testdaten in ein Format überführt, mit dem sie leicht weiterverarbeitet werden können (z. B. CSV oder XML). Schließlich werden die bis dahin erhaltenen Daten editiert und manipuliert, sodass man die für den Test benötigten Daten erhält.

Anschließend müssen die Testdaten in die Testumgebung gebracht werden. Dazu eignen sich generell folgende Methoden und Werkzeuge:

- Direkte Eingabe der Daten über Systemschnittstellen (z. B. über die grafische Benutzeroberfläche oder über Batch-Dateien): nur bei geringem Datenbestand geeignet. Vorteilhaft ist, dass die Kontrolle über die Daten vollständig bei den Testern liegt.
- Kopieren und Editieren der Daten: relativ leicht umsetzbar, aber ebenfalls nur für eine geringe Anzahl von Testdaten geeignet. Die Technik erfordert Kenntnisse über die zugrunde liegenden Datenstrukturen und ist sehr fehleranfällig bei umfangreichen und komplexen Beziehungen zwischen den Daten.
- Nutzung einer speziellen Testdatenmanagementlösung: Diese Option ist vor allem für große Datenmengen geeignet. Die Auswahl eines geeigneten Teils des Produktionsdatenbestands bleibt jedoch schwierig und bedarf einiger Vorbereitungsschritte
- Automatisierung von Testeingaben: Eine automatische Generierung von Testdaten bietet sich bei großen Datenmengen mit vielen Eingabedaten an. Diese Methode ist auch für die Erzeugung von Zufallsdaten (bei datengetriebenem und schlüsselwortgetriebenem Test) und zum Abdecken aller Kombinationen von Eingabedaten geeignet. Dabei generieren Algorithmen Permutationen und Kombinationen aus den Testdaten, um eine möglichst hohe Testabdeckung zu erzielen [ZOEL2018].

29.4 Merkmale datengetriebenen Testens

Beim Konzept des **datengetriebenen Testens** – auch **tabellengetriebenes Testen** genannt – geht es darum, die Testdaten von den Testschritten zu trennen. Ohne datengetriebenes Testen enthalten die Testschritte typischerweise jeden Wert, der zur Ausführung benötigt wird. Beim datengetriebenen Testen werden Platzhalter für die Werte verwendet, die variiert werden können, um verschiedene Testfälle zu definieren. Für die Testausführung werden die Platzhalter durch spezifische Werte ersetzt, die in Datentabellen bereitgestellt werden – einschließlich der erwarteten Ergebnisse. Der Testlauf wird quasi von den Daten in der Tabelle „getrieben".

Datengetriebenes Testen ist ein wichtiger Aspekt von Testautomatisierung. Das Ziel ist dabei, einen gegebenen Test oder ein ganzes Testset mehrmals laufen zu lassen und dabei unterschiedliche Datensätze und verschiedene erwartete Resultate zu verwenden. Die Testsets enthalten typischerweise Werte mit Grenz- oder Teilwerten. Dabei gibt es mehrere Möglichkeiten, Daten zu speichern oder externe Daten für datengetriebene Tests zu benutzen. Das können z. B. Excel-Dateien, Datenbanken, Sprachpakete oder Property Files sein. Die hohe Anzahl von Testfallwiederholungen (Iterationen) macht datengetriebenes Testen günstig für die Automatisierung, aber teuer für manuelles Testen.

Ein **datengetriebenes Testframework** erlaubt es dadurch, automatisierte Tests zu erstellen und sie mithilfe einer oder mehrerer Variablen an eine Datenquelle anzubinden. Für die Automatisierung eines Login-Prozesses können zum Beispiel Benutzername, Passwort und erwartetes Ergebnis als Variablen gesetzt werden. Bei der jeweiligen Testdurchführung werden diese Variablen durch Werte aus der Datenquelle ersetzt. Die Datenquelle kann dabei eine einfache interne Tabelle, eine CSV-Datei, eine Excel-Tabelle oder eine Verbindung zu einer SQL-Datenbank sein. Mit einem solchen SQL-Konnektor kann der Test basierend auf einer speziellen Testdatenbank oder produktiven Datenbanken des Unternehmens durchgeführt werden.

29.5   Vorteile des datengetriebenen Tests

Oft gibt es mehrere Datensätze für eine Sequenz von Testschritten. Die Erstellung einzelner Testfälle für jeden Datensatz ist jedoch zeitaufwendig und ineffizient. Datengetriebenes Testen überwindet dieses Problem.

Man kann dabei schnell eine große Menge an Testfällen definieren, insbesondere wenn sie sich nur im Detail unterscheiden. Datengetriebenes Testen bietet eine wiederverwendbare Testlogik, die von den Testdaten getrennt ist. Das macht es einfach, definierte Testfälle zu pflegen. Die Testabdeckung kann dadurch erheblich gesteigert werden. Änderungen an der Testlogik oder an den Testdaten wirken sich nicht auf die jeweils andere Seite aus, sodass Modifikationen leichter durchzuführen sind und man weniger Seiteneffekte bedenken muss. Datengetriebenes Testen reduziert auch das Risiko von unnötigen Duplikaten und Redundanzen von Testfällen und automatisierten Testskripten [TEBE2022].

Ein datengetriebenes Testframework erreicht dadurch einen wesentlich höheren Testdurchsatz als mit manuellen Tests je möglich wäre, besonders bei repetitiven Testfällen, die positive/negative Testwerte oder Corner, Edge und Boundary Cases abdecken. Durch die Trennung von Testabläufen und -daten können die Testdaten an einem für alle Teammitglieder zugänglichen Ort gespeichert werden, z. B. in einer Excel-Tabelle, einer CSV-Datei oder einer Datenbank. Dadurch können Daten einfacher geteilt, wiederverwendet, gesichert und gewartet werden. Neben Funktionstests kann datengetriebenes Testen auch dazu verwendet werden, die Dateneingabe bei Last- und Performancetests zu simulieren. Außerdem kann man mit einem datengetriebenen Testfall auch eine Test- oder Produktdatenbank befüllen.

Dabei zeigt der Abgleich von Eingaben mit Testergebnissen, ob die Verarbeitung korrekt verarbeitet wurde. Es werden also genauere Tests erreicht. Der Wartungsaufwand ist gering, Szenarien lassen sich ohne Programmierkenntnisse hinzufügen oder Testdaten ändern. Da der datengetriebene Test die Testressourcen im Unternehmen entlastet, können Tester sich auf schwer bis nicht automatisierbares exploratives Testen und UX-Tests konzentrieren, statt nur Testdaten einzugeben. Außerdem stehen sie für anspruchsvollere Aufgaben zur Verfügung.

Literatur

[TEBE2022] https://www.testbench.com/de/data-driven-testing/, zugegriffen am 12.03.2023
[TESB2022] https://www.testing-board.com/testdatenmanagement/, zugegriffen am 12.03.2023
[SWIS2022] https://swissq.it/testing/testdatenmanagement-die-unterschaetzte-herausforderung/, zugegriffen am 12.03.2023
[BONG2022] https://www.bongartz-consult.com/leistungen/testmanagement, zugegriffen am 12.03.2023
[ZOEL2018] Zölch, Testdaten und Testdatenmanagement, dpunkt Verlag Heidelberg 2018
[SQMA1222] ASQF/SQ Magazin, Ausgabe 63, Dezember 2022

Modellbasiertes Testen

30

Zusammenfassung

Modellbasiertes Testen automatisiert die Erstellung von Testfällen und wählt unterschiedliche Ansätze zur Optimierung von Testprozessen und Testdurchführung. Modellelemente und Keywords werden mithilfe von Aktivitätsdiagrammen miteinander verbunden.

Modellbasiertes Testen (englisch **model-based testing, MBT**) ist ein Oberbegriff für die Nutzung von Modellen zur Automatisierung von Testaktivitäten und zur Generierung von Testartefakten im Testprozess. Darunter fällt insbesondere die Generierung von Testfällen aus Modellen (z. B. unter Verwendung der UML), die das Sollverhalten des zu testenden Systems beschreiben. Hauptziel des modellbasierten Testens ist es, nicht nur die Durchführung von Tests (siehe Testautomatisierung), sondern schon deren Erstellung zu (teil-)automatisieren. Man verspricht sich davon Transparenz und Steuerbarkeit in der Testfallentstehung, wodurch der Testprozess wirtschaftlicher und die Testqualität personenunabhängiger gestaltet werden kann.

30.1 Automatisierungsansätze im modellbasierten Test

Der modellbasierte Testentwurf nutzt Modelle als Basis für den Testentwurf. Modelle sind abstrakte Beschreibungen von beliebigen Artefakten, die für den Testentwurf genutzt werden sollen. Sie können das Systemverhalten oder das Testverhalten definieren. Sie können ein separates Testmodell oder Bestandteil eines gemeinsamen Test- und Entwicklungsmodells sein. Sie können (nicht-)deterministisch, zeitlos oder zeitbehaftet, diskret, kontinuierlich oder eine Mischung daraus sein. Sie können Datenfluss, Kontrollfluss

F. Witte, *Konzeption und Umsetzung automatisierter Softwaretests*,
https://doi.org/10.1007/978-3-658-42661-3_30

oder eine Mischung davon beschreiben, ihr Verhalten kann kontinuierlich oder ereignisgesteuert sein. Daraus ergibt sich in erster Konsequenz eine breite Vielfalt von Einsatzmöglichkeiten von allen möglichen Arten von Modellen für den Testentwurf.

Modelle können zum Beispiel genutzt werden, um nicht nur einzelne Testfälle auf abstrakter Ebene zu beschreiben, sondern auch, um ganze Mengen von Testfällen zu beschreiben. Das wird erreicht, indem Verzweigungen, bedingte Anweisungen, Reaktionen auf externe Ereignisse u.v.m. bereits auf Modellebene definiert werden. Ein Modell kann genutzt werden, um einen ganzheitlichen Überblick über das gesamte System und die wechselseitigen Abhängigkeiten zwischen Komponenten zu bekommen. Das hilft schon deutlich in früheren Phasen der Systementwicklung, z. B. während des Reviews von Anforderungen oder Architekturentwürfen. In dieser Phase werden auch alle testrelevanten Informationen gebündelt und aus ihrer Gesamtheit werden die Testfälle abgeleitet.

Wenn die Ableitung der Testfälle aus dem Modell automatisch geschieht, ergeben sich weitere Vorteile: Kleinere Änderungen im Modell, die sich aber auf eine Vielzahl von Testfällen beziehen, können automatisch in die Testfälle überführt werden. Der Testgenerator geht dabei oft so vor, dass bestimmte Qualitätsziele wie z. B. das Erreichen einer bestimmten Überdeckung auf Modellebene als Endkriterium für den Testentwurf gewählt werden. Damit können auch Änderungen, die weitere Testschritte, eine geänderte Zahl an Parametern oder eine Änderung des erwarteten Verhaltens beinhalten, automatisch übernommen werden. Die entsprechenden Testfälle werden automatisch generiert.

Der wesentliche Vorteil gegenüber dem schlüsselwortgetriebenen Ansatz ist, dass der gesamte Ablauf zusammen mit möglichen Verzweigungen, Schachtelungen, Schleifen oder parallelem Verhalten beschrieben und für den Testentwurf genutzt werden kann. Das Modell wird durch einen modellbasierten Testgenerator dahingehend interpretiert, dass einzelne kontrollflussbasierte Ablaufsequenzen durch dieses Modell erzeugt werden, die im Folgenden in ein zuvor definiertes Zielformat umgewandelt werden [RISE2022].

Um Testfälle zu automatisieren, die mit modellbasierten Testmethoden generiert wurden, gibt es das Problem der „semantischen Lücke" zwischen Generat und Testobjekt: Der Abstraktionslevel der generierten Testfälle passt im Allgemeinen nicht zu dem Abstraktionslevel, der zur konkreten schrittweisen Durchführung von Tests am Testobjekt erforderlich wäre. Am o.g. Beispiel ist das deutlich zu erkennen: Das Schlüsselwort „Starte Programm" sagt nichts darüber aus, welche Bedienaktionen im Detail durchzuführen sind, um ein Programm zu starten. Das API des Modells stimmt nicht exakt mit dem API des Testsystems überein". Um diese Lücke zu schließen, gibt es drei Ansätze.

Adapteransatz: Ein spezielles Automatisierungsskript, ein Interpreter, parst die Testfallbeschreibung und führt zur Laufzeit jede einzelne Anweisung, üblicherweise ein einzelnes „High Level Keyword", aus. Jedes **High Level Keyword** setzt sich entweder wiederum aus einer Reihe niedrigstufiger Keywords zusammen oder es gilt als atomar. Für jedes atomare Keyword wird manuell sogenannter Adaptercode geschrieben, der angibt, welche konkreten Anreiz- und Prüfschritte auf dem Testsystem durchgeführt werden müssen. Die atomaren Keywords sind in einer Bibliothek von Skriptbausteinen abgelegt. Eine solche Bibliothek wird oftmals auch als Adapterschicht bezeichnet. Interpreter und Adapter sind im Allgemeinen in der Skriptsprache des Automatisierungswerkzeugs implementiert. Diese Schicht unterliegt genauso der Wartung, Pflege und Versionierung wie andere Artefakte im Prozess des modellbasierten Testens. Änderungen im Testobjekt ziehen in der Regel Änderungen am Adaptercode nach sich. Diese Schicht – ihre Spezifikation und/oder Code – kann z. B. im Modell des modellbasierten Tests selbst vorgehalten werden.

Transformationsansatz: Ein Compiler generiert vor der eigentlichen Durchführung aus der Keyword-Sequenz Skripte, die allein lauffähig sind. Es wird somit keine Adapterschicht benötigt. Die Zielsprache, die am Ende eines Transformationsschritts zum Einsatz kommt, hängt vom gewählten Testroboter ab. Es kann sich um eine Programmier- oder Skriptsprache handeln (z. B. JavaScript, C), eine Notation wie **TTCN-3** (eine domänenspezifische Programmiersprache die beispielsweise für das Testen von Kommunikationsprotokollen und deren Schnittstellen eingesetzt wird), oder eine proprietäre Sprache eines geeigneten Testausführungswerkzeugs. Die Zielablage für die ausführbaren Testskripte ist entweder eine Datenablage oder ein Testmanagementwerkzeug.

Kombinierter Ansatz: Der kombinierte Ansatz bezeichnet eine Mischung aus Adapter und Transformation, bei der zuerst ein Transformationsschritt erfolgt, der Testskripte erzeugt, die für sich aber noch nicht ausführbar sind, sondern auf eine Schicht von Zugriffsfunktionen zurückgreifen, die mittels Adaptercode zur Ausführung gebracht werden. Abb. 30.1 verdeutlicht die unterschiedlichen Ansätze.

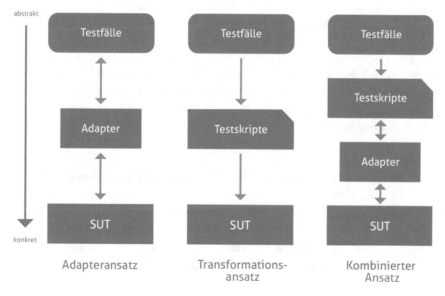

Abb. 30.1 Automatisierungsansätze

30.2   Durchführung automatisierter modellbasierter Tests

Abhängig davon, wie die Laufzeitumgebung für die automatisierten Testfälle implementiert ist, können diese auf zwei grundlegend unterschiedliche Arten zur Durchführung gebracht werden.

- „On-the-fly-Ansatz"/ Kommunikation zwischen Werkzeug und Testobjekt: Generierung, Ausführung und Auswertung der Testfälle können innerhalb eines einzigen Werkzeugs zeitlich verschränkt stattfinden. Die generierten Testfälle werden (unter Zuhilfenahme des Interpreters) sofort ausgeführt und die Reaktionen des Testobjekts auch gleich ans Werkzeug für den modellbasierten Test zurückgesendet. Zwischen dem Werkzeug für den modellbasierten Test und dem Testsystem besteht demnach eine Kommunikationsverbindung. Durch Auswertung dieser Reaktionen kann ggf. die Generierungsstrategie für weitere Testfälle unmittelbar angepasst werden. Das Werkzeug, das für den modellbasierten Test eingesetzt wird, kann die Menge der generierten Testfälle also abhängig von der Reaktion des zu testenden Systems direkt („on the fly") anpassen.
- Modellbasierte Testfallgenerierung im **Offline-Modus:** Bei diesem Ansatz werden die generierten Testfälle nicht sofort ausgeführt. Das Generat wird zwischengespeichert und zeitlich versetzt in eine Testumgebung überführt, auf der es zur Durchführung kommt. Die Testdurchführung findet somit „offline" außerhalb des verwendeten Werkzeugs statt, sodass keine Einflussnahme auf die Generierungs- oder Durchführungsstrategie möglich ist. Das für die modellbasierte Testfallgenerierung eingesetzte Werkzeug spielt während der Durchführung keine aktive Rolle und benötigt deshalb auch keine Kommunikationsverbindung zum Testobjekt.

Für die Implementierung von „on-the-Fly-Ansätzen" liegt der Adapteransatz nahe, denn es kann nicht nach jedem einzelnen Testschritt mit dem steuernden MBT-Werkzeug Kontakt aufgenommen werden. In einer „Offline-MBT-Strategie" ist meist der Transformationsansatz der naheliegendere, da bei diesem ebenfalls eine Entkopplung zwischen Generierung und Durchführung vorliegt.

30.3   Verbindung zwischen Modellelementen und Keywords

Für die direkte Unterstützung einer Testautomatisierung aus Modellen wird die Erzeugbarkeit konkreter Testfälle benötigt. Um möglichst viele Informationen für die Generierung konkreter Testfälle im Modell selbst unterbringen zu können, benötigt man im Allgemeinen ein eigenständiges Testmodell, das den hierfür nötigen Platz bietet, ohne andere Modellierungsziele zu gefährden. Die Hoheit über die Erstellung des Testmodells liegt beim Testteam. Diese eröffnet auch im Hinblick auf die Ankopplung an Keyword-Driven-Testing ein einfaches Vorgehen, das im Folgenden beschrieben wird.

Dabei werden die einzelnen Aktionen des Testers beim Test in einem **Aktivitäts-diagramm** beschrieben. Ein Aktivitätsdiagramm ist ein Verhaltensdiagramm der Unified Modeling Language (UML), einer Modellierungssprache für Software und andere Systeme, und stellt die Vernetzung von elementaren Aktionen und deren Verbindungen mit Kontroll- und Datenflüssen grafisch dar. Die einzelnen Knoten (Aktionen) darin tragen Bezeichner, die in beliebiger Prosa abgefasst sind. Die Entscheidung über die Bezeichnung bleibt dem Testteam überlassen. Es ist also naheliegend, die Bezeichner derart zu wählen, dass die Aktionen direkt die Namen der automatisierten Keywords tragen. Die generierten konkreten Testfälle liegen somit in einer Testfallnotation vor, die es erlaubt, die Testfälle auch automatisiert auszuführen. Analog würde man bei der Verwendung von UML-Zustandsdiagrammen die Trigger-Aktionen an den Zustandsübergängen mit den Bezeichnern der Keywords benennen. Die nachfolgende Abbildung (Abb. 30.2) zeigt die Methodik der Umsetzung am Beispiel von Aktivitätsdiagrammen.

Dieser Ansatz liefert eine klare Definition einer Schnittstelle zwischen **Testmodellierer** (Testanalyst) und **Testautomatisierer** (technischem Testanalyst). Der Testmodellierer erstellt das Testmodell und generiert Testfälle entsprechend den gewünschten Abdeckungskriterien. Im Idealfall benötigt der Testmodellierer keinerlei Kenntnisse über die konkrete Implementierung der Testautomatisierung. Der Testautomatisierer wiederum benötigt nur ein genaues Bild, in welcher Reihenfolge seine Keyword-Skripte durchgeführt werden sollen, aber keine Kenntnisse darüber, warum diese Abläufe über genau diese Form verfügen.

Nichtsdestotrotz wird es in der Praxis zu einem Informationsaustausch zwischen beiden Rollen kommen, zumal sie in der betrieblichen Wirklichkeit häufig nicht in Reinform vorkommen: es ist gemeinsam zu definieren, in welcher Granularität das Testmodell vorliegen muss, damit die verwendeten Modellelemente auf die Keyword-Skripte verweisen. Als Resultat muss eine Tabelle erstellt werden, die die Zuordnung von Modellelementen zu Skripten definiert.

Der Testmodellierer bringt in diesen Prozess das Wissen ein, welche Detailebene im Modell geeignet ist, um dieses für Testmodellierer, Fachanwender und ggf. manuelle Tester verständlich zu halten und den Testfallgenerator zufriedenstellend einsetzen zu können. Welche Technologie bzw. welches Testskript hinter dem einzelnen Keyword steckt ist hingegen dem Testautomatisierer überlassen. Je nach Erfahrung des Testautomatisierers und je nach Komplexität der zu testenden Applikation kann sich hinter einem Keyword entweder ein meist parametrisierter Aufruf eines atomaren Testskripts oder aber auch ein komplexes Automatisierungsprogramm verbergen.

Analog zum Mapping von Modellelementen auf Keywords muss auch ein Abgleich zwischen den auf Modellebene verwendeten abstrakten Testdaten und den konkreten, durch die Skripte zu verwendenden Eingangs- und Ergebnisdaten stattfinden. Hierzu

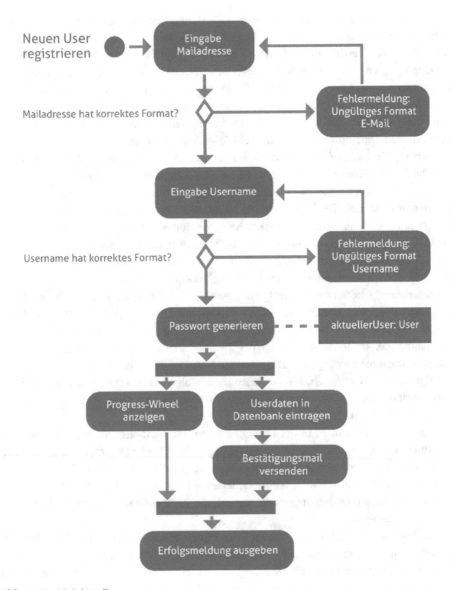

Abb. 30.2 Aktivitätsdiagramm

können die Eingaben sowie die erwarteten und tatsächlichen Ausgaben in einer Tabellen-kalkulation oder Datenbank abgespeichert werden. Zusätzlich müssen die Datenbeschrei-bungen in den Modellen mit den konkreten Daten im Testausführungswerkzeug oder dem Testrahmen verknüpft werden.

Letztendlich sind die Vor- und Nachbedingungen der Testfälle noch in den Testskripten zu verankern. Dies ist prinzipiell auf zwei Arten möglich:

- Die Vorbedingung eines Testfalls wird durch die Ausführung eines oder mehrerer anderer Testfälle sichergestellt. Dies ist nur dann möglich, wenn es entsprechende Zusammenhänge zwischen den einzelnen Testfällen gibt.
- Die Vorbedingung eines Testfalls wird durch die Ausführung eines entsprechenden „setup"-Abschnitts im Testfall selbst sichergestellt. Dies führt zu unabhängigen Testfällen, ist aber mit einer gewissen Redundanz in den Testfällen verbunden.

Literatur

[BAMT2016] Winter, Roßner, Brandes, Götz: Basiswissen modellbasierter Test, dpunkt Verlag Heidelberg 2016

[RISE2022] https://www.richard-seidl.com/testdesign-testautomatisierung/, zugegriffen am 12.03.2023

Testautomatisierung und die Zukunft des Testens

31

Zusammenfassung

Mehrere Zukunftstrends werden die Schwerpunkte der Testautomatisierung in den nächsten Jahren bestimmen. Ziel ist dabei die Steigerung der Effizienz und Sicherheit der Testautomatisierung. Codelose Automatisierung, Test Ops, künstliche Intelligenz, Automatisierung in der Cloud und entwicklungsnahe Testautomatisierung sind einige dieser Trends.

Testautomatisierung wird angesichts steigender Agilisierung von Geschäftsprozessen, zunehmender Digitalisierung und der Notwendigkeit von funktionalen Erweiterungen weiterhin an Bedeutung zunehmen. In der Folge sollen einige ausgewählte neue Trends der Testautomatisierung näher beleuchtet werden.

31.1 Codelose Automatisierung

Einer der Zukunftstrends der Testautomatisierung ist die **codelose Automatisierung**.

Agile Entwicklung und **DevOps** wären ohne automatische Tests gar nicht denkbar, denn Entwicklungsteams müssen den Aufwand für Tests senken. Vor allem bei Web- und Cloud-Anwendungen sind wöchentliche oder sogar tägliche Releases üblich. Manuelle Tests würden die QA-Teams überfordern, die Entwicklung verlangsamen und letztlich die Kosten in die Höhe treiben. Testautomatisierung hat sich als DevOps-Standard eingebürgert: Skripte wiederholen die Tests automatisch, wodurch mehr Tests in kürzerer Zeit möglich sind. Entwickler und QA-Tester werden durch Automatisierung deutlich entlastet. Doch es gibt auch eine Herausforderung: Die Testskripte müssen mit einem gewissen Zeitaufwand zunächst entwickelt, anschließend selbst getestet und später gewartet werden.

© Der/die Autor(en), exklusiv lizenziert an Springer Fachmedien Wiesbaden GmbH, ein Teil von Springer Nature 2023
F. Witte, *Konzeption und Umsetzung automatisierter Softwaretests*,
https://doi.org/10.1007/978-3-658-42661-3_31

Die eigentliche Ausführung der Tests ist dagegen unter Umständen in wenigen Sekunden erledigt.

Es ist für die Unternehmen also sinnvoll, hier mehr Effizienz anzustreben. Als Ansatz bieten sich **No-Code/Low-Code-Konzepte** an. Sie sind für die Gestaltung von einfachen Mobile Apps und Geschäftsanwendungen schon ziemlich weit verbreitet. Die Idee dahinter: Mit Generatoren und Bausteinsystemen können auch Nicht-Entwickler Apps aus vorgefertigten Modulen zusammenfügen. Diese Vorgehensweise ist übertragbar auf Softwaretests und führt zu codeloser Testautomatisierung.

Unternehmen erreichen damit einen höheren Reifegrad in der Testautomatisierung, da der Umfang der automatisierten Tests weniger stark von den Kapazitäten der Entwickler abhängt. No-Code-Tools nutzen intern Codegeneratoren, die vereinheitlichte und fehlerfreie Skripte produzieren. Menschliche Fehler wie Unaufmerksamkeit oder Irrtümer werden weitgehend vermieden.

Zudem verringert codelose Testautomatisierung die Abhängigkeit von spezifischem Fachwissen zu speziellen Automatisierungstools; stattdessen ist lediglich IT-Grundwissen nötig.

Codelose Testautomatisierung verlagert Ressourcen in die richtige Richtung, nämlich zu mehr Entwicklung und Innovation. Das ist für zahlreiche Unternehmen interessant, wie eine Umfrage von Applause zum Thema Testautomatisierung unter weltweit mehr als 2000 QA-, Produkt-, Engineering- und DevOps-Fachleuten zeigt.

Mehr als 56 % gaben an, dass ihr Unternehmen die Anschaffung eines Tools zur codelosen Testautomatisierung plant. Der Hauptgrund für den Kauf einer solchen Lösung ist laut Umfrage die Notwendigkeit, die Automatisierungsressourcen zu erhöhen und die Testabdeckung zu verbessern. Bei ihren bisherigen Strategien zur Testautomatisierung sind die befragten Unternehmen auf einige Hindernisse gestoßen.

Ein typischer Hinderungsgrund für den Einsatz von traditioneller Testautomatisierung mit selbst entwickelten Skripten ist das Fehlen von qualifizierten und erfahrenen Experten. Dies ist ein wichtiger Faktor für 41 % der Unternehmen, die nur wenig Testautomatisierung nutzen. Hinzu kommt, dass die Testentwickler ständig aus dem Testing abgezogen und in die Entwicklung versetzt werden. Das führt oft dazu, dass Automatisierungsprojekte auf halbem Wege stecken bleiben und nicht abgeschlossen werden. Diese Problematik wird in den nächsten Jahren eher noch zunehmen.

Bei den Unternehmen, die stark in Testautomatisierung investiert haben, sind die Herausforderungen vielfältiger: 20 % gaben an, dass ihr Automatisierungsfortschritt zu langsam ist. Weitere 18 % nannten einen Mangel an Ressourcen für die Testautomatisierung die zentrale Herausforderung. In 19 % der Unternehmen wird die Testautomatisierung intern nicht priorisiert, sodass die Entwickler nicht die erforderliche Zeit für die Weiterentwicklung der Skripte und deren Wartung haben [ITDA2022].

31.2 Test Ops

Test Ops (manchmal auch **QA Ops** genannt) sind der logische nächste Schritt, der **Shift Right** mit **DevOps** kombiniert, um Echtzeit-Deployment und -Tests zu ermöglichen.

Shift Right ist die Praxis der Durchführung von Tests, Qualitäts- und Leistungsbewertungen in der Produktion unter realen Bedingungen. Shift-Right-Methoden stellen sicher, dass Anwendungen, die in der Produktion ausgeführt werden, der realen Benutzerlast standhalten können und gleichzeitig das gleiche hohe Qualitätsniveau gewährleisten.

DevOps ist ein Kofferwort aus Entwicklung und Betrieb. Einfach ausgedrückt, beinhaltet es die Anwendung der agilen Methodik auf die Probleme der schnellen und skalierbaren Bereitstellung. In der modernen Welt werden die meisten Softwareanwendungen remote aus der Cloud bereitgestellt. Aber damit kommt ein Problem: Wenn beispielsweise auf alle Ihre Unternehmensdokumente aus der Ferne zugegriffen und diese bearbeitet werden, werden Sie von der Zuverlässigkeit des Netzwerks und der Infrastruktur abhängig. Jeder Ausfall wirkt sich sofort auf die Produktivität der Organisation aus. In der Corona-Krise hat sich das deutlich gezeigt: In der Regel sind inländische Netzwerkverbindungen weniger robust als Büroverbindungen. Sie haben oft weitaus niedrigere Upload-Geschwindigkeiten, und in vielen Fällen wird die Bandbreite mit dem eigenen Haushalt geteilt. Dazu kommen Probleme innerhalb des Netzwerks selbst, Probleme mit Remote-Servern oder Netzwerkprobleme von Google. Im Wesentlichen geht es bei DevOps darum, die Fähigkeiten von Systemadministratoren und Betriebsingenieuren mit denen von Entwicklern zu verschmelzen. Dies wird mit rigorosen Tests der Software vor der Veröffentlichung, dem Einsatz einer umfassenden Überwachung und dem Konzept der Verantwortlichkeit kombiniert.

DevOps ist ein wesentlicher Bestandteil jedes modernen Softwareentwicklungszyklus, aber es hat bestimmte Grenzen. Zum Beispiel ist es fast immer reaktiv – das Backend wird überwacht und auf erkannte Probleme reagiert. Zum anderen kann es das eigene System immer nur von innen betrachten – man kann keine Probleme erkennen, die sich nur auf das Frontend auswirken. Test Ops versucht, diese Probleme zu beheben.

Test Ops bezieht sich auf die Verwendung von QA-Testautomatisierungsansätzen zur Überwachung der Echtzeitleistung der Produktionsumgebung. Test Ops ist die Konvergenz aus Testen, Betrieb und Entwicklung. Die meisten automatisierten Tests sind für die Ausführung in einer lokalen Testumgebung konzipiert. Das bedeutet, dass Cloud-basiertes Testen eine Voraussetzung für Test Ops ist. Durch die Verwendung automatisierter Tests wird sichergestellt, dass echte Anwendungsfälle getestet werden. Man bemerkt also, wie das System aus der eigenen Perspektive eines Benutzers reagiert. Dies ist besonders wichtig für das Testen komplexer Abläufe, die mit mehreren Backend-Elementen interagieren. Zum Beispiel interagiert die Anmeldung mit AAA, zieht das Profil aus der Datenbank und bedient die Homepage von der Frontend-Engine.

Diese Verwendung realer Anwendungsfälle erreicht auch das dritte Element von Test Ops. Oft sind Fehler nur für den eigentlichen Benutzer sichtbar. Zum Beispiel, um zu sehen, dass die Anmeldung viel zu langsam ist oder dass das falsche Element auf dem Bildschirm angezeigt wurde. Diese Fehler sind für das Backend effektiv unsichtbar. Alle diese Funktionen spiegeln die Verwendung traditioneller QS-Techniken in einer operativen Umgebung wider, daher der Begriff Test Ops.

Das Definieren von Testplänen ist eine Kunst. Jedes mögliche Szenario und jede Benutzerinteraktion zu testen, ist mit der verfügbaren Zeit und den verfügbaren Ressourcen in der Regel unmöglich. Test Ops ermöglichen einen bidirektionalen Informationsfluss darüber, auf welche Features die Benutzer tatsächlich zugreifen und wie sie dies tun. Darüber hinaus kann es Probleme mit der tatsächlichen Testausführung aufdecken. Zum Beispiel:

Die Tester greifen möglicherweise immer über WLAN auf die Anwendung zu. Aber wenn die Benutzerbasis hauptsächlich Mobilfunkdaten verwendet, werden sie mit der Performance der Anwendung ganz andere Erfahrung machen. DevOps- und Support-Teams können dabei helfen, diese Art von Nutzungseinblicken bereitzustellen und die Perspektive zu erweitern. Anschließend können die Testfälle dahingehend angepasst werden, um dies zu berücksichtigen.

Das ist vor allem für Internet-Anwendungen relevant: Angenommen, die Tester sind in Polen ansässig, die Benutzerbasis jedoch in den USA, Deutschland und China: Die meisten Anwendungen verwenden jetzt Lokalisierung und Internationalisierung. Diese sind notorisch schwer zu testen, da sie von vielen Variablen abhängen – der IP-Adresse, Spracheinstellungen, Cookies usw. Wenn man weiß, wo sich der Kundenstamm befindet, kann man Tests in einer entsprechend konfigurierten Cloud von verschiedenen Standorten aus ausführen. Moderne Anwendungen sind oft völlig dynamisch – jeder Benutzer sieht je nach Profil eine eindeutige Ansicht. Wenn die eigene Anwendung möglicherweise sogar benutzerdefinierte Ansichten bereitstellt, ist es fast unmöglich, im Voraus zu wissen, wie Benutzer in einer solchen Anwendung navigieren werden. Das bedeutet, dass die Tester und das Produktteam fundierte Vermutungen darüber anstellen, welche Benutzerflüsse getestet werden sollen. Das bedeutet wiederum, dass man mittels Statistiken ermitteln muss, wie Benutzer in der Produktion wirklich mit der Anwendung interagieren. Der künftige Trend wird sogar dahin gehen, dass Webanalyse-Tools die häufigsten Kombinationen und Klickpfade auswerten und daraus die Konfiguration des Testsystems und den Testprozess generieren.

Test Ops hat mehrere entscheidende Vorteile:

- Das Erstellen von Tests ist schneller und einfacher. Es ist möglich, Testspezifikationen zu erstellen, die darauf basieren, wie echte Endbenutzer mit dem System interagieren. Das Ergebnis ist, dass voll funktionsfähige automatisierte Tests in kurzer Zeit erstellt werden können, während die erweiterte Funktionalität klassischer Testskripte beibehalten wird.

- Tests benötigen keine Wartung. Während Testprozeduren definiert werden, werden im Hintergrund komplexe KI-Modelle der eigenen Anwendung erstellt. Damit ist es möglich, dass sich Tests „selbst heilen", also dass sich UI-Redesigns oder einfachen

Änderungen an der Anwendungslogik dahingehend auswirken, dass die Skripte komplett überarbeitet werden müssen. Das ist in der Praxis heute meistens noch der Fall und erzeugt große Wartungsaufwände, die häufig unterschätzt werden.

- Visuelle Tests überprüfen die gesamte Benutzeroberfläche. Testskripts haben einen großen Fehler: Per Definition testen sie nur die spezifischen Elemente, die ihnen mitgeteilt werden. Eine moderne Benutzeroberfläche kann Tausende von Elementen auf einem einzigen Bildschirm enthalten. Es ist einfach unmöglich, all dies mit herkömmlichen Testskripten zu testen. Stattdessen vergleicht man jeden Testlauf mit früheren Läufen und wenn dabei festgestellt wird, dass sich ein Element stärker als üblich geändert hat, wird es in einem Screenshot angezeigt.

- Bei TestOps können Tags hinzuzugefügt werden, um zu überwachen, wie die Benutzer wirklich mit Ihrer Anwendung interagieren. Dies zeigt oft unerwartete Benutzerflüsse oder ungeplante Möglichkeiten, auf bestimmte Bildschirme zuzugreifen oder sogar das Design und die Navigation der Website dahingehend zu ändern, dass mehr Verkaufsabschlüsse möglich sind. Sobald man dies bemerkt, ist es einfach, Lücken bei der Testdurchführung zu identifizieren. Darüber hinaus werden diese Flussdiagramme verwendet, um neue Tests zu definieren.

- Durch TestOps ist das gesamte Team für die Software (end-to-end) und den Testprozess verantwortlich. Dadurch wird sichergestellt, dass die Software in besserer Qualität und mit niedrigerer Fehlerquote ausgeliefert wird. Dieses kontinuierliche und teamübergreifende Testen führt auch dazu, dass unabhängig von der Gesamtzahl der Tests eine Skalierung der Anzahl möglich ist, ohne Qualität und Durchführungsdauer negativ zu beeinflussen.

- Durch die skalierte und kontinuierliche Testautomatisierung kann die Software schneller ausgeliefert werden, die Markteinführungszeit wird verkürzt. Dies verschafft dem Unternehmen einen Wettbewerbsvorteil.

- Das Team kann sich darauf konzentrieren, nur fehlgeschlagene Tests zu wiederholen, was ebenfalls die Testdurchführungsdauer verkürzt.

- Der stärkere Feedback-Mechanismus erlaubt eine schnellere und frühere Reaktion auf die Testergebnisse [SQMA0622].

31.3 Künstliche Intelligenz und Testautomatisierung

Die Integration von **künstlicher Intelligenz (Artifical Intelligence)** und Testautomatisierung führt zu neuen Trends, die die Zukunft von Testautomatisierung prägen. Das wirkt sich in mehreren Bereichen aus:

- **Vorhersage der Anfälligkeit von Modulen:** Ein intelligentes System sollte in der Lage sein, die Schwachstellen in einem Modul aufzudecken. Dies kann durch die Analyse der bisherigen Datensätze im Zusammenhang mit der Produktqualität oder mit den Daten im Zusammenhang mit den protokollierten Fehlern in den vorhergegangenen Freigaben erfolgen. Die früheren Fehlerdaten können Informationen über den Fehler enthalten: zum Beispiel seinen Typus, Priorität, Schweregrad und andere verwandte Informationen. Sobald das Team Informationen über die gefährdeten Bereiche in einem Modul identifiziert und gesammelt hat, kann es diese Bereiche während des Testzyklus proaktiv testen. In Fällen, wo das Modul in den Automatisierungsrahmen integriert ist, wird das Framework zunächst solche Tests ausführen, die nur mit diesem Modul in Zusammenhang stehen. Dadurch bekommt man eine Vorstellung davon, wie fehleranfällig das Modul ist, bevor man mit der Entwicklung beginnt. Wenn man sich dessen von Anfang an bewusst ist, kann mehr Aufwand betrieben werden, um dieses Modul robuster zu programmieren. Dadurch wird die Stabilität der Testautomatisierung erhöht.
- **Smarte Fehlerprotokollierung:** Ein intuitives System greift auf den Server zu, um detaillierte Informationen über den Fehler bereitzustellen, zusammen mit der Sequenz der Aktionen, die vor und nach der Behebung des Fehlers durchgeführt wurden. Das hilft vor allem dann, wenn Fehler gefunden werden sollen, die nur sporadisch auftreten oder inkonsistent sind. Das System wird auf das Projektmanagement-Tool zugreifen, um zu verstehen, wem der Fehler zugeordnet werden soll und zu welchem idealen Fälligkeitsdatum der Fehler behoben und abgearbeitet sein sollte. Der Abruf von Informationen über die Auswirkungen eines Fehlers auf andere Bereiche der Anwendung – zusammen mit den Integrations-Testszenarien, wird andere Aspekte seiner Intelligenz umfassen. Das System kann zusätzlich die Fehlerhistorie für die Anzahl der spezifizierten Freigaben analysieren, um zu prüfen, ob es einen ähnlichen Fehler in der Datenbank gibt, der getestet und abgearbeitet wurde. Dadurch kann der gleiche Fehler mit den Protokolldetails und den dargelegten angemessenen Schritten wieder geöffnet werden und die Fehlerprotokollierung wird effizienter. Die manuelle Erfassung von Fehlern führt im betrieblichen Umfeld meist zu einem hohen Aufwand. Durch die automatisierte Fehlerprotokollierung kann die Zeit und der Aufwand zur Fehlerbehebung erheblich verkürzt werden.
- **Automatisierung von Testszenarien:** Ein erheblicher Teil des Aufwands bei der Automatisierung von Testfällen stellt die Erstellung der Testskripte dar. Ziel ist, dass ein System Test Scripts ohne manuelle Eingriffe generieren kann, es also so intelligent und trainierbar zu gestalten, dass es das Verhalten der Anwendung und deren Geschäftsszenarien versteht. Dazu müssen Muster analysiert werden, indem die Konzepte des **Data Mining** und mehrerer Algorithmen wie überwachtes Lernen, nicht überwachtes Lernen und verstärktes Lernen genutzt werden. Ein solches System kann dazu beitragen, mithilfe der Automatisierung bessere Ergebnisse zu erzielen.

- **Probleme der Verschiebung von Objekten auf dem User Interface:** Eine der größten Herausforderungen für jedes Automatisierungs-Team, vor allem im agilen Umfeld, stellt die häufige Veränderung von Objekten und ihre Eigenschaften während des Entwicklungs-Lebenszyklus dar. Das Automatisierungssystem muss also flexibel genug sein, um die Veränderungen auf dem User Interface zu verstehen und in der Lage zu sein, zwischen einem potenziellen Fehler und einer Verbesserung oder einer Änderung des User Interface zu unterscheiden. Das System sollte die Hierarchie der Objekte analysieren. Im Falle einer Änderung sollte sich das System anpassen, um den Automatisierungs- Test zu generieren oder zu modifizieren. Darüber hinaus sollte es auch die Änderung angemessen anzeigen können, ohne die Testausführung zu stoppen. Eine Möglichkeit, dies zu erreichen, besteht darin, das System zu trainieren, um die Position des neuen Objekts zu identifizieren, das dem User Interface hinzugefügt wurde. Außerdem sollte das System in der Lage sein, jede Änderung der Position eines Eingabefeldes zu erkennen. Es sollte in der Lage sein, Test Scripts selbstständig zu generieren, um jede Ergänzung, Entfernung oder Aktualisierung im Objekt zu bearbeiten. Ansonsten kann es einen hohen Aufwand bedeuten, um die Automatisierungs-Testskripte zu pflegen und aktuell zu halten. Damit wird eine schnellere Produktlieferung ermöglicht. Ein intelligentes System sollte in der Lage sein bei der Änderung oder Entfernung eines Objekts aus der Anwendung möglichst ähnliche Objekte zu finden, um danach automatisch mit dem Test fortzufahren und lediglich einen Hinweis zu protokollieren. Wenn beispielsweise ein neues Objekt auf einer Seite hinzugefügt wird, muss das Script in der Lage sein, mit der Änderung umzugehen und diese zu antizipieren, damit der Testlauf reibungslos wieder aufgenommen werden kann.
- **Time-boxed (Zeitfenster) Abwicklung:** Kürzere Lieferzyklen erfordern eine Time-Box-Abwicklung, bei der eine begrenzte Menge von Scripts innerhalb des Zeitfensters abgewickelt werden kann. Um aber diese begrenzte Reihe von Scripts zu definieren, sollte ein System intelligent genug sein, um zu entscheiden, welche automatisierten Scripts gemäß den Kriterien die kritischsten in der Abwicklung sind. Die Anfälligkeit der Module kann hier einer der Hauptfaktoren für die Entscheidung sein [NAGA2022].

Diese Trends betreffen vor allem die **autonome Testautomatisierung**. Der Begriff „autonom" beschreibt die Fähigkeit, Testfälle zu erstellen, auszuführen und auszuwerten, ohne Mitwirkung von einem Tester.

31.4 Automatisierung in der verteilten Cloud

Die Verwendung der Cloud-Technologien im Testumfeld ermöglich eine dezentrale Definition einer Vielzahl von automatisierten Testfällen in der Cloud, die von dort aus editiert, verwaltet und über hoch-skalierbare Cloud-Infrastruktur ausgeführt werden können.

Cloud-basierte Testautomatisierungslösungen bieten ein „Komfort-Paket" für ganze Testteams, indem sie die hohen Aufwände für die Bereitstellung und Wartung der Testinfrastruktur eliminieren und dabei signifikant zur Verbesserung der Geschwindigkeit und Effizienz der Ausführung automatisierter Tests beitragen [SIMP2022]. Cloud-Dienste können die komplette zur Testautomatisierung benötigte Infrastruktur dynamisch zur Verfügung stellen, auf der die Anwendung mit allen Services und Web-Frontends entwickelt und getestet werden kann.

Dadurch haben auch für den Test benötigte Mobilgeräte oder Web-Browser Remote-Zugriff auf die Infrastruktur. Die Virtualisierung ermöglicht dabei eine höhere Flexibilität für die Testdurchführung. Außerdem ermöglichen Cloud-Dienste einige weitere Möglichkeiten wie Skalierung, dynamische Stages, Infrastructure on Demand, paralleles Testing, Multi Device Testing und Cross Browser Testing. In diesem Zusammenhang wird vor allem die Bedeutung des **Multi Device Testing** steigen, während die Bedeutung des Crossbrowser Testing eher abnehmen wird. Die Anzahl der verfügbaren Browser-Engines und die Kompatibilität steht heute weniger im Focus, während der Test verschiedener Auflösungen und verschiedener Geräte zunimmt, da man bei den meist verbreiteten Endgeräten auf eine möglichst hohe Testabdeckung achten sollte [SQMA1222].

Diese Vorteile sind insbesondere für die agilen Teams sehr wichtig, weil man die unnötigen Aufwände für die Infrastrukturwartung minimiert und die Testergebnisse samt vorgefertigter Testberichte in deutlich kürzerer Zeit erhält. Eine mögliche Herausforderung hierbei stellt jedoch das Thema Datenschutz dar. Definierte Policies und Templates sind entscheidende Richtlinien und Vorlagen für die Cloud-Konfiguration. Sicherheitsmaßnahmen wie die Vorgabe einer Zwei-Faktor-Authentifizierung für die Cloud-Anmeldung oder die Verschlüsselung von Übermittlung und Speicherung von Cloud-Daten müssen über Richtlinien und Cloud-Templates vorgeschrieben und ausgerollt werden. Bevor man also die Cloud-Automation mit ihren vielen Vorteilen einführt, müssen die Sicherheit und Compliance der automatisierten Cloud-Prozesse sichergestellt werden. Ebenso problematisch ist der Zugriff auf die zu testenden Applikationen, die aus der öffentlichen Cloud nicht direkt zugänglich sind, wofür viele der Anbieter separate Lösungen für das dafür notwendige Tunneling zur Verfügung stellen.

31.5 Entwicklungsnahe Testautomatisierung und API-Testautomatisierung

Durch die immer stärkere Verbreitung der agilen Softwareentwicklung im IT-Projekten und den damit verbundenen konsequenten Umstieg auf die Zusammenarbeit in crossfunktionalen Teams müssen Tester mit Entwicklern viel enger kooperieren. Das erlaubt den Testern die gleichen Tools und Technologien wie die Entwickler zu verwenden, während der Entwicklung der Funktionen wichtige Aspekte aus Testsicht beizutragen und die

Qualitätssicherung im Team besser abzustimmen. Auf der anderen Seite bringt diese Entwicklung eine neue Herausforderung mit sich: die Arbeit als Tester im agilen Umfeld wird viel technischer, anspruchsvoller und erfordert umfassendere IT-Skills. Die modernen Tester müssen also in der Lage sein mit verschiedenen Automatisierungstechnologien, Werkzeugen und Methodiken arbeiten zu können [SIMP2022].

Die Testautomatisierung in agilen Teams ist ein integraler Teil der Softwareentwicklung. Die Bedeutung von **API-Tests** wird aufgrund der immer größeren Vernetzung von Produkten (z. B. durch das **IoT = Internet of Things**) deutlich zunehmen. Die Bedeutung der API-Testautomatisierung bietet die Möglichkeit, die Qualität sowohl einer einzelnen Komponente als auch die Qualität des Zusammenwirkens mehrerer Komponenten zu überprüfen. So lassen sich Fehler schneller identifizieren und beheben, ohne den gesamten Deploymentprozess zu durchlaufen [SQMA1222].

Literatur

[ITDA2022]   https://www.it-daily.net/it-management/business-software/29413-das-no-code-par
adigma-erreicht-die-softwaretests, zugegriffen am 12.03.2023

[FUNC2022]   https://www.functionize.com/blog/test-ops-what-you-need-to-know-about-this-tre
nding-initiative, zugegriffen am 12.03.2023

[NAGA2022]   https://www.nagarro.com/de/blog/5-mega-trends-shaping-the-future-of-testing-aut
omation-, zugegriffen am 12.03.2023

[SIMP2022]   https://simplytest.de/top-10-trends-in-der-testautomatisierung-2020/, zugegriffen am
12.03.2023

[SQMA0622]   ASQF/SQ Magazin, Ausgabe 61, Juni 2022

[SQMA1222]   ASQF/SQ Magazin, Ausgabe 63, Dezember 2022

Grenzen der Testautomatisierung

32

Zusammenfassung

Testautomatisierung ist nicht immer sinnvoll, es geht um die richtige Kombination aus manuellen und automatisierten Testfällen. Neue Rollenverteilungen und neue Teamstrukturen wirken sich auf die Möglichkeiten der Testautomatisierung aus.

32.1 Massentest und exploratives Testen

Massenproduktion ist in der Wirtschaft ein Fertigungstyp, bei dem die Produktion und der Vertrieb von großen Mengen an Produkten oder Dienstleistungen stattfindet. Im Gegensatz dazu steht die Einzelfertigung. Auch in der Produktion gibt es nach wie vor Einzelfertigung, bei der Mode, bei exklusiven Autos oder Luxusyachten, also in einem hochpreisigen Segment, und auch weiterhin bestehen bleiben, weil die Geschäftsprozesse in diesem Umfeld sehr einzigartig sind.

Man kann diesen Satz auf den Softwaretest übertragen: da wo es darum geht, einfache Testabläufe mit Tausenden Daten und Kombinationen wiederholt zu testen, ist das manuelle Testen schlicht ineffizient und zu teuer. Testautomatisierung soll ja gerade den Tester von wiederholbaren Abläufen entlasten und mehr Zeit für die komplizierten Testszenarien einräumen.

Für bestimmte umfangreiche Abläufe und Prozesse, gerade mit heterogenen Systemen, ist es nach wie vor der Fall, dass eine automatisierte Testdurchführung erhebliche Zeit benötigt und in einem Entwicklungszyklus, vor allem bei agiler Entwicklung, kaum zu leisten ist. Die Kreativität des Testens fängt ja gerade dort an, wo nicht der gerade Weg gewählt wird, sondern wo Fehleingaben, unlogische Prozessabläufe, Abbrüche während der Arbeit getestet werden.

Massenfertigung hat den Vorteil einer kürzeren Fertigungszeit, geringerer Stückkosten, gleichbleibender Qualität, hoher Produktivität und keiner Stillstandszeiten. Nachteil ist das starre Schema, das hohe Kapitalrisiko, die geringe Mitarbeitermotivation, die Unflexibilität auf Kundenwünsche einzugehen. Das kann man abgewandelt auch auf den Softwaretest übertragen: wo es darum geht, Tests wiederholt reproduzierbar durchzuführen, ist die Testautomatisierung dem manuellen Test gegenüber eindeutig im Vorteil. Wo es darum geht, eigene Ideen zu entwickeln, flexibel vorzugehen und „out of the box" zu denken, ist der Mensch nach wie vor der Maschine haushoch überlegen. Das explorative Testen gewinnt dabei mehr und mehr an Bedeutung. Exploratives Testen gilt als Stil des Softwaretests, der die persönliche Freiheit und Verantwortung des einzelnen Testers betont, die Qualität seiner Arbeit kontinuierlich zu optimieren, indem er testbezogenes Lernen, Testdesign, Testdurchführung und Interpretation der Testergebnisse als sich gegenseitig unterstützende Aktivitäten verwendet, die während des gesamten Projekts parallel ablaufen.

Die Testautomatisierung kommt häufig bei kurzen Projekten und solchen, die erst einen geringen Reifegrad erreicht haben, an ihre Grenzen. Es ist in diesen Fällen schwer, Tests sinnvoll zu automatisieren, denn die Programmversionen ändern sich häufig und bestehende Tests müssen oft angepasst werden. In einem solchen Szenario können automatisierte Tests noch keinen wirklichen Mehrwert bringen, da ihre Entwicklung und Anpassung viel zu aufwendig wären. Testautomatisierung ist also eher für komplexere, etablierte Softwarelösungen bzw. deren Weiterentwicklung geeignet. Und oder wenn es z. B. legale Anforderungen an Testverfahren gibt. Ganz grundsätzlich gilt dabei der Grundsatz, dass die richtige Kombination aus manuellen und automatisierten Testverfahren hilft, kosten- sowie zeitsparend zu testen. Die Kunden bekommen in der Folge qualitativ hochwertigere Produkte angeboten. [ABIL2021].

32.2   Automatisierungsgrad nach Testphase

Nicht alle Tests können automatisiert und ohne eigentliches Testkonzept durchgeführt werden. Je nach Entwicklungsstufe eignen sich automatisierte Tests besser oder weniger gut. Grob werden die Softwaretests in vier Phasen eingeteilt:

- Unit-Tests
- Integrationstests
- Systemtests
- Abnahmetests

Während vor allem im **Unit-Testing,** aber auch bei Integrationstests nahe am Code und oft vollautomatisiert getestet werden kann, ist dies bei Systemtests nur bedingt, und bei Abnahmetests kaum möglich. Die Vorteile von automatisierten Tests liegen auf der Hand:

Sie können schnell und mit wenig Aufwand durchgeführt und beliebig oft wiederholt werden. Zudem besteht die Gefahr von Testblindheit nicht, der die Tester mit zunehmender Routine in der Testdurchführung ausgesetzt sein können.

Vermehrt wird heute auch auf Systemebene automatisiert getestet, doch sind hier die Tests aufwendiger, sodass sowohl die Testkonzeption als auch die Automatisierung einen wesentlich höheren Aufwand erfordert. In diesen Fällen stellt sich die Kosten-Nutzen-Frage einer Automatisierung.

32.3 Neue Rollenverteilung

Die Automatisierung der Tests hat zur Folge, dass es in agilen Arbeitsumgebungen zumindest bei den unteren, Code-nahen Ebenen weniger spezialisierte Tester braucht. Dafür müssen Entwickler das nötige Test-Know-how besitzen. Umgekehrt müssen Tester, die beispielsweise Integrationstests durchführen, auch tieferes technisches Verständnis einbringen können. Die Testmanager wiederum sind je nach Projektgröße und je nach Anforderungsprofil innerhalb des Unternehmens ebenfalls von einer Verlagerung ihrer Funktion betroffen.

Weil oft eine Optik der Nutzer eingenommen werden muss und verschiedene Anwendungsfälle getestet werden sollen, kommt man nicht darum herum, die Anwendungen und Systeme von erfahrenen Testern zu überprüfen. Testmanager, die üblicherweise die Koordination der Tests, das Reporting und andere Aufgaben übernehmen, kennen meist nicht den Code in der Tiefe, müssen dafür aber mehr Verständnis für Use Cases und für die Business-Logik mitbringen. Zwar wird bei der agilen Entwicklung viel von den Programmierern getestet, doch ist insbesondere bei größeren Projekten die Koordination eines Testmanagers nach wie vor unbedingt erforderlich. Eine Neudefinition seiner Rolle erfährt der Tester auch deswegen, weil er nicht mehr autonom agieren, sondern permanent mit dem restlichen Team und mit den Prozessen in Interaktion steht. In größeren agilen Projekten können Testmanager daher auch als Teilprojektmanager oder Scrum Master agieren – je nachdem, wie viele Koordinationsaufgaben das Testing erfordert. Gerade wenn mehrere agile Teams an einem Projekt beteiligt sind, fällt der Koordinationsaufwand für den Testmanager entsprechend höher an.

Rollenkonzepte sind dabei immer individuell an die Erfordernisse des Unternehmens anzupassen. Auch auf die Skills der vorhandenen Mitarbeiter sollte daher Rücksicht genommen werden, meist ist ein flexibles Vorgehen bei der Arbeitsorganisation zu empfehlen.

32.4   Neue Teamstrukturen

Bei größeren Projekten werden in der Praxis bestehende **Scrum Teams** häufig unterbrochen, sodass die Mitglieder nur beschränkt selbstorganisiert arbeiten. Es gibt auch nach wie vor eigene Testexperten, die bei Bedarf die komplexen Tests vornehmen, während nur Standardfunktionalitäten mit automatisierten Skripten geprüft werden.

Schließlich sind die agilen Projekte häufig immer noch eingebettet in Firmenstrukturen, die lückenlos nachvollziehbare Tests erfordern und adäquate Reports voraussetzen. Um die Qualität der Software zu gewährleisten, wird in diesem Fall nach DevOps gearbeitet. Bestehen im Unternehmen starre Prozessvorgaben ist ein durchdachtes Testkonzept unerlässlich. Daher ist nach wie vor ein übergreifender Testmanager für die Testplanung und Testdurchführung verantwortlich.

Immer wieder ist festzustellen, dass technisch gut durchdachte Ansätze an betrieblichen Prozessen scheitern. Anreizsysteme gelten nicht der Prozessoptimierung, sondern der Optimierung der eigenen Abteilung oder der eigenen Position. Das führt immer wieder dazu, dass sich der Nutzen agiler Methoden und neuer Technologien nur teilweise auszahlen kann und häufig politisch konterkariert wird. Nur wenn man in Prozessen denkt, wird man das Potenzial der Testautomatisierung in vollem Umfang nutzen können [BBVC2022].

Weitere aktuelle Trends wie die **Blockchain Technologie** oder das **Metaversum** werden sich ebenfalls auf Softwareentwicklung, Softwaretest und schließlich auch Testautomatisierung mittelfristig erheblich auswirken und die Testautomatisierung dadurch nachhaltig verändern und weiterentwickeln.

Literatur

[ABIL2021]   https://abilex.de/2021/05/20/wann-macht-testautomatisierung-sinn-und-wann-nicht/, zugegriffen am 12.03.2023
[BBVC2022]   https://bbv.ch/testautomatisierung-agil/, zugegriffen am 12.03.2023

Nachwort

Testautomatisierung bleibt eine wesentliche Herausforderung, um mit dem technologischen Wandel in der Softwareentwicklung weiter Schritt halten zu können.

Bei der Automatisierung wird der Produktionsfaktor Arbeit durch den Produktionsfaktor Kapital ersetzt. Wenn also manuelle Arbeit günstig zu haben ist oder sehr viel Kapital aufzubringen ist, spricht das grundsätzlich gegen eine Automatisierung, andersherum dafür.

Seit Anfang der 2000-er Jahre wurden zunächst Softwareentwicklungs- und später zunehmend Testaktivitäten offshore verlagert. Weil schon damals nicht genügend personelle Ressourcen im eigenen Land verfügbar waren und diese Kapazitäten noch dazu zu teuer waren, sah man sich nach günstigeren Alternativen im Ausland um, zumal es sich erheblich einfacher gestaltet, IT-Prozesse zu verlagern als eine neue Produktionsanlage im Ausland zu errichten. Gerade das „Nearshoring", also die Verlagerung von Aktivitäten in Länder wie Tschechien, Polen, Rumänien, die immerhin dieselbe Zeitzone haben und kulturell nicht so weit entfernt sind wie z. B. Indien, war lange Zeit eine ernstzunehmende Option, um die Kosten für Softwareentwicklung und manuelle Testdurchführung nicht zu hoch ansteigen zu lassen. Dadurch, dass Testautomatisierung damals nur sehr begrenzt überhaupt möglich war und aufgrund der zuvor genannten Schwierigkeiten und einer mangelhaften Vorbereitung sich doch schwieriger gestaltete als man zunächst dachte, war das Offshoring ein Trend, dass die Umsetzung der Testautomatisierung zunächst verlangsamte. In dieser Zeit tauchte vermehrt der Begriff der „Billiglohnländer" auf (ein Begriff, der an imperialistischer Arroganz kaum zu überbieten ist). Oft war zusätzlich zu den Personalkosten der eigentliche Grund der Verlagerung, Gewinne in eine ausländische Tochtergesellschaft zu verlagern, um sie dann zu einem geringeren Steuersatz versteuern zu können. Diese Vorhaben wurden häufig ohne ausreichende Planung, ohne Berücksichtigung sprachlicher und kultureller Unterschiede, auch ohne ausreichende Technik begonnen. Fast immer sank dadurch die Effizienz in der IT-Abteilung, teilweise sogar erheblich. Es ist nach wie vor schon schwer genug, eine Abteilung auf zwei Standorte zu verteilen die nur einen Kilometer verteilt sind, und obwohl sich technisch inzwischen viel verbessert hat (bessere Bandbreiten, Tools zur Online-Kooperation wie „Teams" oder

F. Witte, *Konzeption und Umsetzung automatisierter Softwaretests*,
https://doi.org/10.1007/978-3-658-42661-3

„Zoom"), wurden erhebliche Defizite in Abläufen durch die Verlagerung von Tätigkeiten ins Homeoffice während der Coronakrise festgestellt.

Auch beim Einsatz eines manuellen Testers müssen nämlich die Prozesse und die Anforderungen klar beschrieben sein und gleich verstanden werden, die speziellen Funktionen der Anwendung und der Kundennutzen müssen dem Tester klar sein, die Arbeitsvorbereitung muss klare Work Packages definieren. Gerade daran scheitert es ja – Projekte scheitern so gut wie nie an technischen komplexen Herausforderungen, sondern immer wieder an der Organisation und der Kommunikation im Projekt. Das trifft auf alle Projekte zu, aber wenn man zudem an unterschiedlichen Standorten sitzt, im Besonderen. Man hat im Laufe der Zeit bemerkt, dass Offshoring enormen Abstimmungsbedarf und eine sehr effiziente Projektsteuerung bedarf. Misserfolge liegen also nicht unbedingt an mangelnder Ausbildung oder Motivation der ausländischen Tester.

Dazu kommt, dass Länder, die als klassische Nearshoring-Länder gelten, zeitversetzt ebenso vom demographischen Wandel betroffen sind wie Deutschland. Die Auslagerung funktioniert also inzwischen nicht mehr so einfach, auch Länder des ehemaligen Ostblocks und bald auch China haben zu wenig Studenten und Young Professionals. Der Fachkräftemangel ist in aller Munde, der „War of Talents" ist längst entbrannt, und Deutschland nimmt durch die Anwerbung ausländischer Experten anderen Ländern ihre Fachkräfte weg. Es kommt hinzu, dass Deutschland für ausländische Fachkräfte bei weitem nicht so beliebt ist wie die USA oder Kanada. War es in vergangenen Jahren teilweise noch so, dass deutsche IT-Mitarbeiter Angst davor hatten, arbeitslos zu werden, weil ihr Job ins Ausland verlagert wird, ist der Offshoring-Hype vorbei und jeder der auch nur ansatzweise mit IT zu tun hat, weiß inzwischen, dass sein Job – sofern er ihn gut ausfüllt – in der Regel sowieso sicher ist und es kein nennenswertes Problem mehr darstellt, einen anderen Auftraggeber oder Arbeitgeber zu finden, falls die Stelle doch einmal gewechselt werden muss. Trotz aktueller Krisenzeiten mit Pandemie und Ukraine-Krieg ist die Arbeitslosigkeit nicht nennenswert angestiegen, weil nach wie vor ein großer Berg an Aufgaben abzuarbeiten ist. Es bleibt als Alternative nur noch die Auslagerung in Länder wie Indien, nach Südostasien oder Südamerika, also in Länder in denen wegen kultureller Unterschiede, Sprachbarrieren, Problemen der zuverlässigen Bewertbarkeit der Qualifikation von Mitarbeitern und unterschiedlicher Zeitzonen Offshoring-Aktivitäten noch erheblich komplizierter umzusetzen sind als in europäischen Ländern. Im Übrigen sind die Gehälter im Ausland ebenfalls gestiegen und haben sich den inländischen Gehältern angenähert, sodass der Unterschied bei den Personalkosten weniger als früher ins Gewicht fällt. Das trifft in besonderem Maße auf Indien und China, aber auch auf Osteuropa zu.

Man ist also inzwischen auch in der Ebene der Sacharbeiter und Experten auf breiter Front eher froh darum, wenn eine Maschine routinehafte, gleichmäßige Arbeiten abnimmt, weil man sowieso überlastet ist und kaum noch mit der täglichen Arbeit nachkommt. Auch der Versuch, die Automatisierung von Testfällen zu verlangsamen um eine Begründung für seinen Job als manuellen Tester zu haben, ist längst kein Thema mehr.

Der Tester soll ohnehin nicht abgebaut werden, wenn automatisiert wird: es geht darum, anspruchsvollere, flexiblere Arbeiten zu erledigen, die mehr Wissen und mehr Nachdenken erfordern. Auch in den Fabriken sind in der Produktion nicht alle Arbeitsplätze ersatzlos gestrichen worden als zunehmend Roboter für Fließbandtätigkeiten eingesetzt wurden, sondern es wurden mehr Experten und Spezialisten benötigt, um die Produktion weiter zu optimieren und innerbetriebliche Abläufe zu verbessern. Berufsbeschreibungen und Jobprofile ändern sich schneller denn je. Jede Innovation erschafft neue Berufsbilder, das gilt genauso für Testautomatisierung.

Eine alternde Gesellschaft mit zu wenig Bodenschätzen muss daher zwangsläufig den Weg der Automatisierung von Prozessen einschlagen, um die Herausforderungen der Zukunft zu bestehen. Der demographische Wandel beginnt bereits sich am deutschen Arbeitsmarkt erheblich auszuwirken, und der daraus resultierende Fachkräftemangel wird sich noch weit stärker ausweiten, wenn die Babyboomer-Generation in den nächsten Jahren in Rente gehen wird. Bis 2030 fehlen in Deutschland voraussichtlich schon ca. 4 Mio. Fachkräfte, bis 2040 sogar bis zu 8,7 Mio.! Die Zahl der Kinder, die in reicheren Ländern wie den USA, in Europa, aber auch in China, Japan oder Südkorea geboren werden, reicht längst nicht mehr aus, um die Bevölkerung stabil zu halten. Dieser Rückgang an potenziellen Spezialisten und Experten birgt die Gefahr einer Katastrophe für unsere Wirtschaft. Die Einwanderung gut ausgebildeter Fachkräfte hilft dabei nur teilweise, weil sie dann in ihrem Herkunftsland fehlen. Diese Entwicklung ist in Bezug auf Fachkräfte aus Osteuropa bereits heute feststellbar. Der große Arbeitskräftemangel, der durch den Bevölkerungsrückgang verursacht wird, droht die gesamte Weltwirtschaft lahmzulegen – wenn nicht innovative Wege gefunden werden, um die Dinge am Laufen zu halten. Das gilt umso mehr, da langfristig die Bevölkerung weltweit schrumpfen wird, sodass ein Offshoring oder der Import von Arbeitskräften irgendwann gar nicht mehr möglich sein wird.

Es wird in den letzten Jahren in Gesellschaft und Politik viel über Digitalisierung gesprochen. Deutschland ist im Bereich der Digitalisierung nicht gerade als Vorreiter bekannt, sondern eher als „Land der Faxgeräte". Das liegt aber weniger an der generellen Bereitschaft und Aufgeschlossenheit gegenüber neuen Medien, sondern eher an bürokratischen Hürden, aufgeblähten Genehmigungsverfahren und Angst vor Veränderung. Um Digitalisierung zu beschleunigen, geht es aber nur am Rande um Breitbandausbau und Hardware, sondern vor allem um ein anderes Mindset, um diese Transformation voranzutreiben. In der Politik wird viel über Digitalisierung gesprochen, aber es bleibt eine leere Worthülse, wenn sie nicht durch eine veränderte Arbeitswelt und neue Organisationsformen mit Leben gefüllt wird. Es geht bei Digitalisierung nicht vorrangig um die technische Integration neuer Systeme, sondern um eine Vereinfachung und Beschleunigung der Arbeitsprozesse und Optimierung von Service und Qualität, um die Veränderung von Geschäftsmodellen und Arbeitsorganisationen sowie um den Wandel der benötigten Qualifikationen und gefragten Kompetenzen.

Digitalisierung bedeutet immer auch Automatisierung, und diese Automatisierung muss alle Prozesse der Organisation durchgängig betreffen. Softwareentwicklung und damit verbundene Testaktivitäten werden dabei immer mehr zu einer zentralen und unternehmenskritischen Herausforderung.

Es gibt also nach wie vor flächendeckend viel zu wenig und nicht zu viel Testautomatisierung.

Bei allen Aspekten, die in diesem Buch beleuchtet wurden, bleibt Testautomatisierung und ihre erfolgreiche Realisierung dabei immer ein individuelles Projekt. Die Anforderungen und Rahmenbedingungen sind in jeder Branche, jedem Unternehmen und jedem Projekt völlig unterschiedlich. Eine individuelle Beratung und eine kompetente Begleitung dieser Prozesse sind daher bei jeder beabsichtigten Umsetzung dringend erforderlich.

Stichwortverzeichnis

© Der/die Herausgeber bzw. der/die Autor(en), exklusiv lizenziert an Springer
Fachmedien Wiesbaden GmbH, ein Teil von Springer Nature 2023
F. Witte, *Konzeption und Umsetzung automatisierter Softwaretests*,
https://doi.org/10.1007/978-3-658-42661-3

Printed in the United States
by Baker & Taylor Publisher Services